7

Vorwort

Rollenspiel fassen wir in diesem Buch als eigenständiges Lernmedium innerhalb der pädagogischen Praxis auf, das zur Erreichung von Lernzielen, vor allem im Bereich der emotionalen und sozialen Erziehung, nutzbar gemacht werden kann.

Für die Kindergarten-, Vorklassen- und Grundschulpraxis, für die Altersstufe der 4—7jährigen vor allem, vermitteln wir konkrete Grundlagen, nach denen Erzieher und Lehrer Kinder in das Rollenspiel einführen und es auch selbst lernen können.

Das Buch richtet sich an beide Gruppen, Kinder und Erwachsene, und möchte beide in einen gemeinsamen Lernprozeß hereinnehmen mit dem Ziel, Verhaltensänderungen herbeizuführen.

Durch den gezielten Einsatz von Rollenspielen kann das Kind handlungsfähiger werden, es kann zugleich auch neurotisierende Blockierungen und Hemmungen bereits im Entstehen verarbeiten und damit abbauen. Wir sind davon überzeugt, daß soziales Lernen bewußt geschieht und daß Lernangebote möglichst früh gemacht werden sollten.

Rollenspielen muß als Technik gelernt werden, damit dann durch das Spiel Neues erlebt und erfahren wird. Diesem Bereich geben wir in unserem Buch einen breiten Raum.

Das Bemühen, die Rollenspielpraxis auch theoretisch zu begründen, hat uns bisweilen dazu verführt, auf die Zusammenhänge zwar umfassend hinzuweisen, sie im einzelnen aber nur knapp und verkürzt darzustellen. Manchem mag deshalb zu vieles zuwenig intensiv beschrieben worden sein. Vorwürfe, die wir uns auch während der Arbeit gemacht haben. Praktiker haben uns aber immer wieder ermutigt, die Vielfalt in der Darstellung doch zu erhalten, weil sie dadurch Zusammenhänge deutlicher erkennen und die theoretischen Modelle in der Literatur weiter verfolgen konnten. Wir hoffen, daß sie auch für manchen Leser plädiert haben, und bringen deshalb ein umfangreiches Literaturverzeichnis. Auf fremdsprachige Literatur haben wir jedoch bis auf wenige Ausnahmen verzichtet.

Wir sind von der didaktischen Bedeutung des Rollenspiels überzeugt, wollen es dem Leser aber nicht als ein Wundermittel für den Abbau von Verhaltensstörungen oder die Verbesserung von Verhaltensweisen suggerieren. Wir haben versucht, auch Grenzen und Gefahren aufzuzeigen, soweit wir sie sehen und erlebt haben.

Entsprechend unserer Absicht, dieses Buch so brauchbar wie möglich zu machen, haben wir den folgenden Aufbau gewählt, obwohl auch ein anderer möglich gewesen wäre.

Nach einer theoretischen Grundlegung in Kapitel I folgt im Kapitel II ein Rollenspielkurs für Erzieher. Kapitel III berichtet über Bedingungen und Möglichkeiten des Rollenspiels mit Kindern. Kapitel IV zeigt, wie Kinder an das Rollenspiel herangeführt werden, und Kapitel V bringt eine Beispielsammlung für Rollenspiele mit Kindern.

Wir bieten mit diesem Buch kein Curriculum an. Es wäre uns zu eng, zu künstlich, theoretisch nicht vertretbar. Wir geben zwar Lernziele an und beschreiben Mittel und Wege, diesen sich anzunähern. Lernzielkontrollen jedoch können unserer Meinung nach mit diesem komplexen Medium Rollenspiel nicht hinreichend durchgeführt werden. Unsere Absicht ist es, Erzieher und Kinder zum Rollenspielen anzustiften.

Mit der Veröffentlichung dieses Buches geht eine Zeit anregender gemeinsamer Arbeit zu Ende. Sie hat Theoretiker mit Praktikern zusammengeführt und beiden Gruppen hat die gemeinsame Erfahrung Spaß gemacht. Wir sähen gern, wenn die Leser und Benutzer dieses Buches eben diesen Spaß an ihm hätten.

Wir danken allen Mitarbeitern, voran den Erzieherinnen Margret Dürr, Irene Lehrer, Brigitte Crone und Magdalene Württemberger, für die Zusammenarbeit, auch für manche Ermutigung, die sie uns durch die Erprobung der Spielvorschläge gaben, und für die Aufnahme in ihre Kindergärten.

Die vielen Studenten, mit denen wir täglich zusammenarbeiten, die unser Vorhaben kritisch begleitet und eine Reihe fruchtbarer Beiträge geleistet haben, können nicht mit Namen genannt werden. Sie haben aber ganz wesentlichen Anteil an dem, was an unserem Buch anregend ist. Das gilt auch für die Redaktion des Verlages. Allen sei Dank gesagt.

Fünf Jahre nach dem Erscheinen dieses Buches liegt nun bereits die 5. Auflage vor. Rückmeldungen aus der Praxis und aus Seminaren haben uns darin bestätigt, den Aufbau im ganzen unverändert zu belassen. In der vorliegenden 5. Auflage wurde deshalb nur der Abschnitt ,,Bilderbücher, die sich als Spielvorlage eignen'' (Kap. V, 2.4.4) insofern verändert, als einige Bilderbuchvorschläge herausgenommen und durch andere aktuellere ersetzt worden sind. Zusätzlich wurden neue Titel aufgenommen. Außerdem wurde das Literaturverzeichnis auf den neuesten Stand gebracht und erweitert.

Wir freuen uns, daß das Rollenspiel in der Praxis die ihm angemessene Bedeutung gewonnen hat.

Reutlingen/Tübingen/Stuttgart

Im Sommer 1981

I. Das Rollenspiel als Medium im sozialen Lernprozeß

1. Einleitung

Das Rollenspiel wird in allen Erziehungsinstitutionen, wie z. B. in Kindergärten, Vorklassen, Schulen, Hochschulen, Stätten der Erwachsenenbildung, in Managementtrainings, immer häufiger als Lernverfahren erkannt und eingesetzt.

Wir haben mit verschiedenen Kinder- und Erwachsenen-Gruppen Rollenspielstunden durchgeführt. Dabei haben wir erfahren, daß es für Erwachsene nicht leicht war zu spielen. So lange sich die Erwachsenen selbst aber zu gehemmt und zu starr verhielten, konnten wir für Kinder und mit den Kindern keine Spiele planen und durchführen. Deshalb entschlossen wir uns, in einer Art Selbsterfahrungsgruppe das Rollenspiel zu lernen. Wir boten Lehrerstudenten Kurse im Rollenspiel an und erlebten zunächst auch dort, daß der Zugang zum Spiel erst gefunden werden mußte, obwohl heute im allgemeinen wieder mehr gespielt wird.

Das Rollenspiel ist spontane oder geplante Interaktion. Soll es soziales Lernen und Einsicht in die Struktur des eigenen Handelns und der eigenen Normen bewirken, dann muß es unter diesen speziellen Zielsetzungen geplant werden.

Durch das Rollenspiel werden beabsichtigte Erfahrungen gemacht. Es ist zu überlegen, wie sie zustandekommen, wie sie zu werten sind und welche Bedeutung sie für den einzelnen haben.

Das Rollenspiel kann unter ganz verschiedenen Zielsetzungen geplant werden und dementsprechend verschiedene Ergebnisse haben. Als soziales Lernen hängt es zudem nicht nur von der Planung ab, von der Vorbereitung und Nachbereitung, sondern ebenso von seinem erzieherischen Umfeld.

Wenn Kinder im Spiel erfahren, daß sie fähig sind, eigene Ansprüche und Bedürfnisse zu formulieren und sie mit anderen zu besprechen, so sollten sie diese Lernerfahrung auch in die Alltagsrealität einbringen können. Wird im Spiel die Forderung gestellt, auf den anderen zu hören, seine Meinung ernstzunehmen, so sollte dies auch außerhalb des Spieles im Alltag der Kinder gelten.

Das Rollenspiel ist Spiel und muß es bleiben. Kinder spielen nicht, weil sie etwas üben wollen, weil sie Erfahrungen vorwegnehmen oder den Partner besser verstehen wollen. Sie spielen, weil es ihnen Spaß macht.

Während ich so versuche, Merkmale des Spiels allgemein herauszuarbeiten, kommt der siebenjährige Michael zu mir. Ich frage ihn, was Spiel eigentlich sei: „Ha", meinte er, „was halt Spaß macht, was ich gern tu und nicht muß. Fernsehen ist aber nicht spielen, es macht Spaß, aber man denkt sich nichts dabei aus und tut selbst nichts!" Damit hat Michael das Spiel als Handeln genau beschrieben. Spiel geschieht um seiner selbst willen, es hat keinen außerhalb der aktuellen Situation liegenden Zweck. Aber weil es Freude macht und Befriedigung gibt, ist es eine ernsthafte Tätigkeit. Freud sagt über das Spiel, es sei die liebste und intensivste Tätigkeit des Kindes.

„Vielleicht dürfen wir sagen: Jedes spielende Kind benimmt sich wie ein Dichter, indem es sich eine eigene Welt erschafft — oder richtiger gesagt, die Dinge seiner Welt in eine neue, ihm gefällige Ordnung versetzt. Es wäre dann unrecht zu meinen, es nähme diese Welt nicht ernst; im Gegenteil, es nimmt sein Spiel sehr ernst, es verwendet große Affektbeträge darauf. Der Gegensatz zu Spiel ist nicht Ernst, sondern — Wirklichkeit."[1]

Aus dieser Beschreibung des Spiels lassen sich wichtige Merkmale des Rollenspiels ableiten. Im Rollenspiel wird die Wirklichkeit nicht rekonstruiert, sondern modellhaft neukonstruiert. In einer eigenen Welt, die losgelöst ist von den Bedingungen der Realität, kann spielerisches Handeln auf neue Weise möglich werden. Losgelöst von den Bedingungen der Realität bedeutet, daß die Menschen, die Dinge, Raum und Zeit nach den Bedürfnissen der Spielgeschichte verändert werden können. „Es ist Nacht, es sind jetzt Ferien, Du wirst die Hexe!" Die Spielwirklichkeit läßt sich gestalten. Der einzelne unterliegt ihr nicht, sondern er beherrscht sie. Die „Quasirealität"[2] des Spiels verleiht dem Spieler Freiheit. Die Handlungen haben außerhalb des Spiels keine Konsequenzen. Ich werde dafür nicht zur Rechenschaft gezogen, nicht belohnt und nicht bestraft. Im sanktionsfreien Raum des Spiels können Verhaltensweisen ausprobiert werden. Man kann tun, „als-ob" man irgendwer wäre, und muß sich für die spielerische Verwandlung nicht rechtfertigen.

Rollenspiel ist als konstruierte Wirklichkeit veränderbar, wiederholbar, durchschaubar. Durchschaubar deshalb, weil ja der Spielende die Bedingungen stellt und die Ziele setzt, unter denen gespielt wird.

Der Kulturphilosoph Johan Huizinga sagt über das Spiel:

„Der Form nach betrachtet, kann man das Spiel also zusammenfassend eine f r e i e Handlung nennen, die als ‚nicht so gemeint' und außerhalb des gewöhnlichen Lebens stehend empfunden wird und trotzdem den Spieler völlig in Beschlag nehmen kann, an die kein materielles Interesse geknüpft ist, und mit der kein Nutzen erworben wird, die sich innerhalb einer eigens bestimmten Zeit und eines eigens bestimmten Raumes vollzieht, die nach bestimmten Regeln ordnungsgemäß verläuft und Gemeinschaftsverbände ins Leben ruft, die ihrerseits sich gern mit einem Geheimnis umgeben oder durch Verkleidung als anders als die gewöhnliche Welt herausheben."[3]

---

1 Freud, S.: Der Dichter und das Phantasieren, 1908. Studienausgabe, Bd. X, Frankfurt 1969, S. 171.

2 Heckhausen, H.: Entwurf einer Psychologie des Spiels. In: Flitner, A.: Das Kinderspiel, München 1973, S 133 f.

3 Huizinga, J.: Homo ludens, vom Ursprung der Kultur im Spiel, Reinbek 1958, S. 20.

Für Rollenspiele treffen nicht alle diese Merkmale zu, denn sie werden den Kindern unter ganz bestimmten Zielsetzungen angeboten und sind unter bestimmten Wertvorstellungen geplant. Dadurch wird Rollenspiel zum didaktischen Medium.

Nur das spontane Rollenspiel, das unabhängig von der Institution und von den Erziehern gespielt wird, ist Spiel in dem von Huizinga beschriebenen Sinn.

2. Rollenspiel und andere darstellende Spielformen
Was ist Rollenspiel?

Der Begriff Rollenspiel ist zu einem Sammelbegriff für alle darstellenden Spielformen geworden, wie Simulationsspiel, Psychodrama, Soziodrama, Pantomime, Planspiel, Laienspiel und andere mehr. Für die Verständigung scheint es uns wichtig, eine vorläufige Definition zu finden. Allerdings wird in der Praxis eine genaue Abgrenzung nicht möglich sein, da allen darstellenden Spielformen als gemeinsame Grundlage Handeln in einer konstruierten Realität eigen ist.

2.1 Das Rollenspiel

Im Rollenspiel übernehmen die Spieler fremde Rollen, die sie gemäß der Situations- und Handlungsbeschreibung ausfüllen und in denen sie Erfahrungen machen können. Sie stellen sich nicht in der eigenen Rolle dar, wie etwa im Psychodrama. Rollenspielanweisungen veranlassen den Spieler, andere Namen anzunehmen, die Rolle und den Ort zu beschreiben, damit eine Spielillusion möglich wird. Es wird im Rollenspiel in angenommenen Rollen und in angenommenen Situationen gespielt. Dabei können Übergänge fließend werden. Wenn Kinder etwa ähnliche selbst erlebte Situationen oder Konflikte im Spiel darstellen können, könnte das Spiel in die Darstellungsform des Psychodramas übergehen.

Das Rollenspiel beginnt mit einer Beschreibung von Ort, Zeit und Situation. Dann wird das Problem bestimmt, das durch das Spiel deutlich werden soll. Das Rollenspiel hat aber keine vorgeschriebenen Texte, sein Verlauf ist flexibel.

Die Spieler reden und handeln im Zusammenspiel. Sie sind voneinander abhängig. Mit der Übernahme einer Rolle unterwirft sich der Spieler den Verhaltensbestimmungen — den Regeln der Rolle. Er kann sie aber in der offenen Situation des Spiels auch verändern — oder gar aus ihr herausfallen. Das ist allerdings nur in Grenzen möglich, sonst wird das Spiel unterbrochen, und die Mitspieler kommen ihrerseits aus dem Konzept.

Im Rollenspiel gibt es, ständig wechselnd, Spieler und Beobachter. Ein zuschauendes Publikum wie im Theater oder beim Laienspiel gibt es nicht. Es wird nur in Kleingruppen gespielt.

2.2 Das Psychodrama

Im Psychodrama spielen die Mitspieler in ihrer eigenen Rolle. Es geht aber nicht nur um Selbstdarstellung durch Bewegung, Ausdruck und Mitteilungen, sondern auch um die ganz persönlichen, lebensgeschichtlich bedingten Probleme des einzelnen. Sie werden wiederbelebt und durch das Spiel selbst und therapeutisch gelenkte Reflexion verarbeitet.[4] Ziel der psychodramatischen Darstellung ist es, Ängste, unverarbeitete und belastende Erlebnisse, Blockierungen und Verdrängungen durch Agieren neu zu beleben und einer Verarbeitung zugänglich zu machen. In der pädagogisch ausgerichteten Arbeit des Kindergartens nimmt das Psychodrama keinen Raum ein. Zu seiner Durchführung gehört eine spezifische therapeutische Ausbildung.

2.3 Das Soziodrama

Wenn ein Mitglied einer Gruppe eigene Lebensprobleme spielt, die auch für die anderen bedeutsam sind, die also gemeinsam wiederbelebt und verarbeitet werden können, sprechen wir vom Soziodrama.[5]

Während im Psychodrama der einzelne Spieler und seine Konflikte im Vordergrund stehen, liegt beim Soziodrama der Schwerpunkt auf den Problemen der Gruppe. So werden kulturelle und soziale Verletzungen (Traumata) aufgezeigt, die für viele zutreffen. Der Mensch als Rollenspieler, dem passende, ihm gemäße oder ihn zerstörende Rollen aufgedrängt werden, wird im Soziodrama thematisiert. Das Ausländerkind leidet z. B. an seinen ganz persönlichen Ängsten, es leidet aber auch an den Ängsten, die durch seine gesellschaftliche Rolle als Außenseiter verursacht sind.

2.4 Das Simulationsspiel

Auch Simulationsspiele stellen Problemsituationen dar. Die Wiedergabe des Geschehens ist aber stärker an der Realität orientiert. Hier ist es wichtig, daß das Spiel nahe der Wirklichkeit bleibt. Simulation vermittelt zwar auch emotionale Erfahrung; ihr eigentlicher Wert liegt aber in der Überprüfung von Hypothesen. Was geschieht, wenn ich mich unter gegebenen Bedingungen so und so verhalte? Simulationsspiele werden sehr viel geschlossener geplant und lassen dem Spieler weniger Handlungsfreiheit. In ihnen geht es darum, eine Situation rational zu durchschauen, Konfliktlösungsstrategien für die Ernstsituation zu entwickeln und dementsprechend zu spielen.

---

[4] Leutz, G.: Psychodrama, Theorie und Praxis, Berlin-Heidelberg-New York 1974.

[5] Ebenda, S. 116.

14

2.5 Das Planspiel

Planspiele verlaufen nach vorgelegten Plänen. Sie sind von Informationen abhängig und rekonstruieren modellhaft Wirklichkeit. ,,Das militärische Planspiel kann als die älteste Form des Planspiels angesehen werden. Es ging aus dem Brettspiel hervor, das dem Schach verwandt ist."[6]

Planspiele sind in der Wirtschaft, im Management und in der politischen Bildungsarbeit eine wichtige Ausbildungsmethode. Sie sind ein Lernverfahren, das dem Lernenden die Möglichkeit gibt, unter vereinfachten Bedingungen wirklichkeitsorientiert Entscheidungen zu treffen. Die Entscheidung: ,,Wie soll ein Kindergarten für unseren Stadtteil geplant werden? Welche Gruppen müssen an der Planung beteiligt werden?" kann über ein Planspiel vorbereitet werden. Dabei müssen alle Bedingungen, wie Haushaltsmittel der zuständigen Stellen, erwartbare Kinderzahl und vieles andere berücksichtigt werden.

2.6 Abgrenzung gegenüber anderen Lernmedien

Die darstellenden Spielformen haben einiges gemeinsam.

1. Sie stellen simulierte Wirklichkeit modellhaft dar. Je nach Erfahrungsabsicht wird das Spiel geplant und das gemeinsame Handeln bestimmt.

2. Die Spieler versuchen, innerhalb einer geplanten gemeinsamen Situation ihr Handeln zu begreifen und zu reflektieren. Sie gestalten nicht nur gemeinsam diese Modellsituation, sondern sie besprechen auch nach dem Spiel analysierend das gemeinsam Erlebte. In der Kommunikationstheorie wird dieser Vorgang ,,Metakommunikation" genannt. [7]

3. In den Spielformen wird durch Selbsterfahrung gelernt; es geht nicht um bloße intellektuelle Informationen. Im Spiel handelt und entscheidet die ganze Person. Sie denkt, überprüft, holt neue Informationen ein, sie erlebt aber auch gefühlsmäßig Sympathie und Antipathie, Angst oder Zuversicht, sie erfährt nicht nur mögliche Konsequenzen einer Entscheidung im Durchdenken der Situation, sondern sie erleidet auch die Unsicherheit im Prozeß des Handelns. Das Kognitive verbindet sich mit dem Emotionalen.

---

6 Kaiser, F.-J.: Entscheidungstraining. Die Methoden der Entscheidungsfindung, Bad Heilbrunn 1973, S. 74.
   Weitere: Abt, C. S.: Ernste Spiele, Lernen durch gespielte Wirklichkeit, Köln 1971.
   Prim, R./Reckmann, H.: Das Planspiel als gruppendynamische Methode außerschulischer politischer Bildung, Heidelberg 1975.

7 Metakommunikation als wichtige Bedingung befriedigenden Miteinander-Handelns und Zusammenlebens wird bei:
   Watzlawick, P., u. a.: Menschliche Kommunikation, Bern-Stuttgart 1969, ausführlich und interessant dargelegt.

4. Die Interaktionsspiele kommen nur durch gegenseitigen Kontakt zustande. Ein Spieler muß den anderen wahrnehmen, muß auf seine Vorschläge achten, muß eigene Überlegungen auf die Überlegung des anderen beziehen: so entsteht soziale Erfahrung.

5. Die Interaktionsspiele unterscheiden sich so von anderen Lernmedien, z. B. Bilderbüchern, Filmen, Leseprogrammen, bei denen die Kinder als einzelne aufnehmen.

In diesem Buch werden wir uns auf das Rollenspiel als Interaktionsmedium in der kleinen Gruppe beschränken.

3. Verschiedene Formen des Rollenspiels

3.1 Das spontane Rollenspiel

Im spontanen Rollenspiel werden Kinder unabhängig von den Erwachsenen aktiv, z. B. für sich allein mit ihren Puppen. Spielen sie mit anderen Spielkameraden zusammen, dann sprechen wir vom spontanen sozialen Rollenspiel.

Die Lerninhalte und Lernprozesse dieser Spielform werden von den Erziehern nicht direkt beeinflußt. Wir erkennen sie jedoch als Lebensäußerung des Kindes an. Damit stehen wir im Widerspruch zu anderen Rollenspielexperten.[8] Sie argumentieren von den sozialen Lernzielen her und befürchten im spontanen Rollenspiel auch den Aufbau von hemmenden Verhaltensweisen durch Nachahmung des Verhaltens der Erwachsenen.

Im Kindergarten gibt es das spontane Rollenspiel in folgenden Formen:

— Das spontane, ungelenkte, einfache Rollenspiel, das ganz aus eigenem Antrieb begonnen und weitergeführt wird. Das Kind spielt für sich allein, Spielpartner werden nicht aufgenommen, oft sogar abgewehrt.

— Das spontane soziale Rollenspiel.
Verschiedene Kinder spielen miteinander, ohne daß die Erzieherin eingreift. Sie gibt auch keine Anregungen und mischt sich in Konfliktsituationen möglichst nicht ein. Die Gestaltung wird ganz den Kindern überlassen.

---

8 Kochan, B.: Rollenspiel als Methode sprachlichen und sozialen Lernens, Kronberg i. Ts. 1974, beschränkt ihre Überlegungen zum Rollenspiel auf das pädagogisch angeleitete Lernspiel. In dem Zusammenhang in dem ihre Ausführungen stehen, ist diese Einschränkung sinnvoll, sie erfaßt aber u. E. die Erfahrungs- und Lernmöglichkeiten des Phänomens „Rollenspiel" nicht zureichend.
Rudolf Schmitt will in seinem Aufsatz: „Das problembezogene Rollenspiel in der Vorschule" den Ausdruck „Rollenspiel" allein für die problembezogene Form des darstellenden Spiels reservieren.
Schmitt, R.: Das problembezogene Rollenspiel in der Vorschule. In: Kochan, a. a. O., S. 157.

— Bei spontan begonnenem aber nach einiger Zeit gelenktem Rollenspiel beobachtet die Erzieherin das Spiel. Sie läßt die Kinder die Rollen bestimmen und die Mitspieler wählen. Sie gibt nur bei Schwierigkeiten Anregungen und Hilfen.[9]

— Eine interessante Spielform, die nicht bei allen Kindern und die, wenn sie gespielt wird, nur selten zu beobachten ist, ist das spontane Rollenspiel mit dem Phantasiegefährten oder auch mit dem vorgestellten Spielkameraden.

— Schließlich sind noch das spontane einfache und das spontane soziale Rollenspiel zu beobachten, die durch bereitgestelltes Spielmaterial eingeleitet und gelenkt werden. Der Erzieher nimmt zwar in der Regel keinen Einfluß auf das Spielgeschehen, die Materialien bieten aber einen Rahmen, der das Handeln bestimmt. Dazu gehören Rollenspiele, in der Puppenecke, Doktorspiele mit bereitgestelltem Material, Spielmaterial aus der Spieldiagnostik[10], auch Spiele mit Puppen und Masken, die ohne Anleitung des Erziehers geschehen.

Spontanes Rollenspiel ist für das Vorschulkind sehr wichtig. Es kann aus eigenem Antrieb und frei spielen, nach eigenen Bedürfnissen, es kann eigene, nach den Maßstäben der Erwachsenen vielleicht unvollkommene und unrichtige Vorstellungen in Handlungen umsetzen. Im spontanen einfachen Rollenspiel kann sein Spiel variieren, erweitern und so oft wiederholen, wie es ihm Spaß macht. Im Rollenspiel fühlt es sich aktiv („nicht wie beim Fernsehen, das auch Spaß macht, aber man tut selbst nichts"). Es kann Rollen übernehmen, denen es sich in der Realität passiv ausgeliefert empfindet.

Château[11] hat festgestellt, daß die Spielbegeisterung für bestimmte Spiele im Laufe des Jahres wechselt. Solche jahreszeitlichen Einflüsse werden wirksam, wenn die Kinder Gelegenheit zu spontanem Rollenspiel erhalten. Sie müssen sich, vor allem beim Miteinanderspielen, die Spielregeln selber geben. Bei anderen Spielen geschieht dies selten, weil sich Kinder streng an gegebene Regeln halten.[12] Im spontanen Rollenspiel zwingt der Spielcharakter dazu, ein Stück Festgefahrensein in alten Verhaltensmustern zu überwinden.

---

9 Auf Seite 103 nehmen wir dazu ausführlich Stellung und teilen eigene Erfahrungen mit.

10 Als Spielmaterial aus der Spieldiagnostik, das spontanes Rollenspiel anregt und steuert, könnte man den Szeno-Test von Staabs verstehen oder den Welt-Test von Bühler.
Staabs, G. von: Der Szeno-Test, 3. überarbeitete Auflage, Berlin 1964.
Bühler, Ch.: Der Welt-Test, dt. Beschreibung, in: Stern, E.: Die Tests in der klinischen Psychologie, Bd. II, Bern-Stuttgart 1957, S. 698—714.

11 Château, J.: Das Spiel des Kindes, Natur und Disziplin des Spielens nach dem 3. Lebensjahr, Paderborn 1969, S. 295. Château zitiert den Verhaltensforscher Wolfgang Köhler, der einen Spielzyklus auch bei den Schimpansen feststellt.

12 Vgl. auch die Forschungen von Jean Piaget, der beim Vorschulkind beobachtet, daß es Regeln als etwas Magisches, über dem Menschen stehendes versteht, die nicht ohne Folgen verletzt werden dürfen.
Piaget, J.: Das moralische Urteil des Kindes, Zürich 1954.

Château hat in seinen Spielforschungen noch ein weiteres Merkmal des ungelenkten Rollenspiels gefunden, das uns auch für die Kindergartenpraxis wichtig erscheint.

Während bei vielen frei gewählten Spielformen Mädchen und Jungen getrennt sind, spielen sie beim Rollenspiel häufiger zusammen. Wahrscheinlich spielt hier die Nachahmung der Realität eine Rolle, sie bestimmt die Regeln.

Wir haben gefunden, daß das spontane Rollenspiel erzieherisch wichtig ist. Bei der Erprobung unserer Spielangebote und beim Spiel mit Vorschulkindern wurde uns immer wieder deutlich, daß es darauf ankommt, Spielangebote so zu gestalten, daß sie zu ergiebigen Spielsituationen führen. Neben dem gelenkten Rollenspiel muß den Kindern die Freude am spontanen Rollenspiel erhalten bleiben.

3.1.1 Das spontane Spiel mit vorgestelltem Spielpartner

Diese Spielform wird nicht bei allen Kindern beobachtet, wahrscheinlich auch nicht von allen gespielt. Sie ist jedoch häufiger, als zunächst angenommen wird. Man versteht darunter das Spiel mit einem ständigen Begleiter, der nur in der Vorstellung des Kindes lebt, von ihm aber als wirklich genommen wird. Manche Kinder, gewöhnlich im Alter zwischen 2;4 und 4;5 Jahren, gehen so intensiv mit ihrem Phantasiegefährten um[13], daß Eltern und Erzieher dadurch beunruhigt sind. Sie versuchen, ihre Kinder auf die Irrealität der Beziehung hinzuweisen und diese Spiele zu stören. Die Kinder führen sie dann heimlich durch.

Wir stellen diese Spielform ausführlicher dar und versuchen, sie zu erklären. Das Kind weiß gewöhnlich, daß es mit einem Phantasiegefährten spielt, der eine Wunschvorstellung ist. Aber es schreibt ihm doch Realität zu und vertritt seinen Wirklichkeitsanspruch. Es bleibt mit ihm über einen langen Zeitraum verbunden. Der Phantasiegefährte verschwindet nicht in dem Moment, in dem das Spiel abgebrochen wird, wie dies bei anderen Rollenspielen geschieht, er stellt häufig eine konstante Größe dar. Um deutlich zu machen, was wir unter dieser Erscheinung verstehen, berichten wir Beobachtungen aus der eigenen Umgebung.

Anne war 2;9 Jahre alt, als sie zum erstenmal von ihrer Schwester Elisabeth berichtete. Das Kind heißt Anne-Elisabeth, wird aber nur Anne gerufen. Wir konnten nie feststellen, daß sie den zweiten Namen überhaupt zur Kenntnis genommen hatte. Diese Schwester spielt von da an eine gewichtige Rolle in Annes Leben. Beim Einkaufen fragt sie, ob sie nicht vielleicht noch ein Bonbon für sie

---

[13] Wir nennen den vorgestellten Partner Phantasiegefährten. V. Gold u. a. nennen ihn Wunschgefährten. Lilli Peller bezeichnet diese Spielgestalt als „imaginären Gefährten".

Peller, L: Modelle des Kinderspiels. In: Flitner, A.: Das Kinderspiel, München 1973, S. 62—75.

Gold, V. u. a.: Kinder spielen Konflikte, Neuwied-Berlin 1973, S. 123.

haben kann. Vor Weihnachten darf sich jedes Kind, Anne hat noch zwei ältere Brüder, irgendein Geschenk für eines der Geschwister ausdenken und kaufen. Anne entscheidet sich dafür, ihre Schwester zu überraschen. Sie ist traurig, daß sie noch nicht zur Schule geht wie die älteren Brüder. Auf einmal erzählt sie lange Geschichten über die Schulerlebnisse ihrer Schwester, die überall die Beste ist, die Hausaufgaben gerne, rasch und gut macht. In den Erzählungen über die Schwester werden deutliche Spitzen gegen die Brüder, gelegentlich auch gegen die Mutter spürbar. Die Brüder spüren die Verstärkung, die Anne aus der Phantasie ihrer Schwester gewinnt, wenn sie feststellen: „Du darfst nicht mitspielen, wenn du deine Schwester mitbringst. Mit dir können wir noch spielen, aber ohne die Schwester."

Anne läßt ihre Schwester nicht nur ihre eigenen Durchsetzungsansprüche vertreten, sondern auch ihre Selbstzweifel aussprechen. Einmal durfte sie bei einer Rhythmikstunde in einer Vorschulklasse mitmachen. Sie war 3;6 Jahre alt und hatte sich gewünscht, einmal zur Schule zu gehen. Anschließend sagte sie: „Wenn meine Elisabeth gewußt hätte, daß sie alles kann, wäre sie auch mitgekommen, aber sie hatte Angst." Die Unsicherheit wurde der Phantasiegefährtin zugeschrieben. Gelegentliche Selbstzweifel in bezug auf ihr Sozialverhalten konnte die Schwester beruhigen: sie berichtete den Brüdern, die gern Streit anfingen, daß sie sich mit Elisabeth nie stritte.

Es gab eine Phase, in der Elisabeth schreckliche Ausdrücke gebrauchte. Anne besprach mit ihr auch Gebote und Verbote. Meist war die Schwester für Widerstand und ermutigte sie, ihn auszusprechen. „Elisabeth hat gesagt, ich soll noch nicht ins Bett!" Jetzt ist Anne sechs Jahre alt und erinnert sich kaum noch an diese Schwester. Sie ist selbst so sicher geworden, daß sie die Illusion nicht mehr braucht.

Das Spiel mit dem Phantasiegefährten steht am Übergang der Kinder vom egozentrischen Verhalten zum Sozialverhalten. Die Beziehung zum Phantasiegefährten befähigt sie, eigene Ansprüche, Erwartungen, Bedürfnisse zu überdenken und über den Dialog mit dem Gefährten auszusprechen. Viele Erwachsene denken dialogisch, sie klären ihre Überlegungen auf vorgestellte Partner hin. Die Phantasiegestalt verstärkt aber nicht nur das reflektierende, erkennende Verhalten, sondern auch die Ichsicherheit. Anne schuf sich in der Vorstellung, was wir uns von Freunden ersehnen: „Viele Situationen werden gerade dadurch erträglich, daß sie ein anderer, ein Kamerad, ein Schicksalsgefährte gleichzeitig mitbewältigt; Situationen, an denen ein Ich zugrunde ginge, wenn es nicht ein Du hätte, dank dem es Ich bleiben kann. Wer erinnert sich nicht des einfachen Erlebnisses aus der Kindheit, allein in den Keller oder durch den dunklen Wald gehen zu müssen — wenn nur irgendwer dabei ist, ist es schon kein Problem mehr."[14]

14 Burkart, V./Zapotoczky, H.-G.: Konfliktlösung im Spiel, Wien-München 1974, S. 39.

Die Kommunikation mit dem realen Partner ist für die Kinder noch schwierig und erfordert mehr Anpassung und Unterwerfung als eigene Gestaltung, so wählen sie Hilfen. Der Spielgefährte kann größer oder kleiner werden, er kann verstärken, bewundern, er ist aggressiv, weil er ja völlig unabhängig von den Erwachsenen ist, von denen sich das Kind in extremem Maß abhängig fühlt. Über den Spielgefährten kann es Gefühle ausleben, die es für sich verdrängen müßte. Es kann sich die Selbstverstärkung und die Entlastung gestatten, nach der sich der Kritiker und Skeptiker Georg Kreisler in einem seiner „seltsamen Liebeslieder" sehnt:[15, 16]

„Ich denke jeden Nachmittag an Barbara, obwohl ich niemand dieses Namens kenn. Und jede Nacht träum ich erneut von Barbara, ja, wenn ich nachts nicht träumen soll, wann denn? Am Morgen unterhalt ich mich mit Barbara, sie steht dann neben mir und kocht Kaffee. Die Reise zum Büro mache ich mit Barbara, ich hoffe, daß ich Barbara einmal seh. Träume sind nicht Schäume, sind nicht Schall und Rauch, sondern unser Leben, so wie wache Stunden auch. Wirklichkeit heißt Spesen, Träume sind Ertrag. Träume sind uns sicher, so wie schwarz auf weiß, wie Nacht auf Tag. Am Abend kehr ich heim zu meiner Barbara, die wartet schon, und freut sich sicherlich. Und geh ich dann zu Bett, so weiß ich, Barbara liegt schon im Bett und wartet still auf mich. Manche gehen ins Kino oder ins Café, manche schließen Ehen und das Scheiden tut dann weh. Manche haben Kinder, viele haben Streit, manche sind erfolgreich und zu Träumen nicht bereit. Am einfachsten und billigsten ist Barbara, sie ißt nicht viel und nimmt nur wenig Raum. Ich wünsche allen Menschen eine Barbara, in Wirklichkeit, doch besser noch im Traum."

Die Erwachsenen sollten sich Traum und Spiel als subjektive Wirklichkeit erhalten, so wie sie dem Kind und dem Dichter geblieben sind, ohne daß sie an der Bewältigung der Realität scheitern.

Eine andere Art von Phantasiegefährten sind Lieblingsspieltiere oder Puppen, mit denen die Kinder noch spielen, wenn sie bereits das spontane Rollenspielalter hinter sich haben.

---

[15] Langspielplatte (Georg Kreisler: Seltsame Liebeslieder, Amadeo-Verlag — Österreich AVRS 9093).
Vgl. auch die Bilderbuchgeschichte von Lillegg, E.: Vevi. Ellermann, München o. J.

[16] George Herbert Mead, einer der bedeutendsten Sozialpsychologen, schreibt dem Phantasiegefährten eine sehr große Bedeutung im Sozialisierungsprozeß des Menschen zu. Er vergleicht den Vorgang mit der Weise, in der Menschen auf einer niedrigen Kulturstufe direkt mit ihrem Gott oder den Gottheiten reden. „Bei Kindern finden wir etwas, was diesem Doppelgänger entspricht, nämlich die unsichtbaren, durch die Phantasie geschaffenen Spielgefährten, die sehr viele Kinder in ihrer eigenen Erfahrung erzeugen. Auf diese Weise organisieren sie Reaktionen, die sie bei anderen Personen, aber auch in sich selbst hervorrufen. Natürlich ist dieses Spielen mit einem durch die Phantasie geschaffenen Spielgefährten nur eine besonders interessante Phase des gewöhnlichen Spiels."
Mead, G. H.: Geist, Identität und Gesellschaft, Frankfurt/M. 1968, S. 195.

3.1.2 Gefahren des spontanen Rollenspiels

Im spontanen Rollenspiel können bei aller Bedeutung, die es unseres Erachtens für die Lebensgestaltung des Kindes hat, auch Verhaltensweisen erworben werden, die das selbständige, flexible und entscheidungsfähige Handeln des Kindes hemmen. Dazu kann es kommen, wenn Kinder Verhaltensweisen der Erwachsenen nachahmen und durch das Spiel annehmen.

Im spontanen Rollenspiel können sich Kinder eine illusionäre Traumwelt aufbauen, die nicht mehr Modell der Wirklichkeit ist, in der ein Probehandeln stattfinden kann, sondern die unwirklich ist und zur Flucht und zum Ausweichen vor der Wirklichkeit verführt. Die Spielwelt wird zur Ersatzwelt und verhindert aktive Auseinandersetzung mit der Umgebung. Ein allzu intensiver Umgang mit dem Phantasiegefährten und eine frustrierende, lieblose Realität befördern die Flucht ins Spiel. Auch der Konsum von Fernsehfilmen, verbunden mit einer Umwelt, die wenig partnerschaftliche Ansprüche stellt, kann das spontane Rollenspiel zum hemmenden Ersatz werden lassen.

Beim spontanen Rollenspiel haben wir keinen Einfluß auf die Rollenverteilung unter den Kindern. In Gruppen bilden sich aber sehr schnell Funktionen heraus, die einzelnen Kindern zugeschrieben werden und von ihnen wahrgenommen werden. In den freien Spielen verfestigen sich diese Positionen.

Der Prozeß verläuft zweiseitig. Die Gruppe erwartet ein bestimmtes Verhalten vom Kind, und das Kind lernt dieses Verhalten immer besser. Beide — Gruppe und Kind — stimmen mit ihren Erwartungen auf Verhaltensäußerungen so überein, daß anderes Verhalten, sei es nun das des Stars oder des Außenseiters, nicht mehr erprobt und nicht mehr erwartet wird. So können Kinder auf Rollen festgelegt werden, die sie in ihrer Entwicklung hemmen, sie unsicher und ängstlich machen. Kinder können außerdem von anderen Kindern mißbraucht werden. Dies geschieht unbewußt. Sie verarbeiten im spontanen Rollenspiel Erlebnisse, die mit Angst verbunden sind. Wenn sie in der Realität die Angegriffenen, Unterlegenen sind, bewältigen sie die Verletzung durch Rollentausch.[17] Sie sind im Spiel die Angreifer und brauchen dann die Mitspieler, die sich angreifen und unterwerfen lassen. Oft werden kleine Kinder, die gerne mit größeren Kindern spielen wollen, in dieser Weise ausgenützt.

Ein kleines Mädchen beklagte sich bei seiner Mutter, es wolle nicht immer „die Leiche in Jörgs Spielen sein". Der sechsjährige Freund war nach außen hin ein sehr fröhliches, sanftes Kind. Er war in psychotherapeutischer Behandlung wegen seines Stotterns. Während der Behandlung konnten verdeckte Aggressionen als Ursache für die seelische Hemmung des Kindes, die sich in Stottern äußerten, nachgewiesen und verarbeitet werden. Auch im freien Spiel mit den

---

17 Siehe dort, Seiten 71 und 91.

Kameraden war der Junge aggressiv, und seine kleine Spielkameradin war in Gefahr, das Opfer zu werden. Die Gefahr, daß es bei den freien Spielformen, die Gelegenheit zur Verarbeitung von Gefühlen geben, Profitierer und Opfer gibt, ist — wie in der Realität auch — groß.

In den Erzählungen „Wanderer kommst Du nach Spa . . ." schildert Heinrich Böll ähnliche Erfahrungen eines kleinen Mädchens.[17a]

„. . . aber ein kleines dunkelhaariges Mädchen mit einer Narbe über der Stirn kam jetzt eifrig jene kleine Treppe herauf, die mich so lebhaft an ein Fallrepp erinnerte. Sie stürzte sich in den Schoß der Mutter und schluchzte empört: ‚Ich soll sterben . . . ' ‚Wie?' fragte die Frau ohne Unterleib entsetzt. ‚Ich soll das Flüchtlingskind sein, das erfriert, und Fredi will meine Schuhe und alles verscheuern . . .' ‚Ja', sagte die Mutter, ‚wenn ihr Flüchtling spielt.' ‚Aber ich', sagte das Kind, ‚ich soll immer sterben. Immer bin ich es, die sterben soll. Wenn wir Bomben spielen, Krieg oder Seiltänzer, immer muß ich sterben.' ‚Sag Fredi, er soll sterben, ich hätte gesagt, er sei jetzt an der Reihe mit Sterben.' Das Mädchen entlief."

Beim spontanen Rollenspiel kann es auch vorkommen, daß Kinder vom Spiel ausgeschlossen werden. Es erfordert ein gewisses Maß an Sicherheit, Ausdrucksfähigkeit und Sichdarstellenkönnen. Spielunerfahrene oder spielgehemmte Kinder sind keine attraktiven Partner und werden deshalb nicht zum Mitspielen aufgefordert. Kritiker geben daher zu bedenken, daß das Rollenspiel hauptsächlich die sicheren, spielfreudigen Kinder fördere und damit soziale Ungerechtigkeit noch vergrößere. Darin liegt eine Gefahr. Wir versuchen ihr durch die einführenden Spiele[18], die Kinder zum Rollenspiel anleiten sollen, zu begegnen.

Es gibt Kinder, die sich am spontanen Rollenspiel nicht beteiligen. Ihr Verhalten ist unterschiedlich zu bewerten, je nachdem ob sie zu den spielungeübten, den spielgehemmten oder den spielunfähigen Kindern zählen. Um Kinder zum gemeinsamen Spiel anregen zu können, ist diese Unterscheidung wichtig.

Die Spielungeübten

Ihnen fehlen, durch ihre häusliche oder kulturelle Umgebung bedingt, Spielerfahrungen.

Sobald sie aber mit dem Spiel vertraut sind und seine Regeln kennen, können sie auch mitspielen.

Bei den spielungeübten Kindern ist der Lernerfolg durch das Spiel am größten. Sara Smilansky führte in Israel systematische Untersuchungen über die Wirksamkeit von Rollenspiel durch. Sie stellte dabei fest, daß die Einwandererkinder, die

---

17a Böll. H.: So ein Rummel. In: Ders.: Wanderer kommst du nach Spa . . ., Frankfurt 1961, S. 64.

18 Siehe dort, Seiten 109 bis 155.

sie mit Hilfe des Spiels in ihrem Sprachverhalten schulen wollte, zunächst überhaupt nicht spielen konnten. Sie konnten sich gegenseitig im Spiel nicht nachahmen oder Spielanregungen voneinander übernehmen. Sie mußten erst lernen, sich in eine Spielsituation, die ohne die Zwänge der realen Alltagswelt war, hineinzufinden und sie zu nützen. Sie mußten erst die Bedeutung von Spielregeln erfahren und lernen, ihr Verhalten auf selbstgestellte Regeln einzustellen. Nach einiger Zeit konnte bei diesen Kindern ein eindeutiger Lernzuwachs festgestellt werden.[19]

Die Spielgehemmten

Bei den spielgehemmten Kindern liegen die Ursachen für das Nichtspielenkönnen meistenteils auch im häuslichen Milieu. Hier haben zu strenge und an starren Normen orientierte oder überfürsorgliche Erziehungseinflüsse die Fähigkeit zum Spielen beeinträchtigt. Viele Kinder sind so dressiert, daß sie sich nicht frei verhalten können. Um ja nichts falsch zu machen, verlassen sie sich auf Anregungen und Lenkung durch die Erwachsenen. Diese Kinder brauchen eine behutsame Einführung und die verständnisvolle Hilfe der Eltern. Gerade Eltern, die starre, klare Erziehungsprinzipien haben, müssen hier umlernen.

Die Spielunfähigen

Als spielunfähige Kinder bezeichnen wir Kinder, die so verhaltensgestört sind, daß sie Spielangebote nicht annehmen können. Diese lösen in ihnen oft sogar Angst und Abwehr aus.

Die Gruppe der wirklich spielunfähigen Kinder braucht therapeutische Hilfe. Das Spiel wird hier gezielt als therapeutische Technik eingesetzt.[20] Diese kann nur von einem Erzieher angewandt werden, der therapeutisch ausgebildet ist.

---

[19] Smilansky, S.: The effects of sociodramatic play on disadvantaged pre-school children, New York-London, Wiley 1968.
Auszüge davon: Wirkungen des sozialen Rollenspiels auf benachteiligte Vorschulkinder. Anleitung zum sozialen Rollenspiel. In: Flitner, A.: Das Kinderspiel, München 1973, S. 151—187, 230—241.
Sara Smilansky war Lehrerin in Vorschulen und in Sonderschulen. Jetzt ist sie Forschungsprofessorin in Tel Aviv/Israel.

Eigene Befragungen in einer ersten Klasse ergaben, daß von 30 Kindern 10 Kinder kaum Erfahrung mit den gebräuchlichsten Gesellschafts- und Regelspielen hatten, während sie 10 Kindern vollkommen vertraut waren. Die 10 Kinder, die Erfahrung hatten, bestimmten Spielführung und Spielwahl, sie verhinderten, daß die 10 anderen Kinder systematisch in die Spiele eingeführt wurden.

[20] Vgl. Biermann, G. (Hrsg.): Handbuch der Kinderpsychotherapie, München-Basel 1970.
Die Aufsätze machen deutlich, daß sich die verschiedensten therapeutischen Schulen mit dem Spiel als therapeutischer Technik befassen. In den Falldarstellungen wird nachvollziehbar, wieviel Geduld und Sachkenntnis die Therapie seelisch kranker Kinder braucht.

3.2 Das gelenkte Rollenspiel

Das gelenkte Rollenspiel wird von der Erzieherin geplant und begleitet. Es kann als offenes Rollenspiel angeboten werden, bei dem der Spielplan das Problem, den Ort, an dem die Handlung stattfindet, die Zeit, in der sich das Geschehen ereignet und die Spielpartner, die mitspielen, angibt. Der Spielverlauf und der Ausgang des Spieles ergeben sich im Spielprozeß.

Es kann auch als geschlossenes Rollenspiel angeboten werden. Beim geschlossenen Rollenspiel werden sowohl der Spielverlauf als auch der Spielausgang im voraus festgelegt. Beide Spielformen haben unter bestimmten Zielsetzungen ihre Berechtigung.

Ein geschlossenes Rollenspiel kann sich unter Umständen aus einem offenen Rollenspiel entwickeln. Nachdem im offenen Rollenspiel und in der Besprechung des Spiels einige bestmögliche Konfliktlösungsstrategien entwickelt wurden, kann eine Form der Problembewältigung in einem geschlossenen Rollenspiel ausprobiert werden.

Beide Formen bleiben aber Rollenspiel und sollten nie zum Laienspiel mit Zuschauern werden. Die Dialoge werden im Spiel entwickelt, das Spiel wird als Modell zur Erprobung des eigenen Verhaltens angesehen. Die Spielgruppe besteht aus Spielern und Beobachtern. Die Beobachter identifizieren sich mit den Spielern, teilen aus der Identifikation (dem gefühlsmäßigen, innerlichen, vorgestellten Mitspielen, so als ob man der Spieler sei) ihre Beobachtungen mit. Die Rollen werden fortwährend gewechselt. Die Beobachter wissen, daß sie sehr bald zu Spielern werden können.

3.2.1 Allgemeine Lernziele

Durch seinen Modellcharakter wird das Rollenspiel zur Lernhilfe. Es soll nicht eine Reproduktion der Wirklichkeit sein, es ist vielmehr eine Rekonstruktion der Wirklichkeit unter reduzierten Bedingungen. Die Spieler sind „Herr der Situation", sie sind ihr nicht ausgeliefert. Die Spielsituation ist im Gegensatz zur Wirklichkeit machbar, veränderbar, wiederholbar. Dadurch wird im Rollenspiel Probehandeln möglich. Nicht der Erfolg, die Bedürfnisbefriedigung oder eine Leistung werden angestrebt, sondern die Erfahrung, wie etwas geschieht. Nicht, was ich esse, und daß ich satt werde, ist wichtig, sondern wie Essen vor sich geht, wie ich mich dabei verhalte und wie ich mich auf den Mitspieler beziehe. Im Rollenspiel kann Selbstwahrnehmung ebenso gelernt und geübt werden wie Fremdwahrnehmung, d. h., daß ich den anderen sehe und auf ihn eingehe.

Der Modellcharakter des Rollenspiels erlaubt es auch, daß ich mich meiner Eindrücke und meiner Erfahrungen vergewissere. Ich kann den anderen fragen:

24

„Hast du verstanden, was ich dir sagen wollte?" „Habe ich dich richtig verstanden?" „Wie hast du mich in meiner Rolle gesehen?"

Im Rollenspiel handelt jeder mit Bezug auf den anderen. Die Spieler erleben sich sowohl als Hörende wie auch als Gestaltende. Sie teilen sich nicht nur sprechend, sondern auch durch die Körperhaltung und durch Gesten mit. Nichtverstehen oder Mißverstehen werden auch dadurch erfahren, daß die Handlungen Antworten auf Mitteilungen sind.

Im gelenkten Rollenspiel kann kein Spieler unabhängig von seinen Partnern spielen. Die Kinder lernen, ihr Verhalten auf die anderen abzustimmen und sich so klar zu äußern, daß sie verstanden werden. Sie müssen auch auf Spielvorschläge verzichten können, wenn diese mit dem geplanten Spielablauf unvereinbar sind.

In der Modellsituation des Rollenspiels können die Kinder jede Darbietung und jede Lösung in Frage stellen. Sie fragen dabei nicht nach dem Spielverlauf, sondern nach den Darstellungsformen und Problemlösungen. Die Suche nach Alternativen macht sie frei für eigene Entscheidungen und frei von starren Verhaltensschemata, die meist unreflektiert übernommen werden. Durch Spielen von verschiedenen Verhaltensweisen und Rollen in verschiedenen simulierten Situationen werden sie freier in der Selbstdarstellung. Sie können leichter Stellung zu dem Geschehen nehmen, und sie werden allmählich ermutigt, Handlungen und Situationen aus ihrer eigenen Sicht zu beurteilen und nicht nach übernommenen Maßstäben. Dadurch, daß sie die Rollen wechseln, setzen sie sich mit dem Verhalten anderer auseinander und überprüfen das eigene.[21] Nach einiger Erfahrung im Rollenspiel ist dies auch Vorschulkindern möglich. „Wenn ich der Tarzan wäre, dann würde ich vielleicht nicht immer im Wald wohnen wollen." Die Einstellung zum Superhelden konnte durch Einfühlung und Identifikation relativiert werden.

Auch im Rollenspiel lernen die Kinder, Spielregeln zu definieren und ihr Verhalten freiwillig Regeln zu unterwerfen. Château bezeichet das Handeln nach einsichtigen, gemeinsam bekannten Regeln als eine der moralischen Funktionen des Spiels.[22] Das Spiel braucht die Regel, und es strukturiert Handlungen durch Regeln.

Der Spieler setzt sich mit den begrenzenden, einschränkenden und herausfordernden Regeln auseinander und mißt sich daran. In Bewegungs- und Gesellschaftsspielen sind die Regeln klarer definiert und lassen sich durch die Spieler nicht willkürlich verändern. Beim Rollenspiel sind sie schwerer zu erfassen. Trotzdem gibt es sie auch hier — durch die Rolle selbst. In der Reflexion der Regeln werden Grundmuster sozialen Verhaltens bewußt gemacht.

---

21 Vgl. „Techniken des Rollenspiels" in diesem Buch. Rollenwechsel und Rollentausch, Seiten 63, 91,92.

22 Château, J.: Das Spiel des Kindes, Natur und Disziplin des Spielens nach dem 3. Lebensjahr, Paderborn 1969.

Beim Rollenspiel erleben sich die Spieler in zwei Ebenen. S. L. Rubinstein stellt dazu fest: ,,Die Gefühle, Wünsche und Absichten, die der Rolle entsprechen, die der Spielende durchführt, sind seine Gefühle, Wünsche und Absichten, insofern, als er sich mit der Rolle, in der er sie unter neuen, phantasiemäßigen Bedingungen erlebt, identifiziert. Eingebildet sind nur die Bedingungen, unter die er sich in Gedanken stellt, aber die Gefühle, die er unter den Phantasiebedingungen erlebt, sind echte Gefühle, die er real erfährt. Das bedeutet natürlich durchaus nicht, daß dem Spielenden nur seine eigenen Gefühle zugänglich sind. Sobald er sich ‚in der Rolle fühlt', eröffnen sich ihm nicht nur die Gefühle seiner Rolle, die zu seinen Gefühlen werden, sondern auch die seiner Partner, mit denen er durch die gemeinsame Handlung und durch gegenseitige Einwirkung verbunden ist."[23]

3.2.2 Spezielle Lernziele[24]

Interaktion und Kommunikation

Kinder müssen schon früh mit anderen Menschen auskommen. Im Rollenspiel erleben und reflektieren die Kinder verschiedene Formen der Interaktion und Kommunikation. Sie erfahren dabei, daß auch soziales Verhalten bewußt gelernt werden kann. Nachahmung ist zwar wichtig, wenn aber Kommunikation nur über sie (Imitation) gelernt wird, besteht die Gefahr, daß es zu keiner Befriedigung von Umwelt- und eigenen Bedürfnissen kommt. Die Kinder müssen schon früh erfahren, daß Sozialkompetenz lernbar ist. Unter Sozialkompetenz verstehen wir die Fähigkeit, alles erlernt zu haben, ,,was zu den Voraussetzungen gehört, sich für selbständige Entscheidungen, zumal für soziale und politische, vorbereitet halten zu können."[24a]

Dazu gehört die Einübung sozialer Verhaltensweisen (social skills).[25]

Skills sind Fähigkeiten, die der einzelne in seinen Rollen braucht, um eigene Bedürfnisse zu formulieren und wahrzunehmen. Er braucht sie auch, um in Rollen handeln zu können, z. B. die Selbstbehauptung. In diesem Sinne kann Rollenspiel als skill-training eingesetzt werden.

---

[23] Zit. bei Beck, Dickenberger u. a.: Konzeption für einen politisch-emanzipatorischen Gebrauch von Rollenspielen, in: Kochan, B.: Rollenspiel als Methode sprachlichen und sozialen Lernens, Kronberg/Ts, 1974, S. 229.
Auf den Aspekt der Mehrdeutigkeit des Phänomens Rollenspiel verweist auch Nickel, H.-W., in seinem Aufsatz: Bemerkungen zum Phänomen Rollenspiel. In: Die Grundschule 10/74, S. 532.

[24] Vgl. auch in diesem Kapitel Abschnitt 4, S. 32 ff.

[24a] Roth, H.: Revolution der Schule ? – Die Lernprozesse ändern, Hannover 1969, S. 64.

[25] Popp, W.: Wissenschaftsorientierter Unterricht und soziales Lernen. In: Halbfas, Maurer, Popp: Neuorientierung des Primarbereichs, Stuttgart 1972, S. 169–178.

Rollenlernen durch Rollenspiel

Unter einer Rolle verstehen wir Verhaltenserwartungen, die auf den Träger einer Position (Rollenträger) gerichtet sind. Wer seine Rolle kennt, der weiß, wie er sich in einer bestimmten Situation verhalten soll, was von ihm erwartet wird und was er von den Partnern erwarten darf; Rollenlernen ist auch soziales Lernen. Jeder Mensch hat viele Rollen zu erfüllen und bezieht seine Handlungen auf eine Vielzahl von Rollenträgern. Im Rollenspiel werden immer neue Erfahrungen mit Rollen gemacht. Die Austauschbarkeit der Rollen gibt Sicherheit im Umgang mit ihnen und bewirkt zugleich Distanz zu ihnen.

Einsicht in Gruppenprozesse, Kooperationslernen durch Rollenspiel

Jedes Kind nimmt in seiner Gruppe einen bestimmten Rangplatz ein. Diese Position kann durch das Rollenspiel bestätigt oder verändert werden. Kinder werden zu Stars, die immer die bewunderten und begehrten Rollen möchten oder von der Gruppe zugewiesen bekommen, andere werden bei der Rollenverteilung übersehen oder abgelehnt.

Macht und Einfluß sind in jeder Gruppe unterschiedlich verteilt. Die meisten Gruppen weigern sich, diese Ordnung anzuerkennen. Im Rollenspiel kann die Rollenverteilung in der eigenen Gruppe durchschaubar gemacht werden. Dann werden bei einzelnen auch Verhaltensänderungen eingeleitet.

Rollenspiel als Konfliktlernen

Im Rollenspiel werden Konflikte spielerisch dargestellt.
Im gelenkten Rollenspiel können Konflikte innerhalb und außerhalb der Kindergruppe rekonstruiert werden. Die Spieler erleben die Situation und werden zu Entscheidungen gezwungen. Die „Quasirealität"[25a] des Spiels macht die Entscheidung leichter und unverbindlicher. Konfliktsituationen können variiert werden. Wie wäre es, wenn du dich so oder so verhalten hättest? Probieren wir diese Lösung einmal aus? Wie haben wir das Spiel erlebt? Die Spieler versetzen sich in die Rolle ihrer Partner.[26] Die Beobachter identifizieren sich mit den Spielern und bieten Konfliktlösungen an.

Aber wir sehen bei dem Rollenspiel mit dem Lernziel „Konfliktlösung" auch Gefahren. Die Rollenspielsituation reduziert den Konflikt. Machtprobleme werden beiseitegeschoben. Außenzwänge, die Entscheidungen abnehmen, werden leicht übersehen; die Spielsituation suggeriert, die Lösung sei nur Aufgabe des einzelnen. Vielfach werden zwar viele Lösungen erwogen, von der Aufgabe und von der Problemstellung her sind aber nur wenige gesellschaftlich akzeptierbar. Damit werden die Kinder zur Anpassung erzogen und nicht für eine angemessene Konfliktbewältigung, die auf wirklicher Entscheidungsfreiheit beruht.

25a Heckhausen 1973, S. 133 f.
26   Vgl. in diesem Buch „Techniken des Rollenspiels" — Rollenwechsel und Rollentausch, Seiten 63, 91, 93.

Dies ist auch ein Vorwurf, den wir dem Spielbuch von Shaftel und Shaftel[27] machen, so brauchbar es für die Schulpraxis auch sein mag. Die Erzieher müssen die Konfliktgeschichte oder die Bilderserie dahin überprüfen, ob sie dem Lernziel Konfliktbewältigung, Emanzipation und Entscheidungsfreiheit dient oder ob sie die persönliche Entwicklung des jungen Menschen hemmt. Die Hemmung sehen wir darin, daß die Entscheidung letzten Endes doch im Hinblick auf vorgeformte Verhaltensmuster und gesellschaftliche Konventionen getroffen wird und nicht persönliche Entscheidung ist. Es liegt auch die Gefahr nahe, daß die Spiele so zweckgerichtet sind, daß ihr Spielcharakter verlorengeht.

Rollenspiel als Kreativitätstraining — Lernen durch Utopien

Moreno[28] hatte in seiner Konzeption des Stegreifspiels und des Psychodramas das Ziel, die verschüttete Kreativität und Spontaneität des Menschen wieder ans Licht zu bringen. Die Spielsituation erlaubt spielerisches Probehandeln und setzt in der Gruppe schöpferische Kräfte frei. Wir können einmal „anders als in Wirklichkeit"[29] sein und Handlungsmöglichkeiten erfinden, die uns entlasten, die neue Wünsche und Bedürfnisse freisetzen, die die Wirklichkeit aus einem anderen Blickwinkel sehen lassen. Wirklichkeit ist immer gemachte Wirklichkeit. Jeder von uns lebt in einer anderen, d. h. in dem Lebensbereich, der für ihn sinn- und bedeutungsvoll ist. Aus der Fülle von Wahrnehmungen wählt sich der einzelne diejenigen aus, denen er Sinn verleiht.[30] Unter Kreativität verstehen wir nicht nur die schöpferische Fähigkeit einzelner genialer Menschen, sondern die Fähigkeit eines jeden, neue, unkonventionelle Zusammenhänge und Lösungswege zu finden. Kleinkinder sind immer kreativ, weil sie noch nicht über kulturell festgeschriebene Denk- und Verhaltensschemata verfügen, mit Hilfe derer sie sich mitteilen und darstellen können. Sie stehen aber derart unter dem Druck, wie die Großen zu werden, daß sie zugunsten der Anpassung ihr kreatives Verhalten aufgeben und reproduktiv werden. Das ist ein notwendiger Sozialisationsprozeß.

---

27 Shaftel, F./Shaftel, G.: Role-playing for social values, decision-making in the social studies, Prentice-Hall, Eaglewood Cliffs, N. J. 1967.
Deutsch: Shaftel,F./Shaftel, G.: Rollenspiel als soziales Entscheidungstraining, München 1973.
Nach der Fertigstellung des Buches erschien:
Becker, A./Conolly-Smith, E.: du ich-wir. Handbuch zur emotionalen und sozialen Erziehung. Kindergarten und Vorschulprogramm, Ravensburg 1975.

28 J. L. Moreno entwickelte das Psychodrama als therapeutische Methode.
Leutz, G.: Psychodrama, Theorie und Praxis (mit einer Übersicht über die Werke ihres Lehrers Moreno), Berlin-Heidelberg-New York 1974.

29 Vgl. „Anders als in Wirklichkeit" war für die Kinder dieser Schule ein wichtiges Erlebnis.
Daublebsky, B.: Spielen in der Schule, Stuttgart 1974, S. 104.

30 Vgl. dazu auch:
Berger, P./Luckmann, T.: Die gesellschaftliche Konstruktion der Wirklichkeit, Condito humana, Frankfurt 1969.
Schütz, A.: Der sinnhafte Aufbau der Welt, Frankfurt/M. 1974.

Kinder, die über ein bestimmtes Alter hinaus noch in der Kindersprache reden, sich ungehemmt wie ein Kleinkind verhalten, sind zurückgeblieben und nicht schöpferisch. Die Gefahr besteht, daß sie durch die Übernahme konventioneller Verhaltensmuster und von Wissen über die Gesellschaft eigene Gestaltungsversuche aufgeben. Bei vielen Kindern kommt eine Zeit, in der sie Anforderungen nicht mehr damit begründen, daß sie etwas wollen, sondern sie wollen, was die anderen haben oder sie tun etwas, weil „man" das muß.

Das Bemühen vieler Kinder, wie die Großen zu sein, kann kreative Fähigkeiten verschütten. Diese Fähigkeiten werden in der Regel auch nicht von den Kindern verlangt. Im Rollenspiel können erstarrte Verhaltensweisen aufgebrochen, neue, utopische Lösungswege gefunden und dargestellt werden. Auch die ergänzenden Spielformen wie Tanz, Kinderpantomime, Geschichtenerzählen, auch Malen, rhythmisches Bewegen, sind Aktivitäten, die gesellschaftlich nicht oder nur wenig vorgeformt sind und dadurch neue Erfahrungen mit den eigenen Ausdrucksmöglichkeiten, mit neuem Material und neuen Darstellungsformen ermöglichen. Da es gemeinsam in der Gruppe geschieht, bestätigt sich die Gruppe gegenseitig.[31]

Wir glauben, daß das Rollenspiel auch die Funktion haben kann, von realen Zwängen freizusetzen. Tagträumereien, Wunschphantasien und illusionäre Geschichten entlasten den Menschen. Auch Märchen, Schauspiel, Roman haben diese Entlastungsfunktion. Jede Religion hat ihren utopischen Aspekt. Freilich steckt darin auch ein Stück Verführung.

Wir sehen diese Gefahr dann nicht für gegeben, wenn die Kinder in anderen Spielangeboten mit Problemen ihrer Realität konfrontiert werden und wenn in den Reflexionsphasen die Frage nach der Befindlichkeit der eigenen Person und der eigenen Situation gestellt wird.

Erweiterung der sprachlichen Kompetenz durch Rollenspiel

Das Rollenspiel sollte so geplant werden, daß Kinder das Bedürfnis haben, sich mitzuteilen, sich auszudrücken. Wenn sie sich mit der Rolle identifizieren, fällt es ihnen leicht, sich ihr gemäß zu äußern.

Im Kindergarten ließen wir die Kinder die Sprachform frei wählen. Wenn sie sich in Situationen der Öffentlichkeit versetzten, wie sie beim Einkaufen, in der Schule, auf Ämtern gegeben sind, dann versuchten sie die Schriftsprache, soweit dies vorwiegend dialektsprechenden Kindern gelingt. Spielten sie Szenen aus dem Familienalltag, wurde auch von Kindern, die hochdeutsch beherrschen, Dialekt gesprochen. Die Kinder versuchen im Rollenspiel, sich der Sprachform ihrer vorgestellten Rollenpersonen anzupassen.

---

31 Wollschläger, G.: Kreativität und Gesellschaft, neue pädagogische Methoden am Beispiel der Jugendkunstschule Wuppertal, Frankfurt/M. 1971.

Das gemeinsame Spiel verlangt also den Sprachgebrauch in verschiedenen Ebenen. Die Kinder sprechen, wenn sie das Spiel planen. Im Spiel selbst reden sie miteinander und ahmen dabei wahrgenommene Sprachformen nach. Die anschließende Spielbesprechung erfordert einen reflektierenden Gebrauch der Sprache.

Im Sprachunterricht der Schule wird Rollenspiel ein wichtiges Hilfsmittel, Kinder zum Sprechen anzuregen.

Rollenspiel als therapeutische Hilfe

Rollenspiel kann zur therapeutischen Hilfe werden, auch wenn dies vom Erzieher nicht geplant wurde, weil sich der Spieler im gemeinsamen Spiel mit der ganzen Person einsetzt. Er kann eigene Konflikte gemeinsam mit den anderen Spielern wieder erleben und verarbeiten. Im Spiel werden seelische Verletzungen, die in der Vergangenheit erlitten wurden, wieder sichtbar. Sie werden neutralisiert, wenn die Situationen, in denen sie entstanden, häufiger gespielt werden. Auch Ängste können im Rollenspiel szenisch versachlicht werden und verlieren dadurch ihre diffuse, nicht mit dem Verstand erfaßbare Bedrohung. „Endlich konnte ich darüber sprechen, jetzt weiß ich, ihr habt auch vor den gleichen Dingen Angst, und ich fühle mich besser!" sagen manche älteren Kinder. Oft geschieht die Distanzierung vor der Angst durch Lächerlichmachen der gefährlichen Situation. Dann lacht die Gruppe hysterisch, und die Erzieherin weiß nicht warum.

Manche Kinder greifen, um ihre Angst zu bezwingen, zum Rollentausch. Die kleine Anne (2;6) stand einmal vor einem leeren Kuhstall. Sie äußerte Angst und wollte nicht hineingehen. Dann aber lachte sie und sagte: „Ich bin die Kuh, muh, muh" und rannte vergnügt im Stall herum. Zulliger beschreibt recht einleuchtend, wie er den Rollentausch therapeutisch genutzt hat.[32]

Im spontanen Spiel werden häufig Märchenthemen gewählt. Hier scheint die Therapiewirkung darin zu liegen, daß die Kinder die Verwandlung des Kleinen, hilflos Ausgelieferten in den Großen, Mächtigen erleben und selbst inszenieren können. Aschenputtel wird zur Prinzessin, Daumesdick zum König, der Bettler zum Grafen usw.

In der angstfreien Spielsituation können Kinder ihren Problemen leichter begegnen und sich von verdrängten Angst- und Schuldgefühlen befreien.

Phantasien können zu Handlungen werden und verlieren damit etwas von ihrem oft schuldhaft empfundenen Charakter. In der Spielsituation können ungestillte Wünsche ausgesprochen, in der Als-ob-Situation des Spiels sogar befriedigt werden.

---

32 Zulliger, H.: Heilende Kräfte im kindlichen Spiel. Fischer-Taschenbücherei, Frankfurt/M. 1969.
Vgl. auch die Hinweise zur Angstbewältigung in diesem Buch auf den Seiten 166 bis 168.

Im therapeutisch gemeinten Rollenspiel ist das einzelne Kind Mittelpunkt der Bemühungen. Deshalb sind hier die Gruppen sehr klein.

Man darf auch folgendes nicht übersehen: Wenn der Entlastungsprozeß nicht sehr langsam eingeleitet und von erfahrenen Therapeuten begleitet wird, können Illusionen wachgerufen werden, die nicht zur Bewältigung der kindlichen Realität helfen. Die Begegnung mit der eigenen Angst und ihre Freisetzung muß mit der Stärkung des kindlichen Ichs zusammengehen.[33]

Schenk-Danzinger berichtet von einem Mädchen, das am Tag nach seiner Spitalentlassung das folgende Spiel spielte:

„Das Puppenbett mit dem Teddybären wurde zur Mutter ins Wohnzimmer gebracht, dazu eine Kinderschere und ein Suppensieb. Letzteres wurde dem Bären über den Kopf gestülpt; dann schnitt ihm die Kleine, ehe die Mutter es noch verhindern konnte, den Bauch auf. Zum Glück erfaßte die Mutter den Sinn dieses Spiels, unterdrückte eine Rüge, die ihr schon auf der Zunge lag, schaltete sich als ‚zweiter Herr Doktor' ins Spiel ein und nähte den Schnitt wieder zu. Dann erhielt der Bär einen großen Verband, wurde zugedeckt und weggetragen. An 11 Tagen hintereinander wiederholte das Kind dieses Spiel, immer zur gleichen Zeit und immer neben der Mutter. Das ‚Aufschneiden' und ‚Zunähen' wurde nur mehr mit Bewegungen angedeutet. Nach 11 Tagen war das Spiel vergessen, und alle Angstsymptome, die sich im Anschluß an die Operation gezeigt hatten, schienen überwunden."

---

33 Schenk-Danzinger, L.: Entwicklungspsychologie, Wien 1969, S. 85.

Vgl. auch Wolpe, J.: Praxis der Verhaltenstherapie, Stuttgart-Bern 1972.

Blöschl, L.: Grundlagen und Methoden der Verhaltenstherapie, Wien-Bern-Stuttgart 1972.

Axline, V.: Kinderspieltherapie im nicht-direktiven Verfahren, München-Basel 1972.

Rogers, C. R.: Die klientbezogene Gesprächstherapie, München 1973.

Rambert, M.: Das Puppenspiel in der Kinderpsychologie, München-Basel 1969.

Petzold, H.: Angewandtes Psychodrama in Therapie, Pädagogik, Theater und Wirtschaft, Paderborn 1972.

Sager, C. J./Singer-Kaplan, H. (Hrsg.): Handbuch der Ehe-, Familien- und Gruppentherapie. Deutsche Übersetzung, München 1973.

4. Konkrete Rollenspielplanungen unter speziellen Zielsetzungen

4.1 Interaktion und Kommunikation

In unseren Überlegungen werden wir Interaktion und Kommunikation zusammen betrachten, obwohl die wissenschaftliche Diskussion zwischen Interaktion und Kommunikation unterscheidet.[34] Unter Kommunikation verstehen wir gegenseitiges, aufeinanderbezogenes Handeln, das Mitteilungen über Sprache, Gesten und Gebärden einschließt und unter einer bestimmten Absicht geschieht. Jedes gemeinsame Handeln bedingt gegenseitige Abhängigkeit. Wie diese Abhängigkeit gestaltet ist, hängt auch von den Rollen ab und von der Macht des einzelnen, die in der Beziehung sichtbar wird.

Von der Interaktion erwarten die Partner etwas, sei es Information, die Befriedigung von Gefühlen, die Formulierung aggressiver Gefühle oder gemeinsame Zielerreichung. Je deutlicher die Partner ihre Erwartungen zum Ausdruck bringen können, um so befriedigender ist die Begegnung. Viele Interaktionen verlaufen aber gestört. Häufig spüren wir den Mißerfolg, ohne die Ursachen zu erkennen. Das Verhalten des einzelnen ist nicht nur abhängig vom Verhalten und den Erwartungen seines Partners. Es ist auch abhängig von den Verhaltensnormen der Gruppe.

Jede Mitteilung hat zwei Aspekte. Sie wird von einem Absender an einen (oder mehrere) Adressaten gerichtet und enthält eine Botschaft derart, daß sie die Interessen des Absenders ausspricht und vom Adressaten verstanden wird. Mitteilungen werden also auf einen Hörer hin geplant, sie schließen die Vorstellungen vom Hörer und die Erwartungen an ihn mit ein. Kommunikationstheoretisch wird von einem partnertaktischen Verhalten gesprochen. Mit partnertaktischem Verhalten meinen wir nicht eine undurchsichtige Manipulation des Hörers, sondern die Doppelbeziehung, die im Wesen der Mitteilung liegt. Sie wird intuitiv vorausgesetzt, sie kann aber auch gezielt gewollt werden. „Wie komme ich am besten an?" „Wie mache ich mich am besten verständlich?" „Wie überzeuge ich den anderen oder überrumple ihn?"

Watzlawick und seine Schüler versuchten, Axiome der Kommunikation herauszuarbeiten.[35] Diese Axiome erklären zwar kommunikatives Handeln noch nicht zureichend, erscheinen uns aber als Erklärungsmodell und für die Planung von Lernzielen, die Kindern gemeinsames Handeln erleichtern, hilfreich.

---

[34] Vgl. Graumann, C. F.: Interaktion und Kommunikation. In: Handbuch der Psychologie, Bd. VII, 2. Halbband: Sozialpsychologie, Göttingen 1972, S. 1109–1262.

[35] Watzlawick, P., u. a.: Menschliche Kommunikation, Bern-Stuttgart 1969.

4.1.1 „Man kann nicht nicht kommunizieren"

Dieser Satz weist auf die Tatsache hin, daß in jeder sozialen Situation ein Zwang zur Beziehung besteht. Wie auch immer mein Bedürfnis zur Kontaktaufnahme sein mag, jede Person beeinflußt mein Verhalten. Watzlawick macht dies an einer Situation in einem Zugabteil deutlich. Auch wenn jemand Zeitung liest und sich demonstrativ abwendet, beeinflußt er die anderen, die im Abteil sitzen. Noch einsichtiger wird dies dann, wenn ein Kind auf Bitten oder Verbote seiner Mutter nicht hört. Auch durch die Nichtbeachtung findet ein ganz spezifisch strukturierter Kommunikationsprozeß statt. Die Mutter wird vielleicht weiterhin mit dem Kind sprechen oder sich verärgert abwenden. Beide Male reagiert sie auf das Verhalten. Oder ein Ehemann, der auf die Bitte seiner Frau, sich ihr doch mehr zuzuwenden, nicht reagiert, sagt nicht etwa nichts, sondern teilt ihr Nichtbeachtung mit und kränkt sie. Kommunikation hat also keine Verneinung. Im Rollenspiel können wir diese Einsicht leicht vermitteln. Wir können auch erfahrbar machen, daß wir uns nicht nur durch Sprache, sondern auch durch unseren Körper, unsere Gebärden, unsere Kleidung, unsere Stimme mitteilen.

„Die große Schwester liest ein Märchenbuch. Hans möchte vorgelesen bekommen. Er bittet sie darum. Sie hört ihn nicht und reagiert überhaupt nicht darauf. Wie fühlt sich Hans, wenn er einige Male darum gebeten hat?"

„Sonja läuft vom Spiel der anderen Kinder weg. Sie mag nicht mehr spielen. Was tun die anderen, wie fühlen sie sich?"

„Ein Kind läuft im Winter barfuß auf der Straße herum. Es ist wütend von zu Hause weggelaufen und will von niemand etwas wissen. Aber die Leute fragen es doch und bringen es nach Hause. Durch seine Kleidung hat es die Fragen der anderen herausgefordert."

„Fastnachtsnarren laufen verkleidet durch die Straßen. Sie werden angesprochen, und man macht Späße mit ihnen."

„Eine Prinzessin geht durch die Straße, sehr fein angezogen. Wir sehen, es ist Barbara. Wie reden wir mit ihr? Selbstverständlich wie mit einer Prinzessin. Durch ihre Verkleidung teilt sie uns mit, wie man mit ihr umgehen soll."

In jedem Spiel löst das Verhalten des einen Reaktionen der anderen aus.

Wenn wir nichts mit dem anderen zu tun haben wollen, dann überlegen wir uns, ob wir uns nicht einfach abwenden sollen. Dabei teilen wir dem anderen mit: „Ich will nichts von dir", oder wir können ihn lächerlich machen oder ihm zeigen, daß er uns gleichgültig ist. In jedem Falle stehen wir zu ihm in einer wechselseitigen Beziehung.

4.1.2 Der Inhalts- und Beziehungsaspekt

Die Kommunikation hat einen Inhalts- und einen Beziehungsaspekt.
Die Spiele zu „Bitten und Gebeten werden" (S. 162—164) machen diese Regel deutlich. Ich kann eine Bitte wörtlich wiederholen, aber doch damit Verschiedenes ausdrücken. Ich kann durch die Bitte sagen „Ich weiß, du gibst es mir, weil du mich gern hast." Oder „Du willst es mir nicht geben, weil du geizig bist, aber ich habe ein Recht darauf." „Du siehst ein, daß ich die Sache brauche, und stehst deshalb zurück." Jedesmal wird ein Inhalt gefordert, aber zugleich auch die Beziehung definiert. Jedesmal teilt der Bittende mit, wie er zum anderen steht, was er ihm zutraut, was er von ihm befürchtet. Man macht deutlich, daß man etwas mitteilen möchte, aber auch eine Beziehung stiften will.

Ein Spiel kann Kindern klarmachen, wie dies gemeint ist und zugleich zeigen, wie sich verbale und nichtverbale Kommunikation unterscheiden:

① Mit dem Körper sprechen

„Wir sitzen im Kreis, und nun bittet Franz jedes Kind, ob es nicht mit ihm in den Wald gehen will. Wir sagen nichts, aber wir versuchen, ihm mit unserem Körper, mit den Händen, mit dem Kopf zu zeigen, ob wir mitgehen wollen, ob wir es gern tun, ob wir eigentlich nicht wollen oder ob wir ihn abweisen. Franz muß dann sagen, ob er es verstanden hat. Z. B. Barbara schüttelt traurig den Kopf, wiegt den Kopf und schüttelt wieder den Kopf. Franz versteht dies so und sagt es auch: ‚Barbara, ich sehe, du möchtest wohl, aber du kannst nicht. Du hast dir überlegt, ob es nicht doch geht, aber du kannst nicht.' Dann darf Barbara sagen, ob sie das mit ihrem Körper ausdrücken wollte, ob Franz sie richtig verstanden hat. Wenn Franz sie nicht recht verstanden hat, dürfen die anderen raten, was sie wohl sagen wollte. Wenn sie sich sehr undeutlich ausdrückte, muß sie es selbst mitteilen "

4.1.3 Kommunikation bedient sich Zeichen und Ausdrucksformen

Die Kommunikation erfolgt durch Zeichen und in spontanen unkontrollierten, aber doch ausdruckshaltigen Formen.

Watzlawick[36] spricht von digitaler und analoger Kommunikation. Mit digitaler Kommunikation meint er, daß die Mitteilung über Symbolsysteme — wie Sprache — oder gesellschaftlich vorgeformte Gebärde — wie Händeschütteln — erfolgt. Unter analoger Kommunikation versteht er unmittelbare, kulturunabhängige und nicht eingeübte Ausdrucksformen. Kleine Kinder brüllen, wenn

---

[36] Watzlawick, P., u. a.: Menschliche Kommunikation, Bern-Stuttgart 1969, S. 61—68.

sie sich weh tun, Erwachsene begleiten die Äußerung, daß sie sich verletzt haben, vielleicht mit einem Seufzer, der die Tiefe ihres Schmerzes mitteilt. Die meisten Mitteilungen erfolgen analog und digital. Die digitale Mitteilung wird bewußter wahrgenommen, sie ist eindeutiger und kann auch leichter weitergegeben werden. In der digitalen Mitteilung bedienen wir uns immer gesellschaftlich vorgeformter Symbolsysteme.

Man kann durch Sprache offenlegen und mitteilen, aber auch verdecken, verhüllen, lügen und verschlüsseln. Sprachliche Mitteilungen werden in der Regel durch analoge Botschaften ergänzt. Dabei kann es auch geschehen, daß ich sprachlich etwas anderes mitteile als durch Haltung und Gesten. Wenn ich z. B. sehr distanziert, eher abwehrend, feststelle, wie sehr ich mich über einen Besuch freue oder gähnend und mit müdem Gesichtsausdruck die späten Gäste zum Bleiben auffordere, so unterscheidet sich die digitale, d. h. im Symbolsystem Sprache geäußerte Mitteilung von der „analogen", die meine Befindlichkeit zum Ausdruck bringt. Der Besucher weiß dann nicht, auf welche er reagieren soll. Er muß entscheiden, wie er sich verhalten will, wird er gehen oder um Aufklärung bitten. Dies wird er bei guten Bekannten tun und sie fragen, was sie nun wollen, Besuch bekommen oder schlafen gehen. Es ist für den Umgang mit anderen wichtig, daß wir unsere Mitteilungen kontrollieren und die Mitteilungen der anderen verstehen lernen. Viele Mißverständnisse und Verstimmungen resultieren daraus, daß wir dies oft nicht zureichend gelernt haben. Ich nehme z. B. sprachlich vermittelte Inhalte an, verspüre aber trotzdem Verstimmung und Widerstand gegen das, was gesagt wurde. Wenn mir diese Unstimmigkeit bewußt wird, kann ich gemeinsam mit dem anderen die Situation klären.

Mitteilungen durch digitale und analoge Ausdrucksformen können im Rollenspiel erlebbar gemacht werden.

„Franziska hat der Nachbarin eine Gefälligkeit erwiesen. Sie hat Milch geholt. Nun soll sie auch dafür belohnt werden. Franziska sagt: ‚Ach, das ist wirklich nicht nötig, ich habe das gerne für Sie getan.' Dabei streckt sie aber die Hand aus, um das Geschenk in Empfang zu nehmen."
(Digital lehnt sie ab, analog will sie die Belohnung haben.)

„Friedrich sieht ein Päckchen auf dem Tisch liegen. Er weiß, daß er nicht an fremde Sachen gehen und daß er das Geburtstagspäckchen seiner Schwester nicht auspacken darf. Er sagt: ‚Ich interessiere mich auch gar nicht dafür, das ist mir doch egal, was die zum Geburtstag bekommt.' Dabei bohrt er aber mit dem Finger ein Loch ins Papier und tastet das Päckchen ab."

Digitale und analoge Mitteilung stimmen aber meistenteils überein.

„Die Mutter begrüßt ihr Kind nach dem Kindergarten. Sie sagt: ‚Ich freu mich, daß du wieder da bist' und umarmt es."

„Die Mutter ist wirklich böse, weil Ulrich eine Tasse hinuntergeworfen hat. Sie sagt: ‚Ich bin jetzt ärgerlich, weil du nicht aufgepaßt hast.' Dabei schaut sie ihn zornig an."

Diese Beispiele verdeutlichen den Inhalts- und den Beziehungsaspekt. Die Mutter teilt mit, daß sie über den Verlust der Tasse traurig, aber auch, daß die Beziehung zu ihrem Kind gestört ist.

Pantomimen können die Bedeutung reiner Analogkommunikationen herausarbeiten. Sie verweisen gleichzeitig darauf, wie sehr wir uns eigentlich an der digitalen Kommunikation orientieren. In einem Kindergarten schickte die Erzieherin ein Kind vor die Balkontüre, die aus Glas war. Das Kind sollte der Gruppe nun Aufträge geben. Dabei war es für die Kinder sehr schwer, nicht zu sprechen und ihre Botschaften in Zeichen umzusetzen. Diese Zeichen sind zwar nicht verbal, aber doch weitgehend digital. Sie sind häufig nicht spontan verständlich, sondern bereits Rituale, d. h. sie beruhen auch auf einem gesellschaftlich definierten Zeichensystem, wie winken, mit dem Kopf schütteln u.ä.

4.1.4 Symmetrische und komplementäre Kommunikation

Die Kommunikation zwischen zwei Menschen kann entweder symmetrisch oder komplementär verlaufen.

Jede Beziehung zwischen Menschen unterliegt bestimmten Ordnungsschemata. Es bilden sich Gewohnheiten, die die Beziehung regeln. Komplementäre Beziehungsstrukturen bilden sich dort aus, wo zwischen den Partnern Über- bzw. Unterordnungsverhältnisse bestehen.

Eltern-Kind-Verhältnisse sind meist komplementär strukturiert. Die Eltern sind für ihre Kinder verantwortlich, die Kinder ordnen sich den Eltern unter. Es sind hier aber auch symmetrische Beziehungen wünschenswert und möglich. Unter einer symmetrischen Beziehung verstehen wir Interaktionen, zu denen die Partner in gleicher Weise beitragen, bei denen von allen beteiligten Personen Anregungen gegeben und Kompromisse in Kauf genommen werden. Konflikte werden in symmetrischen Beziehungen durch Auseinandersetzung, die häufig verletzend und schmerzhaft sein kann, ausgetragen.

Weil Erziehungssituationen in der Regel komplementär strukturiert sind, entwickeln Kinder wenig Verhaltensweisen, die symmetrische Beziehungen stiften. Auch Geschwisterbeziehungen sind oft komplementär. Die Kleineren unterwerfen sich den Größeren, erhalten dafür Schutz und Zuwendung und dürfen um den Preis der Unterwerfung bei Spielen der Größeren mitmachen. Die symmetrische Beziehung lebt vom Aushandeln von Kompromissen, aber auch vom Einbringen der eigenen Wünsche und Forderungen der Partner. Sie fordert ein kompliziertes und waches Zusammenleben. Ideale Beziehungen sind dadurch gekennzeichnet, daß die Partner zwischen den beiden Interaktionsformen wechseln können.

Im Rollenspiel kann gezeigt werden, wie Beziehungen durch komplementäres und durch symmetrisches Verhalten geprägt werden. Dabei muß deutlich werden, daß die Partner sich jeweils gegenseitig steuern. Der Unterdrücker braucht jemanden, der sich unterdrücken läßt. In der Erziehungswirklichkeit kann partnerschaftliches Verhalten, das auf Gleichrangigkeit angelegt ist, selten gelernt werden. Dies zeigt sich unverkennbar im spontanen Rollenspiel der Kinder, wenn sie dominante Rollen spielen können.

Einige Spielsituationen:

Wie verhalte ich mich in Situationen, in denen ich gehänselt werde?

a) Komplementär: Walter hänselt Anne. Anne läuft weg, weint und beklagt sich bei ihrer Mutter, die dann den großen Walter ausschimpft. Anne unterwirft sich in zweifacher Weise. Sie läßt sich durch Walter quälen und sucht Schutz bei der Mutter, die ihrerseits Walter unterwirft. Walter dominiert aber eine Zeitlang über Anne.

b) symmetrisch: Walter hänselt Anne. Anne hänselt zurück. Sie verbietet sich den Umgangston. Walter verbietet sich das Hänseln von Anne. Dabei kann es natürlich auch zu Ausschreitungen kommen, beide übersteigern sich in den Hänseleien. Raufereien entstehen bei symmetrischer Beziehung; die Partner reagieren oft immer brutaler gegeneinander.[37]

② *Tauschgeschäfte*

Tauschgeschäfte können sowohl komplementäre als auch symmetrische Interaktionen sein.

a) Elisabeth will mit ihrem Freund Briefmarken tauschen. Sie hat einige sehr schöne Marken, kann aber den Wert noch nicht recht einschätzen. Ulrich schwätzt ihr die Marken ab, sie erhält wertlose dafür, die man auf jedem Brief finden kann.

b) Elisabeth tauscht mit Ulrich Briefmarken. Sie prüft lange, fragt ihren großen Bruder, schaut sich Ulrichs Markensammlung an. Erst nach einiger Zeit werden sie sich über den Tausch einig. Beide haben gleichwertige Marken erworben.

③ *Schimpfen*

a) Mein großer Bruder ist auf die Schule zornig. Jetzt fängt er an, mich zu beschimpfen. Ich weine und gehe zur Mutter.

---

37 Watzlawick bezeichnet diesen Vorgang als symmetrische Eskalation, a. a. O., S. 80.

b) Ich schimpfe zurück und sage: „Komm, wir machen einen Schimpfwett-
bewerb, wer die meisten böser Wörter weiß." (Damit wird der Versuch
gemacht, die Situation komplementär zu verändern, so daß der Beschimpfte
vielleicht dominiert. Läßt sich der Bruder das nicht gefallen, bleibt der
Versuch, die Beziehung symmetrisch zu halten.)

Bitt- und Verweigerungssituationen können unter den Aspekten symmetrisch
oder komplementär durchgespielt werden. Dabei käme es uns in dem Lernprozeß vor allem darauf an, daß die Kinder die Situationen durchschauen. Wir
verstehen komplementär und symmetrisch hier nicht wertbestimmt.

4.1.5 Partner gestalten und deuten Kommunikationsabläufe unterschiedlich

Watzlawick führt in seine Kommunikationspragmatik den Begriff der Inter-
punktion ein. Damit verweist er auf den Verlauf von gemeinsamen Handlungen.
Wo fangen sie an, wie gehen sie weiter, was sind die treibenden Kräfte, die die
Situation bestimmen? Das Kind sagt: „Ich gehe nicht ins Bett, weil du immer
an mir herumschimpfst." Die Mutter aber sagt: „Ich schimpfe, weil du nie
selbständig ins Bett gehen willst." Jeder hält das Verhalten des anderen für
konfliktauslösend. Die Partner können sich durch Reflexion (Metakommunikation) darüber einigen, wer für den Beginn des Konflikts eigentlich verantwortlich ist. Sie müssen dabei bereit sein, ihre Interpretation zu verändern.

Im Rollenspiel kann dies den Kindern dadurch deutlich gemacht werden, daß
sie verschiedene Rollen spielen.

Geschwisterkonflikte: „Ich nehme dir die Spielsachen weg, weil du nie freiwillig etwas abgibst." „Ich gebe dir nie etwas ab, weil du mir ohnedies immer
alles ohne zu fragen wegnimmst."

„Ich mag die Erzieherin nicht, weil sie immer schimpft. Deshalb ärgere ich sie
auch, laufe aus dem Zimmer und necke die Kleinen, wenn sie weinen," sagt
Moritz. „Es ist schlimm, immer muß ich den Moritz ausschimpfen, weil der
die Kleinen ärgert, wenn sie weinen und sich im Kindergarten nicht wohl fühlen.
Dann ärgere ich mich auch," sagt die Erzieherin.

4.1.6 Die Doppelbindung oder die Beziehungsfalle[38]

Es gibt in der Interaktion immer wieder Situationen, in denen doppeldeutige
Mitteilungen gemacht werden. Das klassische Beispiel stammt von einer schizophrenen Mutter, die große Berührungsängste hat und jeden körperlichen Kontakt
meidet. Sie weiß aber auch, daß eine im konventionellen Sinne „gute" Mutter

---

[38] Watzlawick a. a. O., S. 171–209.

ihr Kind liebkosen, es in den Arm nehmen muß, und daß Kinder körperliche Zuwendung brauchen. Deshalb sagt sie nun ihrem Kind: „Komm doch her und setz dich auf meinen Schoß, gib mir mal ein Küßchen." Ihr Körper und ihre Gesten drücken aber Abwehr und Angst aus. Sprachliche (digitale) und körpergebundene, unmittelbar verständliche (analoge) Mitteilungen fallen nicht nur auseinander, sondern sie widersprechen sich. Was soll das Kind machen? Wie soll es reagieren? Es sitzt in einer Beziehungsfalle, es wird die Mutter in jedem Falle verletzen.

Bateson und seine Mitarbeiter sehen in den Doppelbindungssituationen eine Ursache für Beziehungsstörungen, die bis zu einem totalen Abbruch der Beziehung zur Umwelt führen können. Doppelbindungssituationen treten aber nicht nur bei krankhaft gestörten Menschen auf; sie sind in unserer Alltagswirklichkeit nicht selten. Deshalb ist es wichtig, sie zu durchschauen.

Im Kindergarten führte eine Erzieherin soziometrische Spiele durch. Sie sagte, daß die Kinder ihre Wahlen gleichmäßig auf alle verteilen sollten. Sie hatte das Problem der einseitigen Wahlen mit ihnen besprochen, und die Kinder bemühten sich, alle ihre Spielkameraden miteinzubeziehen. Dies gelang nicht ganz. Die Erzieherin griff ein und sagte: „Thomas, du darfst wählen, wen du willst, aber du mußt alle drannehmen." Damit war Thomas in einer Doppelbindungssituation. Er selbst wollte seinen Freund Friedrich wählen. Der Auftrag war, zu tun, was er wollte, aber die anderen nicht zu vergessen. Er konnte nun entweder die eigenen Bedürfnisse übergehen, obwohl er gerade sie erkennen und ihnen nachgehen sollte, oder den Auftrag der Erzieherin einseitig befolgen. Thomas stand so deutlich unter dem Gebot des Lernzieles, seine Gunst auf alle zu verteilen, daß für ihn die Doppelbindungssituation für kurze Zeit blockierend war.

Konventionelle Verhaltensweisen, die wir mit Interaktionsritualen[39] bezeichnen, bringen Kinder häufig in Doppelbindung. „Bedank dich für das hübsche Geburtstagsgeschenk, du hast dich doch darüber gefreut." „Du mußt gern spielen." „Gib der Tante ein Küßchen, du magst sie doch."

Oft werden Verbote ausgesprochen, von denen die Eltern im Grunde selbst nicht recht überzeugt sind. Eine Mutter, die stolz auf ihr tollkühnes Kind ist, das als Skifahrer wie ein Pfeil die steilsten Hänge hinunterfährt, verbietet verbal dem Kind sein Schußfahren, weil sie Gefährdungen sieht. In ihrem Verhalten und in Gebärden drückt sie aber deutlich die Freude über die Geschicklichkeit und den Mut des Kindes aus. Soll der Junge jetzt auf die analoge Kommunikation oder die digitale reagieren? In einer Weise muß er ungehorsam sein. Er kann nicht beiden Ansprüchen gerecht werden.

Wenn wir unseren Alltag auf Doppelbindung hin untersuchen, dann treffen wir häufig genug Anordnungen, die praktisch nicht zu befolgen sind. „Seid ganz ruhig und spielt lieb."

---

39 Goffman, E.: Interaktionsrituale, Frankfurt/M. 1972.

Entweder ist das eine oder das andere zu machen, beides zugleich schließt sich aus. Doppelbindungen wirken sich im Alltag aber nicht so katastrophal wie in schizophrenen Familien aus, weil sie durchbrochen werden können. Wenn die Kinder nicht recht wissen, was sie tun sollen, laufen sie weg und wenden sich neuen Dingen zu. Die Erzieher nehmen ihre eigenen Aufforderungen nicht so ernst, daß sie Zwangssituationen schaffen. Häufig hören wir auch gar nicht so gut aufeinander, daß wir die faktische Unlösbarkeit der Aufgabe sehen. Manchmal durchbricht das Kind die Doppelbindung nach einer anderen Seite, als wir erwartet haben. Dann verstehen wir sein Handeln als Ungehorsam und reagieren verletzt. Für die Klärung von Mißverständnissen und Blockierungen in mitmenschlichen Beziehungen ist es sehr wichtig, daß wir Doppelbindungen durchschauen und sie auflösen können. „Ich verstehe, was du mir sagst, aber ich kann nicht beide Dinge zugleich tun." „Ich spüre, was du willst, aber dein Gesicht drückt andere Wünsche aus als du sie mir mitteilst." Sobald die Struktur von Doppelbindungen durchschaut und besprochen wird, werden sie auflösbar.

Kinder sollen nicht in die Doppelbindungshypothese eingeführt werden, wie diese ganzen Ausführungen überhaupt nicht dazu dienen sollen, Kinder zu Kommunikationstheoretikern zu machen. Sie sollen jedoch möglichst frühzeitig Hilfen bekommen, Handlungszwänge zu durchschauen und da, wo sie einengen und blockieren, zu durchbrechen. Aufforderungen, die in eine Doppelbindung führen, werden häufig unbewußt gegeben und entsprechen einer unschlüssigen Haltung des Sprechers. „Ich will und ich möchte auch nicht." Man will tatsächlich zwei Reaktionen, überlegt aber nicht, daß sie sich ausschließen. Im Rollenspiel kann dies durch karikierende Situationen verdeutlicht werden.

„Tante Agathe kommt zu Besuch. Sie schenkt Barbara zwei sehr hübsche Kleider, über die sich das Mädchen freut. Es zieht das blaue an. Tante Agathe jammert: ‚Oh, dir gefällt das grüne nicht, du hast dich über das grüne nicht gefreut, sonst würdest du das grüne anziehen.' Da zieht Barbara schnell das grüne an, denn sie will Tante Agathe ja nicht kränken. ‚Ach, du magst das blaue nicht, jetzt hast du es wieder ausgezogen. Ja, man kann den Kindern halt nichts recht machen.' Was macht Barbara nun?"

„Monika möchte noch aufbleiben und fernsehen. Sie bittet den Vater. Der sagt: ‚Du kannst machen, was du willst, aber jetzt gehst du schnell ins Bett."

„Fritz hat Geburtstag. Sein Onkel lädt ihn zu einer Spazierfahrt ein. Der Onkel sagt: ‚Du darfst dir wünschen, wohin du willst, aber am besten fahren wir in den Zoo.' "

Um Doppelbindungssituationen verstehen zu lernen und sie zu durchbrechen, was im Rollenspiel immer möglich ist, in der Realität aber nicht, ist es hilfreich, Situationen, die sich ereignet haben, aufzugreifen, sie zu rekonstruieren und sie wenigstens spielerisch aufzulösen.[40]

---

[40] Das Problem der Doppelbindung wird dargestellt von:

4.1.7 Verhaltensrepertoire

Zum Interaktionslernen und Kommunikationslernen gehört nicht nur die Analyse und die Gestaltung der Mitteilung. Wir müssen auch lernen, wie wir die Mitteilung formulieren müssen, damit sie vom Empfänger gehört und verstanden wird.

Popp[41] beschreibt fünf Gruppen von Verhaltensweisen, die in der Familie, in der Schule, in der Öffentlichkeit zur Bewältigung der Realität und zur Artikulation der eigenen Ansprüche gefordert, aber vielfach unzureichend und oft zufällig über wahrgenomme Modelle gelernt werden. Rollenspiele können so geplant werden, daß diese verschiedenen Verhaltensweisen in simulierten Situationen ausprobiert und verfügbar werden. Dabei handelt es sich nicht um Dressur oder um Anpassungslernen. Je größer das Verhaltensrepertoire ist und je kritischer jemand sich und seiner Umgebung gegenübersteht, um so eher kann er seine eigenen Bedürfnisse wahrnehmen und aufgrund eigener Entscheidungen handeln. Das Verhalten ist häufig nur deshalb angepaßt, weil der einzelne im Augenblick keine Verhaltensalternativen hat, die seine Absichten zum Ausdruck bringen würden.

Gruppen von Verhaltensweisen

1. Affirmative Verhaltensweisen: Sie dienen insbesondere der Realitätserfassung und der sozialen Anpassung. Dazu gehören vielerlei Verhaltensweisen, wie sie in alltäglichen Situationen erforderlich werden, z. B.: einen Auftrag entgegennehmen oder weitergeben, Auskunft einholen, Wünsche äußern, sich entschuldigen, jemanden beglückwünschen, telefonieren, eine Verabredung absagen, jemanden ermuntern, etwas mitteilen, sich vorstellen, einen Besucher in die Wohnung bitten, um einen Gefallen bitten, etwas erklären . . .

2. Kritische Verhaltensweisen zur Distanzierung von Erwartungen, die aufgrund der eigenen Wertungen nicht situationsangemessen erscheinen: z. B. etwas ablehnen, sich beschweren, eine Zumutung zurückweisen, für jemand eintreten, einer Forderung Nachdruck verleihen, einer Drohung entgegnen, eine Bitte abschlagen, das eigene nicht angepaßte Verhalten argumentierend begründen, das nichtangepaßte Verhalten eines anderen verständlich machen, eine Zudringlichkeit abweisen . . .

3. Kooperative Verhaltensweisen zur Stabilisierung von Übereinstimmung und gemeinsamer Zielsetzung für die Fortsetzung von Interaktion: z. B. eine gemeinsame Aufgabe in Teilaufgaben für Gruppenmitglieder aufteilen, aushelfen, delegieren, berichten, einen Kompromiß suchen . . .

Watzlawick, P.: Menschliche Kommunikation, Stuttgart-Bern 1969.

Graumann, C. F.: Interaktion und Kommunikation. In: Handbuch der Psychologie, Bd. VII, 2. Halbband, Göttingen 1972.

Stierlin, H.: Das Tun des Einen ist das Tun des Anderen, Frankfurt/M. 1971.

Bateson, G., u. a.: Schizophrenie und Familie, Frankfurt/M. 1969.

41 Popp, W.: Wissenschaftsorientierter Unterricht und soziales Lernen. In: Halbfas, Maurer, Popp: Neuorientierung des Primarbereichs, Stuttgart 1972, S. 167—178.

4. Verhaltensweisen zur Wahrnehmung von Gruppeninteressen: z. B. Vereinbarung einer gemeinsamen Strategie, Solidarisierung mit Gruppenmitgliedern, Delegation von Aktivitäten . . .

5. Verhaltensweisen der Mitbestimmung: z. B. sich informieren über Berechtigungen, die Legitimation von Anordnungen erfragen, Einwände vorbringen, Alternativen finden und begründen, Veränderungen planen . . .

Aus diesen Verhaltensbeschreibungen lassen sich Rollenspiele konstruieren, die reale Probleme der Kinder aufnehmen oder die über Verfremdung Probleme der Kinder verdeutlichen, z. B.

(4) Auskunft einholen

Deine Freundin Suse hat dich zu sich nach Hause eingeladen. Als du zu ihr kommst, ist sie weg. Du klingelst und ihre Mutter kommt. Du fragst, wo Suse hingegangen ist, wann sie wiederkommt, ob sie eine Nachricht hinterlassen hat . . .

(5) Eine Verabredung absagen

Du willst mit deinem Freund Ulrich zum Schlittenfahren gehen. Als du aus dem Kindergarten nach Hause kommst warten Vater und Mutter auf dich. Sie wollen mit dir zur Großmutter fahren, die du gerne magst. Du bittest deine Eltern, ob du nicht rasch deinem Freund absagen darfst. Du telefonierst mit ihm oder läufst schnell vorbei . . . Wie machst du das?

(6) Belauschen und Berichten

Vier Hexen treffen sich im Wald und berichten von ihren Erlebnissen. (Das Spiel sollte genau geplant werden) —

Die Hexen treffen sich wieder und machen Pläne, wie sie verzaubern und schaden wollen. Zwei Kinder sitzen hinter einem Baum und hören alles mit an. Sie berichten, was sie gehört haben. —

Die kleine, gute Hexe berichtet, was sie gestern gemacht hat. Die anderen hören zu und geben ihr Urteil ab.

(7) Gemeinsam planen

Kinder wollen jemand einen Streich spielen. Wie machen sie das? Wie besprechen sie es? Achten sie auch darauf, daß keiner aus der Gruppe geschädigt wird? —

Ihr überlegt euch, wie ihr der netten Frau, die in einer Wohnung in der Nähe des Kindergartens wohnt, helfen wollt. Sie ist krank geworden und braucht Hilfe. Jeder macht Vorschläge: Jörg kann den Hund ausführen, Markus kann die Blumen gießen . . .

Versucht einmal, einen Plan zu machen.

(8) *Sich durchsetzen*

Dein älterer Bruder Hannes und du, ihr habt zusammen ein kleines Häschen. Hannes wünschte sich das Häschen, und an Ostern habt ihr es gemeinsam bekommen. Jetzt hat Hannes die Freude daran verloren und schiebt dir die Versorgung zu. Du ärgerst dich darüber. Wie kannst du Hannes sagen, daß er das Häschen auch mitversorgen muß?

4.1.8 Interaktionsrituale

Unsere alltäglichen Begegnungen in der Öffentlichkeit werden weitgehend durch konventionell bestimmte Verhaltensweisen bestimmt. Grußformen, Verabschiedungsfloskeln, Fragen nach dem Ergehen, Gesten der Ehrerbietung gehören zu den Interaktionsritualen[42]. Interaktionsrituale können je nachdem, wie sie gebraucht werden, beziehungsstiftend, verschleiernd, formal oder entlastend wirksam werden.

Kinder werden schon recht früh in den Gebrauch der konventionellen Formen eingeführt. Ihre Formelhaftigkeit und ihre gesellschaftliche Funktion wird ihnen erst sehr viel später deutlich. Weil diese Formen die alltäglichen Beziehungen regeln und entlasten, glauben wir, daß sie beherrscht werden müssen. Man sollte sich aber zugleich auch von ihnen distanzieren können und ihre konventionelle Bedeutung verstehen. Rituale ermöglichen korrektes Verhalten; sie entsprechen aber nicht unbedingt der Wahrheit. In ihnen kann neutrale, uninteressierte oder auch abweisende Einstellung gegenüber dem Interaktionspartner verdeckt werden. Man kann über die Interaktionsrituale von sich ein Bild (Image) herstellen, das einem beabsichtigten Rollenverhalten, aber nicht den Gefühlen des Handelnden entspricht. Interaktionsrituale können verlogen wirken, wenn sie nicht in ihrer gesellschaftlichen Funktion, als Verhüllung und Maske, durchschaut werden.

Im Rollenspiel können Interaktionsrituale eingeübt werden; gleichzeitig sollte aber auch ihre Funktion und ihre Fragwürdigkeit aufgezeigt werden.

„Urs gratuliert zum Geburtstag der Mutter, die er gern hat, der Tante, dem Freund, einem Lehrer, einem Onkel! Wie macht er es, wenn er wirklich gratulieren will, wenn es ihm eigentlich gleichgültig ist, wenn er die Person eigentlich nicht mag?"

„Jörg muß sich für ein Geschenk bedanken, das ihm keine rechte Freude gemacht hat. Er mag Bücher nicht gern, und seine Tante schenkt immer wieder ein Bilderbuch! Sagt er es ehrlich, bedankt sich und fügt hinzu, daß er andere Wünsche hätte, oder was macht er?"

---

42 Goffman, E.: Interaktionsrituale, Frankfurt/M. 1972.

,Wir erkundigen uns nach dem Wohlbefinden? Wir besuchen jemanden im Krankenhaus usw."

4.2 Rollenlernen durch Rollenspiel

Das soziale Handeln im Alltag wird oft als Rollenspiel bezeichnet. Die Handelnden werden mit Schauspielern verglichen, die ihren Text schon vor Spielbeginn wissen und die auf die Stichworte ihrer Partner reagieren. In der Tat richten wir unser Handeln auf die Erwartungen der Partner ein. Wie eindeutig dies geschieht, werden wir oft erst gewahr, wenn jemand „aus der Rolle fällt".

Die Rolle ermöglicht Verhalten und schreibt es vor. Sie setzt frei und engt ein. Bereits in der Familie werden Rollen eingehalten. Die Rolle des Vaters, der Mutter, der großen Schwester, des Jüngsten ist durch das eigene Verhalten und die Verhaltenserwartung der anderen festgelegt. Das heranwachsende Kind lernt, verschiedene Rollen zu erkennen, auszufüllen und sich entsprechend den Rollenerwartungen der anderen Rollenträger zu verhalten.

Im spontanen Rollenspiel kann man die Einübung in verschiedene Rollen beobachten und feststellen, wie sie interpretiert werden, welcher Verhaltensaspekt für die Kinder wichtig ist. Beim Lehrer scheint die ihm zugeschriebene Macht über Kinder, die Möglichkeit, Strafen zu verteilen und über Wert und Unwert des Lernenden zu entscheiden, ein für das Kind hervorstechendes Merkmal zu sein.

Die ursprüngliche Rollentheorie ging von der Annahme aus, daß Rollen gelernt werden. Je besser das geschieht, um so übereinstimmender ist das Verhalten der Mitglieder einer Gesellschaft und um so reibungsloser funktioniert ihr Zusammenleben. Konflikte können unter Berufung auf Verhaltenserwartungen und Bestrafung von Abweichungen gelöst werden. Wenn es sich um Kann- oder Sollerwartungen handelt, können auch Kompromißlösungen getroffen werden. In der konventionellen Rollentheorie wird vom Modell einer reibungslos funktionierenden Gesellschaft ausgegangen, die nur einem geringen sozialen Wandel unterliegt. Die Handlungsfreiheit des einzelnen wird in diesem Rollenmodell erheblich eingeschränkt.

4.2.1 Das revidierte Rollenmodel l

In unserer Gesellschaft kann der einzelne Mensch nicht auf wenige Rollen festgelegt werden, die sein Verhalten und die Erwartungen der anderen bestimmen. Er ist Träger vieler Rollen, die unterschiedliches Handeln verlangen. Er wechselt die Rollen im Lauf seiner Entwicklung und je nach dem Bereich, in dem er sich aufhält. Die Rolle der Mutter und die der Fabrikdirektorin unterscheiden sich erheblich voneinander, und doch ist es u. U. derselbe Mensch, der sie spielen muß.

Rollenlernen bedeutet also nicht, festgelegte Verhaltensweisen und soziale Normen zu lernen; der Rollenträger muß vielmehr die Bedingungen der Interaktion mit dem Partner aushandeln können. Um erfolgreich mit anderen Menschen kooperieren zu können, genügt es nicht, die Normen des eigenen und fremden Handelns zu kennen. Gemeinsames Handeln bedeutet nicht fragloses Anpassen an normative Erwartungen, sondern gemeinsames Klären der Bedürfnisse, Forderungen und der Handlungsmöglichkeit. Damit der Mensch nicht von seiner Rolle beherrscht wird, das heißt von den Verhaltenserwartungen der anderen in seinem Verhalten, Denken und Fühlen, sondern selbständig handeln kann, ist es notwendig, daß er die anderen versteht und sich mit ihnen auf die gemeinsame Interpretation der Situation einigen kann. Krappmann[43] fordert für selbständiges Verhalten und für einen verantwortlichen Umgang mit der Rolle die Fähigkeit der Empathie.

4.2.2 Empathie als Voraussetzung für soziales Handeln

Empathie bedeutet sowohl Einfühlung in die Person des anderen, wie auch das intellektuelle Erfassen der Probleme, der Normen und der Absichten des Partners. Der Handelnde sollte die Problemstellung auch aus der Sicht des anderen sehen können. Er sollte erkennen, welche Bedeutung das Problem und seine Lösung für den anderen hat. Empathie ist mehr als die Interpretation der Situation auf der Gefühlsebene. Empathie muß gelernt werden.

4.2.3 Rollendistanz als Voraussetzung der Ich-Identität

Weil wir mit zunehmendem Alter immer mehr Rollen spielen, aber auch aufgeben müssen, wie z. B. die des Kleinkindes, müssen wir zu ihnen Distanz gewinnen können. Der Mensch verhält sich in der Rolle, aber er ist mehr als sie. Wir müssen normorientiertes Verhalten zwar verstehen, aber doch auf seine Sinnhaftigkeit hin befragen können, wir müssen unser Verhalten auch unabhängig von den herrschenden Normen verändern können. Wir dürfen uns nicht fraglos unterwerfen, sondern müssen Verhaltensformen wählen können, die unseren Bedürfnissen und denen des Partners gerecht werden. Allerdings können wir nicht erwarten, daß wir mit ihm in jedem Fall Übereinstimmung erreichen. Häufig fallen die Erwartungen auseinander; Übereinstimmung könnte u. U. bedeuten, daß sich ein Partner dem anderen unterwirft. Dann wäre es besser,

---

43 Krappmann, L.: Soziologische Dimensionen der Identität. Strukturelle Bedingungen für die Teilnahme an Interaktionsprozessen, Stuttgart 1971.

die Partner würden auf Übereinstimmung verzichten, die Differenzen feststellen und respektieren. Um trotzdem handeln zu können, müssen Kompromisse ertragen werden, Ansprüche reduziert und verändert werden.[44]

4.2.4 Kommunikative Kompetenz

Im Rollenspiel werden Situationen geplant, in denen die Kinder erkennen, daß bestimmte Rollen ein ganz bestimmtes Verhalten erfordern und daß sie gegenüber den Rollenträgern Verhaltenserwartungen haben. Schon in den einfachen Spielformen, den Tanz- und Singspielen (siehe S. 147), werden Rollen verteilt; z. B. der Gänsedieb, der verlacht, verspottet und ausgestoßen werden kann. Ähnlich geht es dem Nix im Teich oder der schwarzen Köchin (s. S. 148). Diese Spiele werden aber nur dann für Rollenlernen fruchtbar, wenn das Verhalten besprochen wird und Handlungsalternativen entwickelt werden.
Zur Verdeutlichung einige Beispiele:

4.2.5 Spielvorschläge für Rollenlernen

(9) *Auf dem Markt*

Wir kaufen ein. Eine sehr feine, anspruchsvolle Dame kommt, sie betastet alles Gemüse, drückt die Pfirsiche, ob sie weich sind, dreht die Tomaten herum, ob sie wirklich rot sind, und läuft dann weg, ohne etwas zu kaufen. Anschließend hält der Gemüseverkäufer einen Monolog, oder er erzählt seinem Freund, der zu ihm kommt, warum er sich über die Dame geärgert hat. Er steht da und will verkaufen, sie drängt die Leute weg, berührt alles mit ihren ungewaschenen Händen, und dann ist ihr nichts gut genug.

Die Dame berichtet ihrem Mann vom Einkauf. Das Gemüse und das Obst waren einfach zu teuer und die Qualität war schlecht. Man muß sich schon sehr überlegen, wofür man das Geld ausgibt. Der Verkäufer wurde auch immer unfreundlicher, so daß sie dann auch die Lust verlor, weiter einzukaufen.

In dem Spiel, das noch durch andere Kaufsituationen variiert werden kann, soll die Rolle des Käufers und die des Verkäufers deutlich werden. Die sich anschließenden Dialoge oder Monologe sollen aufzeigen, daß jeder der Interaktionspartner die Situation anders interpretiert und über den anderen verärgert ist.

---

[44] Krappmann, L., u. a.: Soziologische Dimensionen der Identität. Strukturelle Bedingungen für die Teilnahme an Interaktionsprozessen, Stuttgart 1971.
Habermas, J.: Thesen zur Theorie der Sozialisation, Frankfurt 1974.
Claessens, D.: Rolle und Macht, München 1970.
Goffman, E.: Rollendistanz, München 1973.

Durch Verkleiden kann Rollendistanzierung verdeutlicht werden. Wir verwandeln uns und unser Verhalten. Rollen, die der Vater spielt, werden durch Requisiten angedeutet: Vater, der in der Küche hilft, der Schornsteinfeger, der Kavalier auf einem Fest usw.

Durch Verfremdung kann den Spielern gezeigt werden, wie sehr ihr Verhalten von Verhaltenserwartungen bestimmt ist, die sich an die Rolle des Mitspielers knüpfen. Die Enttäuschung darüber, daß das erwartete Verhalten nicht eintrifft, macht die Erwartung als solche bewußt. Darin liegt die komische Wirkung von Witzen oder in Spielen.

⑩ *Hättest du das gedacht?*

Alle verkleiden sich so, daß man gleich sieht, was sie darstellen wollen. Der Bäcker mit der Mütze, der Polizist, der Soldat, die Prinzessin, der König (das Spiel kann auch mit Handspielpuppen gespielt werden, wenn der Aufwand mit der Verkleidung für den Spielerfolg zu groß erscheint) u. a.

Die Rollenspieler müssen sich nun aber Verhaltensweisen überlegen, die für ihre Rolle nicht typisch sind, wie man sie nicht erwarten würde.

Der Polizist sagt: „Nimm dir auf dem Markt ruhig einen Apfel weg, die Marktfrau hat doch so viele." Zum Dieb sagt er: „Komm, da ist eine gute Stelle, da sieht dich keiner!"

Der Bäcker möchte einfach seine Brötchen und seine Kuchen nicht verkaufen, weil er sie gerne selbst essen will.

Die Prinzessin will Dienerin ihrer Mutter werden, sie will nicht mehr im Schloß wohnen u. a.

Die Feststellung, daß sich die einzelnen nicht den Erwartungen gemäß verhalten, kann zum Nachdenken darüber anregen, was überhaupt erwartet wurde, welche Vorstellungen über das mögliche Verhalten bestanden haben. Es kann auch überlegt werden, ob Prinzessinnen nicht tatsächlich gerne einmal andere Rollen spielen würden und ganz andere Dinge tun möchten, als sie sollen (Film- und Bilderbuchthemen, aber jetzt von den Kindern gespielt).

4.3 Einsicht in Gruppenprozesse

Im Rollenspiel werden Rollen gewählt, zugeteilt und unter Umständen auch verweigert. Viele Kinder wünschen sich sehnlichst, einmal Prinz, Prinzessin oder Vater und Mutter zu spielen. Im spontanen Spiel können sie aufgrund ihrer Stellung in der Gruppe diese begehrten Rollen nur selten einnehmen, und wenn sie sie doch bekommen, spielen sie sie, weil sie keine Starpositionen einnehmen, nicht zur Befriedigung der anderen Kinder.

Begehrte Rollenträger führen auch die Kindergruppe. Von ihnen gehen Anregungen aus, der Spielverlauf wird durch sie geregelt, sie weisen den anderen Rollen zu und kontrollieren ihr Verhalten. Natürlich werden Kinder, die spielanregend sind, immer wieder in dominante Rollen gewählt. Andere wünschen sie zwar, fühlen sich in ihnen aber überfordert.

Gehemmte Kinder, die von der Gruppe abgelehnt werden, beschäftigen sich in ihren Überlegungen damit, wie sie in höhere Positionen kommen können und wie schön das wäre. Kinder, die tonangebend sind und die mit der Zuweisung dominierender Rollen rechnen können, überlegen sich, was sie mit und in der Rolle tun werden. Dies wird recht deutlich bei der Spielplanung. Manche Kinder bestimmen sofort Ort und Zeit und Raum, entwickeln Vorstellungen, wie sich der einzelne verhalten kann, präzisieren das Spielproblem und beschreiben die eigenen Rollen. Es ist dann selbstverständlich, daß diese Kinder die bestimmenden Rollen auch spielen. Für uns war es oft problematisch, ob wir diese sozial erfahrenen und aktiven Kinder, die für die Durchführung von Rollenspielen so wichtig sind, durch Zurückweisung nicht bestrafen. Andererseits brauchen die zurückhaltenden Kinder Rollen, in denen sie sich äußern, in denen sie dominierende Verhaltensweisen lernen können. Wenn wir wollen, daß die Kinder sowohl komplementäre Verhaltensformen, bei denen es dominierende und abhängige Positionen gibt, wie auch symmetrische, in denen die Partner gleichrangig sind, beherrschen, so müssen Situationen geschaffen werden, in denen verschiedene Verhaltensweisen ausprobiert und gefühlhaft nacherlebt werden können. Wir haben versucht, durch Techniken, durch den Inhalt der Spiele und durch die Spielbesprechung die Kinder an dieses Problem heranzuführen. Immer gelang es nicht. Häufig hatten einige Schuldgefühle, weil sie sich zu sehr vorgedrängt hatten, obwohl sie doch die Lernziele erfüllt hatten, nämlich die eigenen Fähigkeiten voll auszuspielen und der Gruppe verfügbar zu machen. Andere waren betroffen, weil sie sich nicht äußern, die Rolle nicht annehmen und ausfüllen konnten. Sie fühlten sich bedrückt, weil sie dazu nicht in der Lage waren. Hier müssen Veränderungen behutsam eingeleitet werden.

Gruppenprozesse können durch Spielformen, wie wir sie in Kap. IV unter den soziometrischen Spielen und auch durch Spielformen, die wir als stigmatisierend bezeichnen, erfahrbar werden. Verhaltensweisen und Ansprüche des einzelnen können über Spieltechniken, wie Rollentausch, Rollenwechsel, Doppeln, Spiegeln, Spielleiter, verdeutlicht werden. Verhaltensänderungen sollen sich sowohl im Spiel wie auch in der Realität, im Kindergarten und in der Familie, vollziehen.

4.4 Rollenspiel als Konfliktlerner

Im Rollenspiel können Konflikte erkannt werden. Dazu sind die Möglichkeiten im Kindergarten begrenzt, weil es den Kindern noch schwer fällt, zu begreifen, daß die anderen die Situation vielleicht ganz anders interpretieren.

Probleme aus dem Kindergarten:

Meine Handschuhe sind weg. Was tue ich nur?

Wir spielen jemand einen Streich, wollen ihn ein bißchen ärgern. Wie stark ist der andere betroffen? Wollten wir ihm so weh tun?

Meine Freundin will mit mir nicht mehr spielen. Ich bin darüber sehr traurig, und sie merkt es gar nicht.

Ich möchte gerne so stark und groß sein wie der Martin. Der Martin möchte aber so schnell und flink sein wie ich bin. Nur habe ich das nicht gemerkt.

Ich habe Angst vor dem Nachhauseweg, weil die großen Buben aus der zweiten Klasse immer Streit mit uns anfangen und uns nachrufen, wir seien Kinderschüler . . .[45]

4.5 Rollenspiel als Kreativitätslernen — Lernen durch Utopien

Märchenspiele regen Kinder dazu an, Veränderungen zu konstruieren und Wünsche und Phantasien in Spielhandlungen umzusetzen. Das Märchen hat als Literaturgattung die wunscherfüllende Funktion. Der verachtete Arme entwickelt sich zum König, der kleine hilflose Daumesdick wird durch seine Intelligenz und Schlauheit zum Helden. Die Kinder identifizieren sich mit den Helden und sehen für sich ähnliche Lösungswege, d. h. sie träumen von ähnlichen Erfüllungen. Manche Kinder erfinden auch Märchen, die sie als Spielthemen anbieten.

Produktive, konstruktive Spiele können zum Rollenspiel anregen.

(11)   *Eine Behausung bauen*

Die Kinder erhalten sehr große Pappkartons und Tücher, Styroporplatten, Klebstoff, Farben. Sie können zunächst machen, was sie wollen. Das Material provoziert in der Regel zum Häuser- oder Spielhüttenbauen. Die Hütten werden bemalt, ausgestaltet, sie werden einander zugeordnet und regen dann zum Rollenspiel an. Die Gruppen laden sich ein. Sie planen ein Fest.

Die meisten Kindergärten besitzen eine Kiste mit alten Kleidern. Es hat sich als anregend erwiesen, den Kindern, wenn die Hütten fertig gebaut waren, diese Kiste zu überlassen. Sie entwickelten dann von sich aus Rollenspiele und Spielszenen.

---

[45] Ingendahl, W.: Sprechspiele — Rollenspiele, Übungen zur Sprecherziehung in der Grundschule, München 1973.

4.6 Erweiterung der sprachlichen Kompetenz

Rollenspiel ist auf sprachliche Darstellung angewiesen und entwickelt Sprache. Wygotski[46] machte auf einen entwicklungspsychologisch interessanten Aspekt des Spiels und des Rollenspiels aufmerksam. Er stellte fest, daß das Kind beim Spiel durch seine eigenen Vorstellungen angeregt wird. Im alltäglichen Handeln dagegen geht das Sprechen von der Wahrnehmung der Dinge aus; in der Alltagsrealität fallen also Wahrnehmung und Bezeichnung (optisches und semantisches Feld) zusammen, während sie sich im Spiel voneinander lösen. Der Holzklotz wird zwar als solcher wahrgenommen, der Spielende verwandelt ihn aber in ein Pferd, er schreibt ihm die Bedeutung und die Merkmale eines Pferdes zu, er benützt ihn als Pferd. Der Spielende muß sich, um eine Spielrealität zu erschaffen, dauernd selbst interpretieren.

Im spontanen Rollenspiel gelingt dies dem Kind mit Gegenständen, mit Puppen oder Tieren, oder mit dem vorgestellten Partner. Die vorgestellten Dinge werden nur durch die Sprache so real, daß es mit ihnen spielen kann. Die Symbole, die es dabei verwendet, sind gelernt und Teil der Kultur, deshalb wird sein vorgestelltes Spiel auch für andere verstehbar. Die Trennung von Wahrnehmung und Aussage außerhalb des Spielverhaltens erfolgt später in den Anfängen des abstrakten Denkens.

Wygotski beschreibt die von der Wahrnehmung abhängige Benennung: „Kinder im frühen Kindesalter zeigen in Experimenten und in alltäglichen Beobachtungen, daß das Auseinanderfallen von semantischem (sprachlich definiertem) Feld und optischem (wahrnehmungsbestimmtem) Feld noch nicht möglich ist. Sogar ein Kind von zwei Jahren, das den Satz wiederholen soll: ‚Tanja geht', wenn es das ihm gegenübersitzende Kind anschaut, verändert den Satz und sagt: ‚Tanja sitzt'."

Diese Haltung läßt sich im spontanen Rollenspiel leichter als in der gelenkten Spielform beobachten. Requisiten und Spielecken fordern das Kind heraus. Sie dürfen allerdings nicht vollständig sein, sonst ist die eigentlich schöpferische Leistung nicht mehr notwendig. Sie besteht im Bemühen, sich über die sprachliche Gestaltung eine Vorstellungswelt zu schaffen, die so real wahrgenommen wird, daß das Kind in ihr spielen kann. Beim Spiel mit den Partnern muß die Sprache für diese die gleichen Vorstellungen schaffen, so daß sie sich gegenseitig verständlich machen können. Sie fallen auch immer wieder aus dem Spiel, indem sie das Verhalten gegenseitig kontrollieren und neu auf die gemeinsame Spielsituation hin ausrichten.

---

[46] Wygotski, S. L.: Das Spiel des Kindes und seine Rolle für die psychische Entwicklung des Kindes. In: Ästhetik und Kommunikation, Beiträge zur politischen Erziehung, Jg. 4, Heft 11/1973, S. 16—37.
Siehe auch: Dt. Bildungsrat. Gutachten und Studien der Bildungskommission. Die Eingangsstufe des Primarbereichs. Bd. 2/2. Soziales Lernen und Sprache, Stuttgart 1975.

4.6.1 Spielangebote im Bereich sprachlichen Lernens[47]

Manche Kinder entwickeln eigene Sprachen, die niemand anders als die eigene Gruppe verstehen kann. Daran ist zu ersehen, daß Sprache gelernt werden muß und daß sie auf Vereinbarungen beruht. Wer eine Privat- oder Geheimsprache entwickelt, wird nur von wenigen verstanden. Eine vollständige Geheimsprache erfinden Kinder meist erst am Ende der Grundschulzeit, aber Anfänge, die ein Experimentieren mit der Sprache darstellen, können schon im Kindergarten festgestellt werden. Ein kleiner Junge erdachte sich eine Phantasiesprache, um seine Geschwister zu ärgern. Er behauptete, er könne lange, interessante Geschichten erzählen, die Geschwister seien aber leider zu dumm, sie zu verstehen.

Mit dem folgenden Spielangebot haben wir bei Stotterern gute Erfahrungen gemacht. Sie konnten sich leichter aggressiv als kommunikativ äußern.

(12) *Zwei Autos stoßen zusammen*

Die Autofahrer kommen heraus und beschimpfen sich gegenseitig. Sie werfen sich Unvorsichtigkeit vor, zu schnelles Fahren, Rücksichtslosigkeit etc.

(13) *Etwas verkaufen*

Jemand zum Kauf eines Hundes, einer Krawatte überreden.

5. Überlegungen zum Erwerb sozialen Verhaltens aus der Sicht der neueren Lerntheorie

Die Lerntheorie geht davon aus, daß alle Verhaltensweisen eines Menschen irgendwann im Laufe seines Lebens von ihm gelernt wurden. Zum Zeitpunkt seiner Geburt ist der Mensch ein reines „Instinktwesen", das im Gegensatz zum Tier jedoch nur unzureichend mit „Instinkten" ausgestattet ist. In diesem Stadium antwortet er auf bestimmte Reize mit angeborenen Reaktionen, mit Reflexen. Alle Verhaltensweisen, die über die Reflexe hinausgehen, werden als Ergebnisse von Lernprozessen betrachtet.

Beim Erwerb neuer und beim Behalten schon gelernter Verhaltensweisen spielen vor allem 3 unterscheidbare Lernprozesse eine Rolle:

1. Lernen durch Belohnung und Bestrafung (Verstärkungslernen)

2. Lernen durch spontane Nachahmung (Beobachtungslernen, Lernen am Modell)

---

47 Huppertz, M. u. N.: Rollenspiel und Vorschulmappe — Sprachförderung im Kindergarten, Fellbach-Oeffingen 1975.

3. Lernen durch Problemlösen in der Auseinandersetzung mit Gegenständen und Situationen (Situatives Lernen).

Diese drei Lernprozesse finden auch beim sozialen Lernen statt.

Sozial erwünschtes Verhalten wird belohnt (z. B. loben die Eltern ein Kind, wenn es jemanden höflich grüßt), unerwünschtes Verhalten wird bestraft (sich in der Einkaufsschlange vordrängeln, zieht den Ärger der anderen auf sich. Dies ist für ein Kind unangenehm und wirkt deswegen als Bestrafung).

Beobachtete soziale Verhaltensweisen werden nachgeahmt. (Ein Kind verhält sich am Telefon so, wie es dies beim Vater erlebt hat.)

Bisher nicht bekannte Verhaltensweisen werden in der Auseinandersetzung mit sozialen Problem-Situationen „entdeckt" (z. B. Konfliktlösungen zwischen Kindern, etwa: Einmal du, einmal ich).

Soziales Lernen findet täglich in den verschiedensten Situationen statt, sehr oft ohne gezielten erzieherischen Einfluß. Es kann aber auch absichtlich in Gang gebracht werden.

Im Rollenspiel gibt es zahlreiche Möglichkeiten, soziales Lernen durch Modelle oder durch Problemsituationen einzuleiten.

5.1 Verstärkungslernen

Verstärkung nennen wir eine Konsequenz, die auf ein Verhalten folgt und die bewirkt, daß es in Zukunft häufiger auftritt. In der Regel ist sie für das Kind angenehm.

Die Erzieherin möchte z. B. erreichen, daß die Kinder die Spielsachen aufräumen, mit denen sie während des Freispiels gespielt haben. Diejenigen, die aufgeräumt haben, dürfen sich mit ihr in einen Nebenraum zurückziehen und dort ein beliebtes Spiel machen. „Beliebtes Spiel machen" ist in diesem Beispiel eine für die Kinder angenehme Konsequenz auf das Verhalten „Aufräumen"; die Kinder räumen in Zukunft häufiger auf.

Eine unangenehme Konsequenz auf ein Verhalten nennen wir negative Verstärkung oder Strafe. Sie soll bewirken, daß das Verhalten in Zukunft seltener auftritt oder mit der Zeit ganz ausbleibt.

Beim Vorlesen eines Bilderbuches hören die Kinder nicht ruhig zu. Die Erzieherin unterbricht, wartet, bis Ruhe eingetreten ist, und fährt dann fort. Das Unterbrechen des Vorlesens ist eine für die Kinder unangenehme Konsequenz auf ihr Verhalten „unruhig sein". Das Fortsetzen des Vorlesens ist eine angenehme Konsequenz auf das Verhalten „ruhig zuhören". Es wird in Zukunft bei der Bilderbuchbetrachtung häufiger sein.[48]

Man kann primäre und sekundäre Verstärker unterscheiden. Primäre Verstärker befriedigen unmittelbar ein körperliches Bedürfnis: z. B. nach Nahrung, nach Süßigkeiten, körperlicher Zuwendung, wie Streicheln, Küssen.

Sekundäre Verstärker wirken sich erst durch einen Lernprozeß aus. Zu ihnen gehören Lob, Blickbeachtung, Beifall, Gegenstände wie z. B. Spielzeugautos, Geld, Spielmarken, auch Striche auf einer Strichliste.

Wenn ein Kind z. B. gelobt wird, befriedigt der Satz: „Das hast du gut gemacht" kein primäres Bedürfnis. Im Laufe seiner Entwicklung hat es aber gelernt, daß solche oder ähnliche Sätze mit unmittelbarer Bedürfnisbefriedigung im Zusammenhang stehen oder gestanden haben, etwa hier mit In-den-Arm-genommen-Werden und Gedrückt-Werden. Es assoziiert das Lob mit der mit ihm verbundenen Erfahrung. Deswegen genügt es mit der Zeit allein, um eine angenehme Empfindung zu erzeugen (Prinzip des bedingten Reflexes nach Pawlow).[49]

Man kann weiterhin zwischen materialen und sozialen Verstärkern unterscheiden.

Materiale Verstärker sind Gegenstände, z. B. Süßigkeiten, Geld usw. Soziale Verstärker erwachsen aus der Interaktion zwischen Kind und Erwachsenen oder zwischen Kind und Kind. Als Beispiele seien hier genannt: Lob, Anlächeln, sich einem Kind zuwenden, von anderen Kindern beachtet werden, von einem anderen Kind als Freund gewählt werden, von einem Kind eingeladen werden.

Im Kindergarten und in der Schule spielen die sozialen Verstärker eine wichtige Rolle, weil sie relativ leicht anzuwenden sind. Die materialen Verstärker sind dagegen in der Gruppe schwieriger zu gebrauchen, leisten aber bei gezielter Anwendung, vor allem zur Behandlung von Verhaltensauffälligkeiten, gute Dienste.

5.1.1 Verstärkungslernen im Rollenspiel[50]

Im Rollenspiel können Verstärkungen aus mehreren Quellen kommen: die Beobachter können durch ihr feed-back positive wie negative Verstärkungen setzen. Die Erzieherin als Beobachter kann dabei dieses Instrument gezielt handhaben. Als Doppelgänger ist die Erzieherin in der Lage, Verhaltensweisen

---

48 Die beiden einfachen Beispiele sollen das Prinzip des Verstärkungslernens klarmachen. Sie dienen nicht dazu, der Erzieherin einen Plan für gezielte Verhaltensänderungen bei Kindern an die Hand zu geben. Solche Pläne finden sich in:
Florin, J./Tunner, W.: Behandlung kindlicher Verhaltensstörungen. 3. Aufl., München 1972.
Becker, W. C.: Spielregeln für Eltern und Erzieher, München 1974.

49 Der russische Physiologe Pawlow entdeckte das fundamentale Lernprinzip des bedingten Reflexes durch Versuche mit Hunden.

50 „Beobachter, feed-back, Doppelgänger, Rollentausch, Gegen-Rolle" werden in Kapitel II erklärt.

eines einzelnen Kindes in seiner Rolle zu verstärken bzw. abzuschwächen. Im Rollentausch kann ein Kind erleben, wo die verstärkenden Elemente einer Gegen-Rolle liegen.

5.2 Beobachtungslernen — Lernen am Modell

Eine große Anzahl von sozialen Verhaltensweisen wird vom Kind erworben, ohne daß sie ihm ausdrücklich beigebracht, erklärt oder von ihm gefordert wurden. Es beobachtet eine bestimmte Verhaltensweise einer anderen Person („Modell"), übernimmt sie und reproduziert sie mehr oder weniger abgewandelt in einer ähnlichen Situation. Dieser Lernvorgang wird als Beobachtungslernen, Nachahmungslernen oder auch Identifikationslernen bezeichnet.

Bekannt ist das Beispiel des Vaters, der mit seinem dreijährigen Sohn im Auto fährt. Er wird durch einen anderen Verkehrsteilnehmer behindert und ruft deswegen „Idiot!". Kurze Zeit später, als er wieder bremsen muß, ertönt von hinten aus dem Munde des Dreijährigen: „Idiot!"

Wann findet Beobachtungslernen statt? Wann wird eine Person zum Modell? Diese Fragen wurden von Bandura untersucht.[51] Er stellte für diese Lernweise folgende Bedingungen zusammen:

a) Ähnlichkeit zwischen Modell und Beobachter

Ähnlichkeit bedeutet hier, daß der Beobachter Verhalten am Modell wahrnimmt, das er auch selbst realisieren möchte; es wird partielle oder volle Übereinstimmung in Bedürfnissen, Interessen, Meinungen, Alter, Geschlecht, Rolle usw. erlebt.

b) Emotionale Beziehung zwischen Beobachter und Modell

Je intensiver sie — vor allem vom Beobachter aus — ist, desto höher ist die Wahrscheinlichkeit der Verhaltensnachahmung.

c) Konsequenzen des Verhaltens

Ob neue Verhaltensweisen durch Beobachtungslernen übernommen werden, wird weitgehend von den verstärkenden oder nichtverstärkenden Konsequenzen dieser Verhaltensweisen beeinflußt. Wird die Wahrscheinlichkeit, daß eine neue Verhaltensweise verstärkt wird, vom Beobachter hoch eingeschätzt, so erwirbt er sie eher als im umgekehrten Falle.

---

[51] Der amerikanische Psychologe Albert Bandura untersuchte in verschiedenen Experimenten die Bedingungen des Modell-Lernens. Seine Werke sind bisher leider nicht in deutscher Sprache erschienen. Stellvertretend sei hier genannt:
Bandura, A.: Principles of behavior modification, New York 1969.
Leicht lesbar und ausführlich beschreiben diese Vorgänge auch Mönks, F. J./Hendriks, A. F.: Erziehung als sozialer Prozeß, Stuttgart 1973.

d) Stellvertretende Verstärkung

Der Beobachter nimmt wahr, welche Konsequenzen das Verhalten des Modells selbst hat. Wird es z. B. in einem Film belohnt, dann kann dies genügen, daß es von einem Beobachter durch Beobachtungslernen übernommen wird. Wird es in einem Film bestraft, dann ist die Wahrscheinlichkeit gering, daß es ein Beobachter übernimmt.

e) Sozialer Status des Modells

Personen, die einen höheren sozialen Status als der Beobachter haben, werden eher nachgeahmt als Personen mit gleichem oder niedrigerem Status.

f) Soziale Macht des Modells

Diese ist normalerweise mit dem sozialen Status verbunden. Soziale Macht äußert sich darin, daß diejenige Person, die sie hat, Belohnungen oder Bestrafungen verteilen kann, z. B. Eltern, Lehrer und Erzieher. Dabei ist es gar nicht notwendig, daß der Beobachter von diesen Belohnungen oder Bestrafungen betroffen ist.

In der unter b) genannten Bedingung der emotionalen Beziehung zwischen Beobachter und Modell liegt auch die Wurzel für den Prozeß der Identifikation im psychoanalytischen Sinne. Durch Identifikation versucht das Kind, den ödipalen Konflikt der Rivalität mit dem Vater bzw. der Mutter zu lösen. Der Junge möchte so sein wie der Vater, er versucht, sich in dessen Rolle hineinzuversetzen, ahmt dabei seine Sprache und seine Gebärden nach. Er erlebt, daß das Verhalten des Vaters im Verhalten der Mutter dem Vater gegenüber angenehme Konsequenzen hat. Es findet für ihn, den Beobachter, stellvertretende Verstärkung statt.

Es ist offensichtlich, daß die psychoanalytische Identifikation[52] mehrere Aspekte der von den Lerntheoretikern beschriebenen Bedingungen des Modell-Lernens enthält. Eltern — und mit ihnen Erzieher und Lehrer — sind deswegen in ihrem Umgang mit Kindern als Verhaltensmodell prädestiniert.

5.2.1 Beobachtungslernen im Rollenspiel[53]

Im Rollenspiel können die Spieler für die Beobachter Modelle darstellen. Dann kann es zur Identifikation der Beobachter mit den Spielern kommen: es findet durch Rollentausch, Rollenwechsel und die Technik des Doppelgängers Beobachtungslernen statt.

Unterschiedliche Rollen haben unterschiedlichen Modell-Charakter. Die oben beschriebenen Bedingungen lassen z. B. vermuten, daß die Erzieherin in der

---

52 Siehe z. B. Brenner, Ch.: Grundzüge der Psychoanalyse, Frankfurt/M. 1970, S. 135 f.
53 Die Fachausdrücke werden in Kap. II erklärt. (S. 57 ff.)

Rolle einer Königin eher als Modell nachgeahmt wird als ein dreijähriges Mädchen in der Rolle eines Säuglings. Ein besonderer Stellenwert kommt Identifikationsobjekten mit Eltern-Ähnlichkeit zu; Verhaltensklischees und starre Einstellungen gegenüber Eltern-Autoritäten können durch die Darstellung und Beobachtung solcher Modelle aufgelöst und verändert werden.

5.3 Situatives Lernen

Kinder stehen fortwährend vor der Aufgabe, Probleme in sozialen Situationen zu lösen und dafür eventuell neue kreative Verhaltensweisen zu erwerben. Dieser Prozeß ist weniger ein Lern- als vielmehr ein Leistungsvorgang (vergleichbar mit Problemlösungen bei mathematischen Aufgaben). Erst die Leistungsbewertung durch Lohn oder Strafe (entweder durch die Situation selbst oder durch den Erwachsenen) veranlaßt das Kind, eine neuerworbene Verhaltensweise beizubehalten (zu lernen) oder nicht beizubehalten (nicht zu lernen). Bei der Suche nach der Problemlösung wendet das Kind Verhaltensweisen an, die durch Verstärkungslernen oder durch Modell-Lernen schon zum Verhaltensrepertoire gehören. Wenn diese aber nicht zu einer Lösung führen, muß in anderer Weise gelernt werden; z. B. durch Versuch und Irrtum oder durch Einsicht. Diese beiden Lernprinzipien spielen für das soziale Lernen jedoch eine geringere Rolle als die genannten drei, so daß wir auf sie nicht näher eingehen wollen.

5.3.1 Situatives Lernen im Rollenspiel

Kinder werden in den Rollenspielen in soziale Problemsituationen gestellt, etwa durch Problemgeschichten mit offenem Ende.

Lösungen werden gemeinsam gesucht, zu akzeptierende Lösungen können durch die Erzieherin oder durch den Beifall der Kinder verstärkt werden. Die Erzieherin kann Lösungsmodelle vorspielen, die von den Kindern als Ausgangspunkt für eigene kreative Lösungen genommen werden. Da für sie das Spiel im Vordergrund steht, sind sie eher in der Lage, ungewöhnliche, neue und vielleicht riskante Verhaltensmöglichkeiten zu erproben.

Literaturhinweise

Die ab der 4. Auflage hineingenommenen Literaturhinweise befinden sich auf Seite 222.

II. Rollenspiellernen für Erzieher

1. Zielsetzung

Um ein Rollenspiel leiten zu können, sollten die künftigen Spielleiter in einem besonderen Kurs durch eigene Spielerfahrung, durch Reflexion dieser Erfahrung und durch Informationen über die Theorie des Rollenspiels in die Lage versetzt werden, die didaktischen und therapeutischen Möglichkeiten des Rollenspiels zu erkennen, um später selbst entscheiden zu können, ob, wann, mit welcher Absicht und wie sie es in ihrer Kindergruppe einsetzen wollen.

Sie sollten auch erfahren, daß Rollenspiel Hilfen für das eigene Verhalten gibt. Sie werden sich besser mitteilen können, zutreffender ausdrücken lernen, stärker behaupten können.

Sie sollen lernen, wie das Rollenspiel gehandhabt wird. Dazu gehören die Kenntnis wichtiger Techniken (der Rollentausch, der Rollenwechsel, die Doppelgänger-Technik, die Spiegelmethode, die Rückmeldung) und Verarbeitungsmethoden (Reflexion und Beobachtung). Sie sollen aber auch Grenzen und Gefahren des Rollenspiels sehen lernen.

Im Folgenden werden konkrete Anregungen für den Einführungskurs gegeben. Künftige Spielleiter sollen das Rollenspiel selber ausprobieren und dadurch mit ihm vertraut werden.

Es hat sich gezeigt, daß die günstigste Gruppengröße für einen Kurs bei 6—10 Teilnehmern liegt.

2. Vorbereitungen

2.1 Benennung eines Spielleiters

Das Rollenspiel wird in der Gruppe gespielt. Es erfordert einen Spielleiter, seine Funktionen kann jedes Gruppenmitglied übernehmen. Er hat die Aufgabe, die Spieler zu motivieren, eine Rolle zu übernehmen und die Rollen zu verteilen. Er gibt Anregungen zur Gestaltung des Spiel-Raums und bestimmt den Beginn und den Abbruch eines Spieles. Er achtet darauf, daß jeder Spieler und jeder Beobachter seine Meinung über das abgelaufene Spiel sagt. Ihm steht es zu, die Wiederholung einer Szene oder auch eine bestimmte Spieltechnik vorzuschlagen.

Der Spielleiter sollte möglichst einige Zeit vor dem Spiel bestimmt werden, damit er sich auf seine Aufgabe vorbereiten kann.

2.2 Der Spiel-Raum

Das Rollenspiel kann überall stattfinden, sofern gewährleistet ist, daß die Gruppe nicht gestört oder abgelenkt wird. Am besten eignet sich ein etwas größerer Raum, in welchem einige Möbelstücke, z. B. Tische, Stühle, Kisten, vorhanden sind, die ggf. für das Spiel gebraucht werden. Die Gruppe sitzt am günstigsten in einem Halbkreis, der zur Spielfläche hin geöffnet ist.

Diese Sitzordnung hat sich bewährt und ist deshalb von Vorteil, weil man in ihr sehr deutlich die Spieler von den Beobachtern unterscheiden kann.

2.3 Abbau von Hemmungen und Ängsten vor dem Spiel durch warm-up

Es konnte häufig beobachtet werden, daß Erwachsene zu Beginn eines Kurses Hemmungen haben, sich am Spiel zu beteiligen.

Sie scheuen sich vor der Selbstdarstellung ebenso wie vor der Übernahme einer Rolle, in der sie plötzlich eine andere Person sein sollen.

Für die Überwindung solcher Widerstände empfiehlt es sich, die Gruppe ein warm-up ausführen zu lassen, an dem alle teilnehmen.

Unter einem warm-up versteht man ein Spiel, das an die Spieler keine höheren Anforderungen stellt und das sie ermutigt, später auch schwierigere Rollen zu übernehmen.

Ein warm-up kann den Spielern zeigen, daß Spielen sehr viel Spaß machen und daß es für den einzelnen interessant sein kann, im Spiel einmal neue Verhaltensweisen, die bisher in seinem Verhaltensrepertoire noch nicht vorhanden waren, einfach einmal auszuprobieren, in dem er in die Rolle eines anderen schlüpft.

Da beim warm-up alle Gruppenmitglieder beteiligt sind, fällt dem einzelnen die Übernahme einer Rolle in der Regel leichter, da er nicht durch Beobachter verunsichert wird.

Als hilfreich erweisen sich warm-ups, die aus bekannten Kinderspielen oder aus Übungen der rhythmisch-musikalischen Erziehung bestehen.

Die Diskussion sollte erst nach dem Spiel erfolgen. Diskussionen vorher beeinflussen das Spiel und schränken die Spontaneität der Spieler ein.

2.3.1 Einige Vorschläge für warm-up

Die folgenden Spielvorschläge für warm-ups sollen nur als Anregungen dienen.

Es wird jedoch zu Beginn eines Kurses hilfreich sein, wenn sich die Gruppe zunächst an ein vorgegebenes Spielangebot hält. Sie erfährt dadurch, worauf im einzelnen besonders geachtet werden sollte. In den vorgeschlagenen warm-ups können alle Gruppenmitglieder eine Rolle wählen.

(14) *Ein Bar-Besuch*

Beschreibung des Spiels

In diesem Spiel sollen sich die einzelnen Gruppenmitglieder in verschiedenen Rollen in einer Bar treffen. In ihm gibt es nur zwei festgelegte Rollen, den Barkeeper und den Kellner. Die anderen sind Gäste, die nacheinander hereinkommen. Jedem Gast bleibt es selbst überlassen, als „wer" er kommt. Ziel dieses Spiels ist, daß alle möglichst viel miteinander reden und handeln.

Spielanweisung
(Diese sollte vom Spielleiter vorgetragen werden.)
„Sie besuchen heute eine Bar. Überlegen Sie sich, als wer Sie in die Bar kommen möchten. Sie haben in diesem Spiel die Möglichkeit, eine Rolle zu übernehmen, die Sie für sehr erstrebenswert halten. Sie können sich aber auch mit Eigenschaften ausstatten, die Sie sonst ablehnen. Überlegen Sie, ob Sie allein in die Bar kommen möchten oder zusammen mit einem anderen. Sind Sie in der Bar bekannt oder fremd? Was haben Sie heute erlebt, mit welcher Motivation kommen Sie in die Bar? Wollen Sie jemanden kennenlernen oder einfach Leute sehen, oder wollen Sie mehr oder weniger für sich allein bleiben? Versuchen Sie, sich Vorstellungen über Ihr mögliches Verhalten zurechtzulegen."

Durchführung des Spiels
Gestaltung des Raums

Vor dem Spiel wird der Raum so gestaltet, daß die Spielteilnehmer sich ihn als Bar vorstellen können. Einige Tische werden so arrangiert, daß sich eine Theke ergibt. Um einen anderen Tisch sind Stühle gruppiert. Es wird der Platz bestimmt, an dem sich die Eingangstür befinden soll.

Die Gestaltung des Raums sollte nie vernachlässigt werden. Im Spiel erweist sie sich meist als wertvolle Voraussetzung, die den Spielern das Agieren wesentlich erleichtert.

Verteilung der Rollen

Bei diesem Spielvorschlag mit nur zwei festgelegten Rollen, Kellner und Barkeeper, bereitet die Rollenverteilung sicherlich keine Schwierigkeiten. Meistens melden sich einige Freiwillige für diese Rollen.

Das Spiel

Der Barkeeper und der Kellner nehmen ihre Plätze ein und unterhalten sich. Dabei ordnet der Barkeeper seine Gläser, der Kellner verteilt die Aschenbecher und rückt die Stühle zurecht. Dann treffen die Gäste ein. Alle Spieler haben nun die Aufgabe, zu versuchen, sich gegenseitig kennenzulernen, miteinander zu sprechen, sich an den selbst ausgedachten Verhaltensplan zu halten.

Abbruch des Spiels

Wenn der Spielleiter meint, daß sich genügend Interaktionen ergeben haben, kann er das Spiel abbrechen. Bei einer Spieldauer von 10—15 Minuten hat sich meistens genügend Stoff für die Bearbeitung des Rollenspiels ergeben.

Bearbeitung des Spiels

Nach dem Spiel berichtet jeder Teilnehmer, welchen Verhaltensplan er hatte und inwieweit er sich an ihn halten konnte. Wie hat sich jeder in seiner Rolle gefühlt? Was hat Spaß gemacht und ist leicht gefallen, welches Verhalten hat Schwierigkeiten bereitet? Wie hat man die anderen Spieler wahrgenommen? Wer war sympathisch, wer unsympathisch? Welches Verhalten könnte Auslöser für die Sympathie bzw. die Antipathie gewesen sein? Bei der Beantwortung dieser Fragen können sich für den einzelnen wichtige Hinweise dafür ergeben, welche Verhaltensweisen ihm selbst schwerfallen und welches Verhalten anderer ihm Schwierigkeiten macht. Wichtig ist, daß man nicht das Verhalten des anderen kritisiert und interpretiert, sondern daß man immer von sich ausgeht, von den eigenen Eindrücken berichtet.

(15) Markt

Beschreibung des Spiels

In diesem Spiel soll eine Marktszene dargestellt werden. Die Hälfte der Gruppe stellt Verkäufer dar, die ihre Verkaufsstände aufgebaut haben und ihre Waren anpreisen. Jeder Verkäufer bestimmt selber, was er verkaufen will. Die andere Gruppe sind Marktbesucher. Sie schauen sich die Waren an, äußern Wünsche, feilschen, kaufen, lehnen ab oder gehen davon.

Spielanweisung
(Vom Spielleiter vorzutragen)

„In diesem Spiel sollen Sie die Rolle eines Markthändlers übernehmen oder eine Person darstellen, die den Markt besucht, um einzukaufen. Legen Sie sich einen Plan zurecht, als „wer" Sie agieren und wie Sie sich verhalten wollen. Auch bei

60

diesem Spiel kommt es darauf an, daß Sie möglichst viel mit den anderen Spielteilnehmern interagieren.

Durchführung des Spiels

Zunächst wird der Spiel-Raum zum Markt hergerichtet. Dann folgt die Verteilung der Rollen, und das Spiel beginnt. Es wird vom Spielleiter nach seinem Ermessen abgebrochen.

Bearbeitung des Spiels

Bei der Bearbeitung kann auf folgende Fragen eingegangen werden: Wer hat mit wem verhandelt? Wer konnte Angebote machen? Welche Angebote wurden angenommen, welche abgewiesen? Gab es bedrückende, gab es angenehme Momente? Was ist leicht-, was ist schwergefallen? Welcher Spieler hat bei der Durchführung geholfen, welcher hat behindert? War es leicht, sich zu äußern, oder fühlte man sich gehemmt? Hatte man Ideen, oder ist einem nichts eingefallen?

(16) *Animal farm*

Beschreibung des Spiels

In diesem Spiel sollen verschiedene Tiere dargestellt werden, die auf einer Tierfarm zusammenleben wollen. Dabei müssen die Tiere Arrangements treffen, so daß jedes Tier in der ihm zukommenden Art und Weise leben kann.

Spielanweisung
(Vom Spielleiter vorzutragen)

„Denken Sie sich ein Tier aus, das Sie auf der animal farm darstellen möchten. (Kuh, Löwe, Schlange, Hund usw.) Die Tiere sollen sich nach und nach auf der Spielfläche treffen und sich einander vorstellen. Sie beschließen, zusammenzubleiben und auf einer Tierfarm zu leben. Jedes Tier äußert seine speziellen Bedürfnisse, um sicherzustellen, daß es zu seinem Recht kommt. Es teilt aber auch mit, was es zur Gemeinschaft beitragen kann."

Durchführung des Spiels

Der Spiel-Raum ist nicht besonders herzurichten. Am günstigsten ist es, wenn sich zunächst nur ein Spieler auf die Spielfläche begibt, sich vorstellt und etwas über sich erzählt. („Ich bin ein alter Wolf und habe mein Rudel verloren. Ich fühle mich sehr einsam ..."). Allmählich gesellen sich die anderen Tiere zu ihm und äußern sich ebenfalls. Wenn alle auf der Spielfläche sind, können sie zum Thema kommen, nämlich gemeinsam eine Tierfarm zu gründen.

Bearbeitung des Spiels

Bei der Bearbeitung dieses Spiels sollte auf die Verfremdung durch die Tierrolle eingegangen werden. Konnte man sich in der Rolle des Tieres ausdrücken? Konnte man auf die anderen zugehen? Wie hat man die anderen Tiere wahrgenommen? Von wem fühlte man sich angenommen, von wem abgelehnt?

(17) Sich zueinander in Beziehung setzen

Beschreibung des Spiels

In diesem warm-up soll jedes Gruppenmitglied etwas darstellen, das zu den anderen Gruppenmitgliedern in irgendeiner Beziehung steht. Man darf alles darstellen, nur keinen Menschen. Einige Beispiele sollen zeigen, wie solch ein Spiel zustande kommen kann.

Spielverlauf

Ein Spieler beginnt, indem er mit ausgebreiteten Armen auf die Spielfläche tritt und sagt: ,,Ich bin ein Baum.'' Dann kommt ein zweiter, setzt sich vor den ,,Baum'' und äußert: ,,Ich bin eine Bank, die am Fuß des Baumes steht.'' Ein dritter Spieler stellt einen Strauch dar, der sich neben der Bank befindet, ein weiterer ist ein Bach, der an dem Baum vorbeifließt.

Dies wird so lange fortgeführt bis alle Gruppenmitglieder auf der Spielfläche sind und eine ,,Landschaft'' darstellen, in der die verschiedenen Dinge zueinander in Beziehung stehen. Hier kann das Spiel abgebrochen werden.

Mitunter entwickelt sich bei der Darstellung ein Gespräch. Es sollte nicht unterbunden, sondern gefördert werden. So könnte es in unserem Beispiel sein, daß der Strauch den Baum fragt, was er alles sehen kann, da er ja größer ist. Der Bach könnte berichten, woher er kommt und wo er hinfließt. Die Bank könnte erzählen, wer sie benutzt usw.

Es könnte auch sein, daß der erste Spieler damit beginnt, daß er sagt: ,,Ich bin ein Haus'' oder ,,Ich bin eine Lokomotive'' oder ,,Ich bin eine Blume in einem Blumengeschäft''. Die übrigen Spieler haben dann die Aufgabe, sich allmählich zu ihm zu gesellen und etwas darzustellen, das mit ihm in Beziehung steht.

Dieses warm-up ist dazu geeignet, sehr rasch ein Gruppengefühl aufkommen zu lassen und damit das Gefühl der Zusammengehörigkeit zu erhöhen. Alle Gruppenmitglieder müssen aktiv werden und sich überlegen, was sie selbst dazu beitragen können, daß ein abgerundetes, phantasiereiches Bild entstehen kann.

2.4 Die Rolle des Beobachters

Eine Rollenspiel-Gruppe besteht aus Spielern und Beobachtern. Die Beobachter sind den Spielern gleichgestellt. Sie beobachten, wie sich der einzelne Spieler in seiner Rolle verhält und teilen ihre Eindrücke bei der Spielbearbeitung mit. Durch sie erfährt der Spieler, was er in seiner Rolle gut gemacht hat und was ihm nicht oder nur unvollkommen gelungen ist. Der Spieler kann von den Beobachtern Änderungs- und Verbesserungsvorschläge bekommen, die er annehmen oder verwerfen kann. Somit kommt dem Beobachter eine wesentliche Bedeutung zu. Wenn er sich mit den Spielern identifiziert, gewinnt er neue Einsichten und kann dadurch sein eigenes Verhaltensrepertoire erweitern.

Es wirkt sich aber sehr störend aus, wenn Beobachter am Spiel desinteressiert sind. In den meisten Fällen muß dann das Spiel unterbrochen werden und seine Wiederaufnahme kann schwierig sein, da die Spieler durch solche Gleichgültigkeit gehemmt werden.

3. Techniken im Rollenspiel

Warm-ups haben die Funktion, die Spieler für das gemeinsame Rollenspiel bereitzumachen. Das Rollenspiel selbst kann durch einige Techniken zur Lernhilfe werden. Es handelt sich dabei um:

Rollentausch
Rollenwechsel
Doppelgängermethode bzw. Hilfs-Ich
Spiegelmethode
Selbstgespräch bzw. Monolog

3.1 Rollentausch

Unter Rollentausch versteht man, daß eine Szene wiederholt wird, wobei zwei Spieler, die miteinander gespielt haben, ihre Rolle tauschen. Ziel dieser Technik ist es, dem anderen Spieler die eigene Auffassung von der Rolle verständlich zu machen. Der Rollentausch hat sich als gutes Hilfsmittel bewährt, um Einblick in die Denk- und Reaktionsweise des anderen zu bekommen und gegenseitige Beziehungen zu klären.

3.2 Rollenwechsel

Von Rollenwechsel spricht man dann, wenn ein Spieler seine Rolle an einen Beobachter abgibt. Dieser bekommt damit Gelegenheit, die Rolle ebenfalls auszuprobieren oder sie nach seiner Auffassung zu spielen. Dabei gehen wir davon aus, daß Beobachter und Spieler das Spielproblem gemeinsam durchdenken und im Spielverlauf eigene Lösungen finden. Diese können bei einer Spielwiederholung durch den Rollenwechsel dargestellt werden.

3.3 Doppelgängermethode bzw. Hilfs-Ich

Bei Rollenspielen kommt es des öfteren vor, daß ein Spieler eine Rolle nicht durchzuhalten vermag. Möglicherweise fordert sie ihm ein Verhalten ab, das er nicht kennt oder das ihm aus irgendeinem Grunde widerstrebt. In solch einem Fall kann die Doppelgängermethode als stützendes Mittel sehr hilfreich sein. Sie wird folgendermaßen angewendet:

Ein weiterer Spieler stellt sich hinter den Rollenträger und gibt ihm zu verstehen, daß er sein zweites Ich sei und ihm helfen möchte. Meistens gelingt es dann dem Rollenträger sehr rasch, mit Hilfe des Doppelgängers die Situation zu meistern und später die Rolle auch allein zu spielen. (Die Kinder unserer Spielgruppen fanden übrigens für den Doppelgänger die Bezeichnung „Dahintersteher".)

3.4 Spiegelmethode

Die Spiegelmethode wird so angewendet, daß bei der Wiederholung einer Szene ein Rollenträger jetzt Beobachter ist und ein anderer ihm durch Nachahmung sein Spielverhalten zu spiegeln und anschaulich zu machen versucht. Durch mehrfaches Spiegeln kann dem Spieler dazu verholfen werden, sein Verhalten objektiver zu sehen und es zu ändern. In der Arbeit mit Erwachsenen haben wir die Spiegelmethode als hilfreich erlebt. Bei Kindern besteht die Gefahr, daß sie verletzend wirkt, wenn sie als Hänseln, Nachäffen oder Lächerlichmachen aufgefaßt wird.

3.5 Selbstgespräch — Monolog

Beim Selbstgespräch wird der Spieler während des Spiels aufgefordert, laut zu denken. Er soll seine Befürchtungen, seine Handlungsabsichten, seine Ängste oder Erwartungen, seine Hoffnungen oder Forderungen aussprechen und sich ihrer und der Motivation seines Verhaltens bewußt werden. Diese Technik kann dazu führen, daß er in der Reflexion zu einem neuen Verständnis seines Verhaltens kommt und zu neuen Lösungsmöglichkeiten gelangt. Das Selbstgespräch kann gut mit der Doppelgängermethode gekoppelt werden.

3.6 Die Rückmeldung (feed-back), ein Hilfsmittel der Bearbeitung

Feed-back stellt bei der Bearbeitung von Rollenspielen eines der wesentlichsten Hilfsmittel dar.

Nach jeder Spielszene teilen die Spieler und die Beobachter mit, was sie in Hinsicht auf sich selbst und auf die anderen erlebt, gefühlt und wahrgenommen haben. Es wird also eine Mitteilung an eine Person gegeben, die diese darüber informiert, wie ihre Verhaltensweise vom anderen wahrgenommen, verstanden und erlebt worden ist.

Das ist die Rückmeldung oder feed-back.[1]

Feed-back stützt und fördert positive Verhaltensweisen, da diese anerkannt werden. Es korrigiert andere, die dem Betreffenden nicht weiterhelfen oder ihn in Schwierigkeiten bringen. Es klärt die Beziehungen zwischen Personen und hilft, den anderen besser zu verstehen.

Feed-back soll so vor sich gehen, daß man den anderen wissen läßt, welche Gefühle und Gedanken bei der Wahrnehmung seines Verhaltens entstanden sind.

Dabei ist darauf zu achten, daß man sich auf konkrete Einzelheiten bezieht, daß man seine Beobachtungen der Nachprüfung durch die anderen unterwirft, daß man sie in einer Weise mitteilt, die wirklich hilft. Auf keinen Fall soll man moralische Bewertungen abgeben. Derjenige, über den gesprochen wird, soll sich nicht verteidigen, sondern für die Beurteilungen offen und zugänglich sein, denn nur dann können sie für ihn zur Hilfe werden. Das wird immer dann gelingen, wenn man sich in der Gruppe gegenseitig vertraut.

Spielregeln für wirksames feed-back

Für den Geber:
Beziehen Sie sich auf konkrete Einzelheiten!
Unterwerfen Sie Ihre Beobachtungen der Nachprüfung durch andere!
Informieren Sie sofort!
Vermeiden Sie moralische Bemerkungen!
Bieten Sie Ihre Informationen nur an und zwingen Sie sie nicht auf!
Seien Sie offen und ehrlich!
Geben Sie zu, daß Sie sich möglicherweise irren!

Der Empfänger:
soll zuhören und aufnehmen. Er soll nicht argumentieren und sich verteidigen, sondern bereit sein, die Beurteilung anzunehmen.

Beispiel für feed-back
(Bezogen auf das warm-up „Sich zueinander in Beziehung setzen", S. 62).
In der Rolle des Baches habe ich dich sehr frei erlebt. Als Strauch hast du

---

[1] Siehe hierzu: Schwäbisch, L./Siems, M.: Anleitung zum sozialen Lernen für Paare, Gruppen und Erzieher. Kommunikations- und Verhaltenstraining, Reinbek 1974, S. 63—71.

meine Kontaktangebote nicht aufgenommen. Habe ich recht gesehen, wenn ich dich am Spiel als etwas unbeteiligt erlebt habe?
Auf mich wirkte dein Verhalten sehr beruhigend.

3.7 Reflektierendes Zuhören

Beim Zusammenspiel fällt gelegentlich auf, wie schwer es ist, anderen wirklich zuzuhören. Dieses Unvermögen tritt deutlicher bei den Beobachtern als bei den Spielern auf. Konzentriertes Zuhören kann durch die Methode des reflektierenden Zuhörens gelernt werden.

Diese Technik sollte zu zweit ausprobiert werden. Ein Gesprächspartner versucht, dem anderen ein Problem zu erklären, das ihn sachlich und emotional bewegt. Sobald er die erste Aussage gemacht hat, fragt der Partner weiter. Er hat die Aufgabe, das Problem kennen und verstehen zu lernen.

Die Übung könnte etwa folgendermaßen vor sich gehen: Partner A beginnt: ,,Ich habe in dieser Gruppe oft keine rechte Lust, mitzuarbeiten."

Partner B: ,,Du fühlst dich in der Gruppe so unsicher, daß du nicht frei arbeiten kannst? Kannst du das näher beschreiben?"

Die Antworten sollten immer mit folgenden Wendungen eingeleitet werden:

,,Deiner Meinung nach . . . "

,,Du glaubst also, daß . . . "

,,Wenn ich richtig verstanden habe, dann . . . "

,,Du hast das Gefühl, daß . . . '.

Zuerst muß Partner B den Standpunkt von Partner A erfahren. Seine Einwände sollen Fragen zur Problementwicklung sein. Er soll helfen, das Problem zu sehen, nicht, es für A zu lösen.

4. Anwendung der beschriebenen Spieltechniken an einem Beispiel

Um darzustellen, wie die verschiedenen Spieltechniken angewendet werden können, wird im folgenden ein Rollenspiel beschrieben, das mit einer Studentengruppe durchgeführt wurde.

(18) *Spielsituation: Ich stelle mich bei einem Reisebüro als Reiseleiterin vor.*

4.1 Beschreibung des Spiels und Ablauf
(Vom Spielleiter vorzutragen)

Frau Müller hat in einer Zeitung ein Stellenangebot für einen Reiseleiter gelesen.

Da sie sich für eine solche Tätigkeit interessiert, ruft sie bei diesem Reisebüro an und läßt sich einen Termin für ein Vorstellungsgespräch geben.

Frau Müller ist Studentin und hat während ihres Studiums schon verschiedene Reisen geleitet, um sich zusätzlich zu ihrem Stipendium noch etwas Geld zu verdienen. Von daher bringt sie einige Erfahrungen in der Organisation von Reisen mit. Sie spricht fließend Englisch und Französisch und kann auch etwas Spanisch. Sie hat einige Semester Kunstgeschichte studiert und gute kunsthistorische Kenntnisse.

Zum Vorstellungsgespräch erwarten sie im Reisebüro zwei Herren. Der eine ist Herr Fischer, der Leiter des Reisebüros, der andere Herr Maier, der Stellvertreter von Herrn Fischer. Sie suchen einen Reiseleiter, der keine feste Anstellung wünscht, sondern der kurzfristig bei Ausfall anderer Reiseleiter einspringen kann.

Frau Müller hat in diesem Spiel die Aufgabe, sich mit ihren Kenntnissen und Fähigkeiten so darzustellen, daß sie die Stelle, in der man viel von der Welt sehen kann, auch tatsächlich bekommt.

Bei unserer Studentengruppe lief die Szene in der anschließend beschriebenen Weise ab. In jeder anderen Gruppe wäre sie natürlich anders verlaufen. Sie schien uns aber geeignet zu sein, an ihr die Anwendung der verschiedenen Spieltechniken zu zeigen.

Gestaltung des Raums

Der Raum wurde so gestaltet, daß man sich ein Büro mit einem großen Schreibtisch vorstellen konnte. Neben dem Schreibtisch befand sich ein kleines Tischchen mit drei Sesseln.

Beginn des Spiels

Herr Fischer und Herr Maier haben bereits an dem kleinen Tischchen Platz genommen und warten.

Frau Müller befindet sich auf dem Weg zum Büro. Sie denkt bereits an das Vorstellungsgespräch und spricht ihre Gedanken laut aus. Anwendung der Monolog-Technik.

FRAU MÜLLER (Monolog): „Ich bin ja gespannt, wie das wird. Sicher gibt es eine Menge von Bewerbern, aber versuchen kann ich es ja mal. Eine Dauerstellung kann ich auf keinen Fall annehmen, das ließe sich mit meinem Studium nicht vereinbaren, aber gelegentlich so eine Reise zu leiten, das wäre ganz prima. Erstens macht es mir immer wieder Spaß, zweitens muß ich eben ein bißchen Geld nebenher verdienen. Hoffentlich klappt das, aber eigentlich sehe ich ziemlich schwarz, daß ich bei dieser renommierten Reisegesellschaft ankomme."

FRAU MÜLLER hat inzwischen das Büro erreicht, klopft an die Tür, tritt ein und stellt sich den beiden Herren vor.

FRAU MÜLLER: „Guten Tag, mein Name ist Müller, ich komme wegen der von Ihnen ausgeschriebenen Stelle."

HERR FISCHER: „Guten Tag, Frau Müller, mein Name ist Fischer, mir untersteht die Leitung dieses Reisebüros. Wir haben Sie bereits seit einer halben Stunde erwartet. Darf ich vorstellen, Herr Maier, mein Stellvertreter."

HERR MAIER: „Guten Tag, Frau Müller."

FRAU MÜLLER: „Guten Tag, Herr Maier."

HERR FISCHER: „Nehmen Sie doch bitte Platz."

FRAU MÜLLER: „Vielen Dank."

Alle drei setzen sich, und Herr Fischer beginnt das Gespräch.

HERR FISCHER: „Frau Müller, Sie haben sich bei uns beworben. Darf ich Sie fragen, was Sie beruflich machen?"

FRAU MÜLLER: „Ich bin Studentin."

HERR FISCHER: „Ach, das ist schade, wissen Sie, mit diesen jungen Leuten haben wir bisher fast nur schlechte Erfahrungen gemacht. Die sind meistens so unzuverlässig, aber vielleicht sind Sie da eine Ausnahme."

FRAU MÜLLER: „Ich meine schon, daß man sich auf mich verlassen kann."

HERR FISCHER: „Nun gut, darf ich Sie fragen, welche Kenntnisse und Erfahrungen Sie mitbringen? So eine Reiseleitung ist ja nicht einfach, man muß da schon sehr viel Selbständigkeit und Flexibilität mitbringen, um die verschiedensten Probleme meistern zu können. Wissen Sie, Frau Müller, bei uns muß jede Reise ein Erfolg sein. Ein Mißerfolg könnte unserem großen Unternehmen, wir sind schließlich das zweitgrößte Reiseunternehmen am Ort, enorm schaden."

FRAU MÜLLER: „Da kann ich Sie beruhigen. Ich habe während meines Studiums bereits einige Reisen geleitet. Es waren vorwiegend Studentenreisen nach Frankreich, England und Schottland."

HERR FISCHER: „Das ist ja schön und gut, aber bei uns haben Sie es mitunter mit recht alten Leuten und gelegentlich auch mit Kindern zu tun, die mit in die Planung einbezogen und versorgt werden müssen."

An dieser Stelle wurde das Spiel abgebrochen. Es ist denkbar, daß ein Vorstellungsgespräch derartig unbefriedigend abläuft und vielleicht auch unbefriedigend endet. Die Spielszene wurde dann bearbeitet. Die Spieler wurden aufgefordert, über ihre eigenen Eindrücke während der Spielsituation zu berichten und auch zu sagen, wie sie die anderen Spielteilnehmer wahrgenommen hatten. Auch die Beobachter wurden aufgefordert, sich über das Spiel zu äußern.

4.2 Feed-back über die abgelaufene Spielszene

FRAU MÜLLER: „Ich war mir schon auf dem Weg zum Reisebüro sehr unsicher, ob ich die Stelle wohl bekommen würde. Ich bin eigentlich schon mit der Gewißheit hingegangen, daß es nicht gelingen würde. Als ich dann diesen Herrn Fischer erlebte, hatte ich keine Lust mehr, um die Stelle zu kämpfen. Auf Herrn Maier war ich sauer, weil er alles mitbekommen hatte und sich kein bißchen für mich verwandte, er schien Herrn Fischer ganz schön hörig zu sein."

HERR FISCHER: „Ich kam mir als Herr Fischer so wichtig vor, daß es mir jetzt schon fast peinlich ist, wie wenig ich die anderen an mich herangelassen habe. Ich hatte beabsichtigt, durch mein Verhalten Frau Müller aus ihrer Reserve herauszulocken, damit sie zeigt, welche Qualitäten sie als Reiseleiterin hat. Dies gelang aber nicht, im Gegenteil, sie wurde immer kleiner."

HERR MAIER: „Mir war das Verhalten meines Vorgesetzten peinlich. Ich hätte Frau Müller gern geholfen, wußte aber nicht wie. Ich hatte ein bißchen Angst davor, von Herrn Fischer eine Abfuhr zu bekommen."

Von der beobachtenden Gruppe wurde berichtet: „Das Gespräch hätte sich wahrscheinlich endlos lange hingezogen, da Herr Fischer sich immer groß herausbrachte, um zu zeigen, was für eine wichtige Person er ist. Frau Müller war nicht in der Lage zu zeigen, welche Kenntnisse sie hat. Sie warf Herrn Fischer immer nur kleine Häppchen zu, die ihn aber nur zu erneuten Profilierungsversuchen anregten."

Für die weitere Bearbeitung dieser Spielszene wurde vorgeschlagen, daß Frau Müller sehen sollte, wie sie sich verhalten hatte; es sollte jetzt die Spiegelmethode angewendet werden.

4.3 Die Spiegelmethode

Ein Mitglied der beobachtenden Gruppe erklärte sich bereit, Frau Müller zu „spiegeln".

Es wurde folgendermaßen vorgegangen:

Das Gruppenmitglied, das „spiegeln" wollte, wir nennen es Frau X, bekam die Aufgabe, zusammen mit den Rollenträgern von Herrn Fischer und Herrn Maier die Spielszene zu wiederholen. Sie sollten versuchen, die Szene zu kopieren.

Frau Müller war nach der Wiederholung der Ansicht, daß mit dem gezeigten Verhalten die Stelle nicht zu bekommen wäre. Sie äußerte jedoch, daß sie für sich keine Möglichkeit sähe, sich anders zu verhalten. Außerdem könne sie gegenüber diesem Herrn Fischer nicht aus sich herausgehen.

Nun meldete sich ein anderes Gruppenmitglied, Frau Y. Sie meinte, daß sie eine Idee hätte, mit welchem Verhalten man Herrn Fischer begegnen müßte, um bei ihm Erfolg zu haben. Es wurde daher ein Rollenwechsel vorgenommen.

Die Bewerbungsszene wurde nochmals gespielt, wobei Frau Müller, jetzt dargestellt durch Frau Y, versuchen sollte, sich Herrn Fischer gegenüber anders zu verhalten. Dieses Mal verlief das Spiel folgendermaßen:

HERR FISCHER: „Frau Müller, Sie haben sich bei uns beworben, darf ich Sie fragen, was Sie beruflich machen?"

FRAU MÜLLER: „Ich bin Studentin und habe schon mehrfach Reisen nach Frankreich, England und Schottland geleitet."

HERR FISCHER: „Wir sind von Studenten als Reiseführer nicht allzusehr begeistert, da wir bereits schlechte Erfahrungen gemacht haben, aber wenn Sie schon des öfteren Reisen geleitet haben . . . "

FRAU MÜLLER: „Ich habe mich vor meinen Reisen immer gut vorbereitet, habe mich bemüht, das Programm so zu gestalten, daß für jeden nach Möglichkeit etwas Interessantes mit dabei war, und habe auf diese Weise nie Schwierigkeiten gehabt. Im Gegenteil, wenn die Reisegäste das Gefühl haben, daß man sich für sie einsetzt, helfen sie gern bei auftretenden Schwierigkeiten mit."

HERR FISCHER: „Welche Kenntnisse bringen Sie denn mit?"

FRAU MÜLLER: „Ich spreche fließend Englisch und Französisch und kann mich auch auf Spanisch recht gut verständigen. Ich habe kunsthistorische Kenntnisse, da ich einige Semester Kunstgeschichte studiert habe, diese Kenntnisse haben mir bei allen Reisen gute Dienste getan."

Hier wurde die Spielszene abgebrochen. Sowohl die Spielteilnehmer als auch die Beobachter waren der Ansicht, daß das Verhalten von Frau Y geeigneter war, Herrn Fischer zu begegnen. Herr Fischer sagte, daß er schnell Vertrauen zu dieser Frau Müller gefaßt hatte und geneigt war, ihr die Stelle zu geben.

Der nächste Bearbeitungsschritt bestand darin, daß die erste Spielerin von Frau Müller das Verhalten von Frau Y nachspielen sollte. Nachdem ihr das nicht gleich gelang und sie resigniert abbrechen wollte, wurde Frau Y aufgefordert, sie zu „doppeln".

4.5 Die Doppelgängermethode oder das Hilfs-Ich

Frau Y stellt sich hinter Frau Müller und gab ihr zu verstehen, daß sie ihr helfen wolle, das angestrebte Spielverhalten zu realisieren.

Die Szene wurde also nochmals gespielt, wobei Frau Y immer dann, wenn die Spielerin sich zurückziehen wollte, die Rolle von Frau Müller sprach und auf diese Weise half, sich Herrn Fischer gegenüber durchzusetzen.

Mit Hilfe dieser Technik konnte erreicht werden, daß die Spielerin in der Rolle sicherer wurde und nach wiederholtem Durchspielen der Szene in der Lage war, sich auch alleine, ohne die Hilfe des „Doppels" oder „Hilfs-Ich", so zu verhalten, daß Herr Fischer geneigt war, ihr die Stelle zu überlassen.

Die Spielszene „Bewerbung in einem Reisebüro" hätte auch mit einem Rollentausch gleich nach Ablauf des ersten Spiels bearbeitet werden können. Dies soll noch kurz dargestellt werden:

Es könnte sein, daß Frau Müller in Situationen, die einem Vorstellungsgespräch ähneln, öfter Schwierigkeiten hat. Es könnte sein, daß sie gegenüber Vorgesetzten gehemmt ist und nicht aus sich herausgehen kann. In einem solchen Fall könnte ihr ein Rollentausch helfen. Wir wollen versuchen, dies zu verdeutlichen.

4.6 Der Rollentausch

Wir haben gesehen, daß Frau Müller beim Vorstellungsgespräch nicht in der Lage war, sich ins rechte Licht zu setzen. Dieses Verhalten könnte auf einer Angst vor Autoritäten beruhen. Im Rollentausch übernimmt die bisherige Frau Müller nun die Rolle von Herrn Fischer, während Herr Fischer die Rolle von Frau Müller spielt.

Durch diesen Kunstgriff hat die Person, die bisher die Rolle von Frau Müller gespielt hat, die Gelegenheit, sich einmal in die Rolle von Herrn Fischer hineinzuversetzen. Sie kann dabei erleben, wie sich so ein „Vorgesetzter" fühlt. Die Identifikation mit der neuen Rolle und die Empathie[2] in die Rolle können ihr ermöglichen, Einblick in die Probleme von Herrn Fischer zu bekommen. Er braucht ja unbedingt einen neuen Reiseleiter, der dem Niveau des Reisebüros entspricht.
Sie begreift, welche Erwartungen er in bezug auf den zukünftigen Mitarbeiter hat.
Bereits die Kenntnis dieser Erwartungen könnte Frau Müller dazu verhelfen, sich Herrn Fischer gegenüber so zu verhalten, daß sie mit ihrer Bewerbung Erfolg hat.
Im Vorangegangenen sollte dargestellt werden, wie die verschiedenen Spieltechniken angewendet werden können. Zu diesem Zweck wurde eine Spieleinheit ausführlich beschrieben, wie sie mit einer Studentengruppe durchgespielt wurde. Es muß hier nochmals betont werden, daß wahrscheinlich bei jeder anderen Gruppe diese Spieleinheit einen anderen Verlauf gehabt hätte; auch die Lösungsmöglichkeiten sollen keine Modelle, sondern eben Möglichkeiten darstellen, wie ein Problem bearbeitet werden kann.

---

2 Empathie: Bereitschaft und Fähigkeit, sich in die Einstellungen anderer Menschen einzufühlen.

5. Rollenspiele unter spezieller Zielsetzungen

5.1 Interaktion und Kommunikation

5.1.1 Körpersprache

Auch wenn wir schweigen, drücken wir mit unserem Körper etwas aus. Mit unserer Mimik, Gestik und Motorik sagen wir unseren Mitmenschen etwas über unser Befinden: ob wir traurig sind, ob wir uns freuen, ob wir uns gehemmt fühlen oder ob wir meinen, die Situation „sicher im Griff" zu haben.[3]

Mit den nachfolgenden Spielvorschlägen wollen wir zu ergründen versuchen, inwieweit es uns gelingt, anderen Menschen mit unserem Körper verschiedene Stimmungslagen oder eine Rolle mitzuteilen.

Beispiele:

— Wir bewegen uns wie ein aufmerksamer Museumsaufseher durch den Raum.

— Wir schleichen wie ein vorsichtiger Dieb ums Haus.

— Wir dirigieren ein Orchester, wobei in dem Stück, das gespielt wird, die Lautstärke immer wieder wechselt.

— Wir verhalten uns wie ein Autofahrer, der es sehr eilig hat.

— Wir gehen aufgebracht über den Flur zur Wohnungstür unseres Nachbarn, um uns bei ihm über allzu großen Lärm zu beschweren.

— Wir räkeln uns im Liegestuhl in der Sonne und lesen dabei einen lustigen Roman.

— Wir gehen wortlos durch den Raum und begrüßen uns gegenseitig.

Bei der Bearbeitung solcher Spiele sollte man sich immer fragen: Ist es mir leicht, oder schwergefallen, das vorgeschlagene Verhalten darzustellen? War ich in der Rolle und habe ich mich so gefühlt, wie sich die Person fühlen könnte, die ich darstellen wollte?

Die Gruppe der Beobachter sollte beurteilen, ob das Spielerverhalten mit dem Spielvorschlag übereinstimmte. Wenn möglich oder nötig, sollte die Gruppe der Beobachter Vorschläge für Verhaltensänderungen machen.

5.1.2 Inhalts- und Beziehungsaspekt in der Kommunikation[4]

In den nächsten Spielvorschlägen soll deutlich werden, daß unsere sprachlichen Äußerungen neben dem Inhalt, den sie ausdrücken, auch eine Beziehung zum

---

3 Watzlawick, P., u. a.: Menschliche Kommunikation, Stuttgart-Bern 1969, S. 50 ff.
4 Watzlawick, a. a. O., S. 53—56.

Mitmenschen deutlich machen — durch die Mimik, die Gestik, die Nuancierung unserer Stimme.

Beispiele:

— Martin kommt in den Kindergarten und hat ein Spielzeug in der Hand, das die Kindergärterin bereits bei einem anderen Kind gesehen hat. Sie fragt Martin: „Ist das dein Spielzeug?"
— Herr Maier geht über die Straße und klimpert mit seinen Autoschlüsseln. Ein Polizist tritt auf ihn zu, deutet auf ein Auto und fragt: „Ist das Ihr Wagen?"
— Der Lehrer kommt ins Klassenzimmer und gibt den Schülern ihre Klassenarbeitshefte zurück. Während er Peter sein Heft gibt, sagt er: „Na, Peter, das war ja wieder eine tolle Leistung!"

In diesen Szenen kommt es darauf an, durch Variieren der Stimme, der Mimik und der Gestik verschiedene Beziehungen deutlich zu machen. Dies könnte bei dem ersten Spielvorschlag folgendermaßen aussehen:

— Die Kindergärtnerin freut sich, daß Martin ein so schönes Spielzeug hat. Sie kennt diese Art von Spielzeug, weil sie ein solches bereits bei einem anderen Kind gesehen hat.
— Die Kindergärtnerin mißtraut Martin, weil sie meint, er habe das Spielzeug einem anderen Kind weggenommen.
— Die Kindergärtnerin hat ein solches Spielzeug schon flüchtig bei einem anderen Kind gesehen und möchte es sich bei Martin genauer anschauen.

Beim zweiten Spielvorschlag könnte es sein, daß der Polizist Herrn Maier bestrafen will, weil er falsch geparkt hat. Es könnte aber auch sein, daß er Herrn Maier darauf aufmerksam machen möchte, daß das Licht am Wagen noch brennt.

Beim dritten Spielvorschlag kann die Äußerung des Lehrers die Beziehung zu Peter etwa folgendermaßen ausdrücken:

— Das war eine gute Arbeit, ich freue mich, daß es dir so oft gelingt, gute Arbeiten zu schreiben.
— Na, Peter, du bist eben ein Versager.
— Aus dir werde ich nicht klug, einmal schreibst du hervorragende Arbeiten und dann wieder so schlechte wie dieses Mal.

Solche Szenen sollten wiederholt durchgespielt werden. Durch Veränderung der Stimme, Mimik, Gestik und Motorik sollte immer wieder eine andere Beziehung zum Partner ausgedrückt werden.

Die Beobachtergruppe soll dabei in der beschriebenen Weise mitwirken.

5.2 Rollenlernen

In den vorangegangenen Spielvorschlägen sollte gezeigt werden, daß Kommunikation und Interaktion nicht nur durch die Sprache, sondern wesentlich durch den ganzen Körper erfolgt. In den nachfolgenden Spielen soll die Körpersprache mit der verbalen Seite der Kommunikation vereint werden. Die vorangegangenen Spielvorschläge können somit auch als hinführende Spielformen verstanden werden.

Mit der jeweiligen Rolle, die wir innehaben, ändert sich neben dem Ausdrucksverhalten unseres Körpers auch unser Sprachverhalten, da bestimmte Rollen Träger bestimmter Normen sind.

Status, Image, Lebensalter und anderes beeinflussen unser Verhalten bei der Begegnung mit anderen. Die folgenden Vorschläge sollen das verdeutlichen.

(19) *Spielvorschlag 1: Berufspositionen*
   Einfluß der Berufsposition eines Gesprächspartners

Beschreibung des Spiels

Zwei Väter kommen nacheinander in den Kindergarten, um ihr Kind anzumelden. Der erste ist von Beruf ungelernter Arbeiter, der zweite ist Professor.

Im Kindergarten sind alle Plätze belegt, und die Kindergärtnerin möchte kein Kind mehr aufnehmen, da sie der Ansicht ist, daß bei einer zu großen Kinderzahl die Arbeit nicht intensiv genug durchgeführt werden kann. Sie hat auch keine Hilfskraft.

Beide Väter möchten die Kindergärtnerin dazu überreden, ihr Kind doch noch aufzunehmen, da es bereits fünf Jahre alt ist und ein Jahr später eingeschult werden soll.
Dieses Spiel soll so verlaufen, daß eine Entscheidung gefällt wird.

Bearbeitung des Spiels

Gesichtspunkte für das Gespräch:

Wie traten die Väter auf? Wie fühlte sich die Kindergärtnerin? Was empfanden die Beobachter? Wie war die Redeweise der beiden Väter? Wie sprach die Kindergärtnerin mit ihnen? Fiel ihr die Abweisung des ungelernten Arbeiters leichter als die des Professors? War sie der Meinung, daß ein Arbeiterkind den Kindergarten notwendiger hat als ein Akademikerkind? Wurden gesellschaftlich wirksame Normen deutlich?

Gibt es Variationsmöglichkeiten durch Wiederholung des Spiels mit Hilfe von Rollentausch, Rollenwechsel oder anderen Spieltechniken? Kann durch die

74

Technik des Doppelgängers erreicht werden, daß sich einer der Spieler besser durchsetzt?

⑳ *Spielvorschlag 2: Reaktionen auf Vorgesetzte und Kollegen*

Wie unterscheiden sich Reaktionsweisen in bezug auf Vorgesetzte und Kolleginnen?

Beschreibung des Spiels

Frau Maier ist Leiterin eines Kindergartens. Am Morgen, bevor die Kinder kommen, setzt sie sich mit ihren Kolleginnen zusammen und bespricht mit ihnen das Programm des Tages. Jede der drei Kindergärtnerinnen hat eine Gruppe von zehn Kindern zu betreuen. Für den heutigen Tag wird besprochen, daß die Kindergruppen der beiden Kolleginnen einen kleinen Ausflug machen sollen.

Gegen Ende der Besprechung klopft es an die Tür, und ein Vorgesetzter erscheint. Er teilt mit, daß an diesem Vormittag eine Besprechung stattfindet, an der Frau Maier unbedingt teilnehmen muß. Diese versucht, ihn abzuwehren, indem sie ihn darauf hinweist, daß der Tagesverlauf bereits geplant sei. Sie sei im Kindergarten unabkömmlich, da sie ihre Kindergruppe nicht den Kolleginnen zuteilen könne. Der Herr läßt sich von ihren Argumenten nicht beeindrucken und besteht darauf, daß sie an der Besprechung teilnimmt. Nachdem er den Raum verlassen hat, bespricht Frau Maier zusammen mit den Kolleginnen die neue Situation.

Bearbeitung des Spiels

Zunächst sollte auf die Gefühle der Spieler und der Beobachter eingegangen werden.

Die Beobachter sollten sagen, mit wem sie sich identifizieren konnten und wem sie ablehnend gegenüberstanden. Es sollte herausgearbeitet werden, welche Beziehung Frau Maier zu ihrem Vorgesetzten und zu ihren Kolleginnen hat. Wie hat sie mit ihrem Vorgesetzten, wie mit ihren Kolleginnen gesprochen? Was hat das Verhalten des Vorgesetzten bei Frau Maier in bezug auf sie selbst und in bezug auf die Kolleginnen ausgelöst? Fühlten sich die Kolleginnen von Frau Maier alleingelassen? Hätte sich Frau Maier anders verhalten können, und wie sehen diese anderen Verhaltensweisen aus?

Durch Rollenwechsel könnte versucht werden, andere Verhaltensmöglichkeiten aufzuzeigen, oder mit der Technik des Spiegelns Frau Maier ihr eigenes Verhalten vor Augen zu führen.

5.3 Konfliktbewältigung im Rollenspiel

Im alltäglichen Leben treten immer wieder Probleme und Konflikte auf, deren Bewältigung uns schwer fällt. Wir erleben immer wieder Situationen, in denen wir uns unverstanden oder ausgenutzt fühlen oder in denen wir uns gerne anders verhalten hätten, als es der Fall war. Solche Problemsituationen ergeben sich vielleicht im Umgang mit Autoritätspersonen, z. B. mit Vorgesetzten, die zu hohe Leistungsanforderungen an uns stellen oder uns deutlich spüren lassen, daß wir ihre Untergebenen sind. Andere Konfliktsituationen können sich im Umgang mit Arbeitskollegen ergeben, die vielleicht zu wenig kooperativ sind, unsere Gutmütigkeit ausnützen oder uns nur einfach ablehnen.

Eine weitere Schwierigkeit könnte in unserem Kontaktverhalten liegen. Vielleicht haben wir Schwierigkeiten, auf andere zuzugehen und Kontakte herzustellen. Vielleicht können wir uns nicht durchsetzen oder vielleicht nicht verweigern.

Um mit Hilfe des Rollenspiels solche Konfliktsituationen zu bearbeiten, müssen wir zunächst versuchen, sie der Gruppe möglichst offen zu schildern.
Dabei sollte vermieden werden, die Lösungsmöglichkeiten vorwegzunehmen.

Es sollte vielmehr versucht werden, die geschilderte Situation zunächst einmal im Spiel darzustellen. Es werden also die Spieler, die zur Durchführung des Spiels benötigt werden, ausgesucht, und der Raum wird so gestaltet, wie er etwa in der realen Situation ausgesehen hat. Daß vor der Durchführung des Spiels über die Lösung des Problems weder reflektiert noch diskutiert werden sollte, ist deshalb wichtig, weil beim Spiel das Problem meistens viel klarer zum Ausdruck kommt als beim alleinigen Schildern. Im Spiel werden die Verhaltensweisen der an der Situation beteiligten Personen viel transparenter. Auch treten beim Spiel charakteristische Verhaltensweisen überzeichnet und damit prägnanter hervor.

Nach dem Spiel sollen Spieler und Beobachter mitteilen, wie sie die Situation erlebt haben. Diese wird durch die vielseitige Beurteilung klarer erkannt als durch die Interpretation des einzelnen. Hier zeigt sich der große Vorteil der Gruppe. In der Realität haben wir solche Hilfe eigentlich nie. Mitunter tritt bei manchen Spielern, die ein Problem aus ihrem Lebensbereich darstellen, das Gefühl auf, daß sie die Gruppe mit ihrem Problem belasten und ausnutzen. Aber es ist doch so, daß bei der Bearbeitung eines Problems jeder profitiert, da der einzelne bei der Bearbeitung eines Problems recht oft Parallelen in seinem Lebensbereich finden kann und er jetzt die Möglichkeit hat, am Modell zu lernen.

Bei unseren Studentengruppen wurde des öfteren von einzelnen geäußert: „Das habe ich auch schon erlebt" oder „Mir geht es ähnlich" und dergleichen.

Aus der Besprechung des Spiels geht vielleicht hervor, daß die Konfliktsituation falsch eingeschätzt wurde.

Dann ist eine Wiederholung des Spiels mit Rollentausch zu empfehlen. Der Hauptdarsteller übernimmt die Rolle der ihn belastenden Person, die er dadurch besser verstehen lernt.

Es könnte auch sein, daß nach Meinung der Gruppe dem Sozialpartner gegenüber ein anderes Verhalten angebracht wäre. Dieses sollte dann auch ausprobiert werden.

Dabei wird die Wirklichkeit simuliert, ohne daß ihre Ernsthaftigkeit oder negative Konsequenzen befürchtet werden müssen. Man kann ein Verhalten so lange probieren, bis es nicht mehr schwer fällt. Es ist sehr wahrscheinlich, daß die Übertragung dieses Verhaltens in den Alltag allmählich möglich sein wird.

21) *Ein Kind kommt verspätet nach Hause*

Beschreibung des Spiels

Es ist Mittagszeit. Eltern warten auf ihr Kind, das längst von der Schule zurücksein müßte. Sie sind einerseits ängstlich und besorgt, ob ihm nicht etwas zugestoßen ist, andererseits sind sie ärgerlich, daß es nicht kommt.

Vater und Mutter sitzen also am Tisch, haben mit dem Essen begonnen und sprechen miteinander. Der Vater wird immer ärgerlicher, die Mutter wird immer besorgter. Plötzlich kommt das Kind an und berichtet begeistert, daß ein Zirkus in der Stadt eingetroffen sei und daß es auf dem Heimweg von der Schule eine Zeitlang beim Aufbauen der Zelte zugeschaut habe.

Die Eltern stellen das Kind zur Rede.

Bearbeitung des Spiels

Bei diesem Spiel sollte das Sprechverhalten der Spielteilnehmer besonders beachtet werden. Welche Sprache benützt ein vielleicht etwas strenger Vater gegenüber seinem Kind? Wie sehen die sprachlichen Äußerungen einer etwas ängstlichen Mutter aus und wie spricht ein Kind, das noch völlig unter dem Eindruck von vielem Neuen steht?

Ist es den Spielern gelungen, ihren Gefühlen Ausdruck zu geben, und welche Gefühle haben die sprachlichen Äußerungen bei den übrigen Spielern hervorgerufen? Konnte die Gruppe der Beobachter die Gefühle und Stimmungen der Spieler nachvollziehen? Wirkten sie echt oder unecht?

Haben sich die Spieler in ihre Rolle einfühlen können und konnten sie erleben, was in einem etwas strengen Vater, in einer ängstlichen Mutter und einem Kind in der oben beschriebenen Situation vor sich geht?

Die nachfolgenden Spielvorschläge sollen dazu verhelfen, eigene problembesetzte Bereiche aufzufinden:

— Mein Vorgesetzter stellt so hohe Leistungsanforderungen an mich, daß ich mich dauernd überlastet fühle. Wenn er den Raum betritt, werde ich nervös.

— Mein Vorgesetzter erteilt mir immer nur ganz kleine Aufträge, ich möchte aber lieber eine verantwortungsvollere Tätigkeit haben. Ich glaube, er traut mir nichts zu.

— Mein Vorgesetzter vertritt ganz veraltete Ansichten. Ich ärgere mich darüber, traue mich aber nicht, ihm zu widersprechen.

— Ich bin Kindergärtnerin und habe eine Kollegin, die einen ganz anderen Erziehungsstil vertritt als ich. Ich meine, die Kinder werden dadurch irritiert, weiß aber nicht, wie ich dies der Kollegin verdeutlichen kann.

— Meine Kollegin nutzt mich aus, sie überläßt mir immer die unangenehmsten Aufgaben.

— Ich möchte gerne zu einer Kollegin mehr Kontakt haben. Aber jedesmal, wenn ich auf sie zugehe, verhält sie sich abweisend.

— Wenn ich mit jemandem allein in einem Eisenbahnabteil sitze, würde ich mich gerne mit ihm unterhalten. Mir gelingt dies aber fast nie, da ich fürchte, aufdringlich zu sein.

— Wenn mich jemand um etwas bittet, fällt es mir schwer, nein zu sagen. Hinterher ärgere ich mich dann darüber.

— Wenn sich jemand bei mir aussprechen möchte, höre ich meistens zu, obwohl ich meine, selbst genügend Probleme zu haben.

Aus den Rollenspielen dieses Abschnitts können unversehens Psychodramen werden. Dazu sollte es aber ohne einen ausgebildeten Gruppenleiter nicht kommen, da beim Spieler unter Umständen Ängste auftreten, die von der Gruppe nicht aufgefangen werden können.

5.4 Rollenspiel als Kreativitätslernen

Bei Erwachsenen ist das Verhalten weitgehend normiert. Wir haben gelernt, was von uns erwartet wird; es haben sich festgelegte Verhaltensstrukturen herausgebildet. Meist haben wir keinen Anlaß, oder es fällt uns schwer, uns nonkonform zu verhalten. Bei Kindern ist dies anders. Sie sind erst auf dem Weg, so zu werden wie die Großen. Durch Identifikation mit ihren Vorbildern sowie durch Erfahrungen mit ihrer Umwelt lernen sie das Verhalten, das sie dazu befähigt, ein selbständiges Leben zu führen. Solange Kinder noch nicht über diese festgefügten Verhaltensschemata verfügen, müssen sie kreativ bleiben, um neue, vielleicht unkonventionelle Verhaltensweisen zu finden.

Um sie darin zu befähigen und um vielleicht auch unsere eigenen erstarrten Verhaltensweisen aufzuweichen, sollten wir versuchen, in neuen Situationen ein anderes Verhalten als das herkömmliche auszuprobieren. Dazu kann das Rollenspiel verhelfen. Ein Beispiel dafür haben wir bereits am Anfang dieses Kapitels bei den warm-ups kennengelernt: „animal farm".

Weitere Spielvorschläge

(22) *Wir spielen Bösewichte*

Beschreibung des Spiels

Stellen Sie sich vor, Sie sitzen in einem dunklen Wald zusammen, und jeder von Ihnen ist ein Bösewicht. Sie berichten sich gegenseitig von Ihren Untaten, die Sie allein oder zusammen mit einem anderen vollführt oder die Sie für sich geplant haben.

(23) *Schiffbrüchige auf einer Insel*

Beschreibung des Spiels

Sie wurden als Schiffbrüchige auf eine unbewohnte Insel verschlagen und müssen sich hier nun einrichten, da sie nicht mit der Möglichkeit rechnen können, von der Insel wieder abgeholt zu werden.

(24) *Tiefseetaucher*

Beschreibung des Spiels

Sie befinden sich auf dem Meeresgrund und entdecken dort viele neue Dinge, die Sie sich gegenseitig zeigen: Tiere, Pflanzen, Steine, Wracks oder ganz geheimnisvolle Dinge.

(25) *Wir packen eine Schatzkiste aus*

Beschreibung des Spiels

Stellen Sie sich vor, Sie haben eine riesengroße Schatzkiste gefunden, die Sie jetzt gemeinsam auspacken. Es befinden sich ganz phantastische Dinge darin. Sie holen sie heraus und überlegen sich, was Sie damit anfangen wollen.

5.5 Therapeutische Möglichkeiten des Rollenspiels

Das pädagogische Rollenspiel kann auch einen heilenden Einfluß haben. Seine therapeutische Wirkung beruht auf dem handelnden und nacherlebenden Verarbeiten von Alltagserfahrungen in der Spielebene. Durch gemeinsames Tun werden abgewehrte, blockierte oder verdrängte Gefühle wieder belebt und können so verarbeitet werden. Für den Spieler geschieht damit Entlastung und Distanzierung. Obwohl das pädagogische Rollenspiel heilende Wirkungen haben kann, sollte der therapeutische Anspruch der mit dem Medium gestellt wird, vom pädagogischen getrennt werden. Es gibt nämlich deutliche Unterschiede zwischen den beiden Verwendungszusammenhängen.

Beim therapeutischen Rollenspiel oder im Psychodrama stehen Verhaltensstörungen, Fehlentwicklungen, Blockierungen der Person im Vordergrund, es geht darum, den Spielenden von seiner Störungen zu befreien. Das pädagogische Rollenspiel hat dagegen eine Weiterentwicklung der Lernmöglichkeit aller Gruppenmitglieder zum Ziel. Die Therapie sucht nach den Ursprüngen der Störungen, sie arbeitet aufdeckend und analysierend. Um an die Gründe der Störung zu kommen, ist eine gezielte Wiedererinnerung früherer Erfahrungen notwendig, die durch die Rekonstruktion im Spiel möglich wird. Die Spieler übernehmen nicht fremde Rollen, sondern gehen in die eigene Vergangenheit zurück.

Im Kindergarten sollte aber nicht psychodramatisch gearbeitet werden. Die Erzieherinnen verfügen in der Regel über keine therapeutische Ausbildung, die notwendig ist, um den Verarbeitungsprozeß zu steuern. Es bringt auch Kinder und Erzieherinnen in Verwirrung, wenn sie auf der einen Seite den Lernprozeß der Kinder in bezug auf neues soziales Verhalten fördern wollen und gleichzeitig um der Therapie willen in frühere Erlebnisbereiche und -formen zurückgehen. Die Aufarbeitung von seelischen Blockierungen braucht außerdem sehr viel Zeit und Geduld für das einzelne Kind, die im Kindergarten nicht zur Verfügung stehen.

Die therapeutischen Möglichkeiten des Rollenspiels liegen darin, daß man schwierige Situationen der Gruppe im Spiel darstellt und diese um feed-back bittet. Die Lösungsvorschläge der Gruppe, die im Spiel ausprobiert werden, tragen gewöhnlich zu einer Verhaltensmodifikation bei, die sich durch wiederholtes Spielen mit großer Wahrscheinlichkeit allmählich auch auf die Realität überträgt und sowohl ein besseres Durchstehen schwieriger Situationen ermöglicht als auch ein realistischeres Selbstbild vermittelt.

Literaturhinweise für die Praxis

Die überarbeiteten Literaturhinweise für die 5. Auflage befinden sich auf Seite 223.

III. Rollenspiel mit Kindern

1. Die Kindergruppe braucht einen Rollenspielleiter
Die Rolle der Erzieherin [1]

Das Gelingen der Spiele und das Erreichen der mit ihnen verbundenen Lernziele hängt in Erwachsenengruppen sehr davon ab, welche Situationen der Spielleiter vorschlägt, welche Spieltechniken er anwendet und welche Impulse zur Verarbeitung des Spiels von ihm ausgehen. Das ist auch im Rollenspiel mit Kindergruppen so. Spielleiter ist hier in der Regel die Erzieherin. Sie steuert durch ihr Verhalten das Spiel; der Spaß am Spiel und das Erreichen der Lernziele sind abhängig davon. In einer rollenspielerfahrenen Gruppe können aber auch ältere Kinder diese Funktion übernehmen. Während der Spielleiter in Erwachsenen-Gruppen sich möglichst nicht am Spiel beteiligt, um sich die Übersicht zu bewahren und durch eigenes Engagement nicht behindert zu sein, ist es in Kindergruppen, vor allem im Kindergarten, oft notwendig, daß die Erzieherin mit einsteigt und damit von „innen" das Spiel lenkt. Sie kann es jedoch auch von „außen" steuern, also nicht aus einer Rolle heraus. Sie wirkt mit durch „Wort" und „Mitspiel"[2]. Außerdem schafft sie die äußeren Voraussetzungen und Bedingungen für die Spielsituationen. Sie stellt das erforderliche Material bereit, gestaltet den Raum, stellt im Tageslauf genügend Zeit zur Verfügung.

Smilansky beschreibt diese Möglichkeiten der Lenkung als „Eingreifen von außen" und als „Mitspiel". „Eingreifen von außen" vollzieht sich in Form von Fragen, Vorschlägen, Anknüpfen von Kontakten zwischen den Spielern und direkten Anweisungen. „Der Erzieher wendet sich nicht an das Kind als Kind, sondern als Rollenträger. Der Erzieher übernimmt keine Rolle, sein Eingreifen geschieht jedoch im Rahmen der Spielwelt des Kindes." Wirksamer ist die Lenkung durch „Mitspielen": „Wenn der Erzieher selbst mitspielt, ist er in der Lage, die Kinder in fast gleicher Weise zu lenken wie von außerhalb. Wenn er selber eine Rolle übernimmt, kann er die ganze Gruppe von Kindern aktivieren, wobei er in seinem Kontakt zu jedem einzelnen Kind die diesem jeweils fehlende Komponente übernimmt."[3]

---

1 Wir sprechen in diesem Kapitel durchgehend von Erzieherin, meinen damit aber in terminologischer Hinsicht auch den Erzieher, Kindergärtnerinnen, Sozialpädagogen, Lehrer und Lehrerinnen etc.

2 Christensen, N.: Methoden der Lenkung des Spiels — Die Rolle der Erzieherin im Spiel. In: Neue Erziehung im Kindergarten, 19. Jahrgang (1966), S. 10.

3 Smilansky, S.: Anleitung zum sozialen Rollenspiel. in: Flitner, A. (Hrsg.): Das Kinderspiel, München 1973, S. 230—241.

Eine weitere wichtige Bedingung für das Zustandekommen von Rollenspielen ist der „Ausbau einer freundlichen Gruppenatmosphäre, kein Leistungszwang sollte entstehen. Wenn man der Leistungskonkurrenz (nicht der Leistung) unter den Kindern freien Raum läßt, bzw. sie noch unterstützt, entstehen in der Gruppe schnell Hierarchien. An der Spitze stehen die sog. Stars, die durch bestimmte Fähigkeiten, die körperlicher oder geistiger Natur sein können, den anderen überlegen sind. Das deutlichste Symptom für die schwächeren Kinder dagegen ist ihre Initiativelosigkeit, besonders in Gruppen mit Stars".[4] Das Erzieherverhalten hat deswegen das Ziel, die Schwächeren und die Außenseiter zu unterstützen, die Hierarchie in der Gruppe abzubauen.

Das soziale Klima im Kindergarten ist abhängig vom Erziehungs- bzw. Führungsstil der Erzieherin. Untersuchungen über Sozialkontakte im Kindergarten[5] zeigen, daß unterschiedliches Erzieherverhalten unterschiedliches soziales Verhalten der Kinder zur Folge hat. Eine partnerschaftliche, freundliche Haltung der Erzieherin wirkt sich beispielhaft aus und ermutigt die Kinder zum Zusammenspiel und zur gegenseitigen Hilfe. In einer Gruppe, in der Mißtrauen und Konkurrenz das Klima bestimmen, sind lustbetonte Rollenspiele kaum möglich.

2. Äußere Bedingungen für Rollenspiele im Kindergarten

2.1 Der Spiel-Raum

Rollenspiele sollten nicht mit der gesamten Gruppe von 20 und mehr Kindern gespielt werden. Sie sind eine Spielform für die Kleingruppe, die sich von der Gesamtgruppe absetzt. 8—10 Kinder sind genug. Sie brauchen einen eigenen Spiel-Raum.

Das kann ein Gruppenraum, ein Nebenraum oder ein Flur sein, in dem die Spielgruppe für sich ist, nicht unnötig eingeschränkt zu werden braucht und die anderen nicht stört. Der Spiel-Raum sollte, wie in Kapitel II beschrieben, nur wenig Mobiliar enthalten: Einige Stühle, einen einfachen, von Kindern zu bewegenden Tisch, evtl. ein paar Sitzkissen.

Je nach Spielform werden Stühle im Halbkreis, im Kreis oder an der Wand entlang aufgestellt. Der freibleibende Raum ist die „Spielfläche". Man kann sie mit einem Streifen Kreppband umgrenzen. Gut ist es, wenn der Spiel-Raum mit einem strapazierfähigen Teppichboden ausgelegt ist. Die Kinder können

---

4   Günther, K. B. u. Schürmann, E.: Rollenspiel im Vorschulalter.
    Unveröff. Arbeitspapier zur Tagung B 4.772 des Landesinstituts für Schulpädagogische Bildung, Düsseldorf 1972.

5   Tausch, R., und Tausch, A.: Erziehungspsychologie, Göttingen 1970, 5. Aufl.
    Der von uns geforderte Erziehungsstil wäre in der Terminologie von Tausch und Tausch als „sozial-integrativ" zu bezeichnen.

dann ohne Schuhe spielen, und die Verletzungsgefahr ist bei wilden Rollen-spielen geringer.

Ein Schrank zum Aufbewahren von Requisiten sollte das Mobiliar ergänzen.

Kindergärten, die keinen besonderen Raum haben, können durch Raumteiler (spanische Wände, Bänke, Schränke, Regale) eine Ecke oder einen anderen Bereich im großen Gruppenraum abgrenzen, so daß für die Kinder eine optische Grenze errichtet ist.

Die akustische Abgrenzung gelingt so allerdings nicht, und es kann passieren, daß ein zu hoher Lärmpegel der Umgebung die Rollenspieler stört.

Bei der Erprobung unserer Rollenspiele in Kindergärten erlebten wir oft, welchen Einfluß die räumliche Ausstattung eines Kindergartens auf die pädagogische Arbeit hat. In Kindergärten, die über genügend Nebenräume verfügten, fiel es uns wesentlich leichter, die Kinder zu aktivieren, sie zu gelenkten Rollenspielen zu führen. Es war auch spürbar, daß die Motivation des Leiters, seine Lust, mit den Kindern etwas zu unternehmen, von den Räumlichkeiten, in denen gearbeitet werden mußte, beeinflußt wurde.

Wenn ein Aufenthalt im Freien möglich ist, kann eine Teilung der Kindergarten-gruppe vorgenommen werden. Die Rollenspielgruppe bleibt im Raum, die anderen Kinder gehen nach draußen.

Grundsätzlich halten wir Rollenspiele auch im Freien für möglich, aber Kinder und Erzieher sind dann stärker abgelenkt. Es lassen sich besonders vorberei-tende und begleitende Spiele sowie warm-ups gut im Freien durchführen.

2.2 Einbeziehung von Rollenspielen in den Tageslauf des Kindergartens

Spontane Rollenspiele entstehen im Kindergarten vor allem während der Frei-spielzeit. Es können sich zur gleichen Zeit mehrere Spielgruppen bilden, eine etwa in der Puppenecke, auf dem Bauteppich eine andere und vielleicht eine, die den gesamten Gruppenraum für ihr Spiel braucht.

Gelenkte Rollenspiele müssen geplant werden; es sind z. B. Requisiten zu beschaffen. Sie gehören deswegen in den Teil des Kindergartenvormittags bzw. -nachmittags, der den sogenannten „didaktischen Aktivitäten" vorbehalten ist. Es empfiehlt sich, daß die zwei Erzieherinnen einer Kindergartengruppe sich ergänzen: eine arbeitet mit der Rollenspielgruppe, die andere mit der Rest-gruppe, die etwa malt oder singt.

Da am Nachmittag erfahrungsgemäß weniger Kinder in den Kindergarten kommen als am Vormittag, steht zu dieser Zeit mehr Raum für größere Rollenspiele zur Verfügung. Das durchschnittliche Alter der Kinder liegt nachmittags gewöhnlich höher als vormittags, so daß anspruchsvollere Spiele leichter durchgeführt werden können.

2.3 Requisiten beim Rollenspiel mit Kindern

Unter Requisiten werden hier Gegenstände verstanden, die den Kindern helfen, sich mit der Rolle zu identifizieren. Sie aktivieren ihre Phantasie und geben ihrem Spiel mehr Sicherheit. Requisiten können sein: Polizeimütze, Clown-Nase, Tische, Stühle usw. Ganze Kostüme, mit denen sich die Kinder völlig verwandeln können, sollten nicht zu ihnen gehören. Sie würden die Kinder einengen.

Requisiten sollen nicht wichtiger und bestimmender sein als das Spiel selbst. Die Kinder sollen selbst bestimmen, welchen Symbolwert ein Requisit hat. Entstehen bei der Wahl der Requisiten Konflikte, etwa ein Streit, so müssen diese gelöst sein, bevor das Spiel beginnt.

Hier ist noch einmal zu sagen, daß Rollenspiel für uns kein Theaterspiel ist, bei dem die Person hinter der Spielaktion des Spielers völlig zurücktritt. Beim Rollenspiel steht die Person des Spielers im Vordergrund und im Zentrum der Aufmerksamkeit des Spielleiters.

Die Spielaktion wird als Angebot benutzt, sich und anderen neue Erfahrungen zu ermöglichen. Von diesem Standpunkt her kann begründet werden, daß die Wahrnehmung der Person des Spielers für die Mitspieler und die Beobachter nicht durch Requisiten eingeschränkt werden darf.

3. Vor dem Spiel

3.1 Möglichkeiten für die Einleitung eines Rollenspiels oder Anregungen zum Rollenspiel

Für die Einleitung eines Rollenspiels oder für die Anregung zum Rollenspiel hat die Erzieherin viele Möglichkeiten. Wir zählen diejenigen auf, die wir für wichtig halten, und beschreiben sie durch je ein Beispiel.

— Erzählen einer Geschichte durch die Erzieherin oder durch die Kinder.

— Vorlesen und Anschauen eines Bilderbuches.

— Gemeinsames Anschauen eines Kurzfilms, einer Fernsehsendung.

— Anregung durch Requisiten und Kostüme.

— Anregung durch bestimmte Gegenstände, die im Spiel vorkommen sollen.

— Anregung durch eine Aktion des Spielleiters (der Erzieherin).

— Anregung durch Erzählungen der Kinder (Erlebnisse).

— Anregung durch einen Lerngang, einen Spaziergang.

— Anregung durch einen gemeinsamen Theater- oder Puppenspielbesuch.

Erzählen einer Geschichte[6]

Dieser Beginn eignet sich besonders, wenn eine Konfliktsituation oder ein zwischenmenschliches Problem bearbeitet werden sollen. Die Geschichte verfremdet und macht zugleich deutlicher.

Sie kann in verschiedener Weise erzählt werden:

— Zunächst die ganze Geschichte erzählen.

— Zunächst die Figuren der Geschichte vorstellen und die Kinder spielen lassen (Gutes Beispiel dazu: Peter und der Wolf).

— Die Geschichte stückweise erzählen, dazwischen Aktionen der Kinder. (Siehe Spiel: Der Garten von Herrn Müller, S. 173.)

Vorlesen und Anschauen eines Bilderbuches[7]

Bei Bilderbüchern ist zu überlegen, ob sie zunächst nicht nur vorgelesen und die Bilder erst nach dem Spiel gezeigt werden sollen. Sonst besteht die Gefahr, daß sich die Kinder zu sehr nach den Bildern richten und sich dann nicht kreativ und spontan verhalten. Für das Anschauen der Bilder kann z. B. ein Episkop benutzt werden.

Kurzfilme, Fernsehsendungen[8]

In Kurzfilmen und Fernsehsendungen sind oft nachspielbare Situationen enthalten. Sie eignen sich als warm-up vor allem dann, wenn man vor der Lösung des Konflikts abbricht und die Kinder versuchen läßt, die Handlung im Spiel fortzusetzen. Das Angebot an geeigneten Kurzfilmen ist leider noch sehr dürftig.

Um Fernsehsendungen zu speichern und abspielen zu könnnen, ist ein Video-Recorder erforderlich.

Bildergeschichten[9]

Die Bildergeschichte führt — mit dem Episkop projiziert oder auf Matrizen vervielfältigt — in eine Situation und ein Problemfeld ein, ohne die Kinder

---

6 Z. B. Geschichten von Ursula Wölfel:
   Die grauen und die grünen Felder, Mülheim 1970. 27 Suppengeschichten, Düsseldorf 1968, Du wärst der Pienek, Mülheim 1973.
   Auch von Margareta Krantz: Wir spielen Geschichten, Köln 1972.
   Oder Sergej Prokofjew, Peter und der Wolf, z. B. Hannover 1979.
   Als Schallplatte: Electrola C 063-02 558.

7 Beispiele: ,,Die Dumme Augustine" S. 185 oder ,,Elmer" S. 194. Weitere Hinweise für Bilderbücher auf S. 202 dieses Buches.

8 Beispiele: Sesamstraße, Sendung mit der Maus.

9 Z. B. Plauen, O. E.: Vater und Sohn, Ravensburg 1975.
   Schulz, Charles M.: Peanuts-Bücher, Götzenhain, Aar-Verlag.

in ihren Rollen zu sehr festzulegen. Auch hier kann vor der Lösung zunächst abgebrochen werden.

Requisiten

Requisiten haben Aufforderungscharakter. Sie fordern zum Handeln auf, eine Mütze etwa zum Spielen eines Polizisten, eine rote Knollennase zum Spielen eines Clowns.

Gegenstände

Die Erzieherin stellt eine Schüssel und einen Wecker auf den Tisch, daneben legt sie einen Schlüssel. Sie sagt: Ihr seht hier drei Dinge, alle drei sollen in einem Spiel vorkommen, das wir zusammen erfinden wollen.

Auch hier wirkt sich der Aufforderungscharakter aus; außerdem besteht das Problem, in welchen sinnvollen Zusammenhang die Gegenstände gebracht werden können.

Aktion des Spielleiters

Die Erzieherin stellt z. B. einen Polizisten dar, die Kinder sollen die Rolle erraten. Wenn es ihnen gelingt, spielt die Erzieherin eine von ihr ausgedachte Szene. Die Kinder spielen mit. Sie werden durch diesen Beginn für das eigentliche Spiel „angewärmt".

Das Einleitungsspiel darf aber nicht zu ausgedehnt und zu perfekt sein. Die Kinder könnten entmutigt werden und das Gefühl bekommen, so wie der Spielleiter nie spielen zu können. Dies führt eher zu Passivität als zur Aktivierung.

Erzählungen der Kinder

Vor allem nach Ferien und nach Wochenenden berichten die Kinder spontan von ihren Erlebnissen. Aus solchen Erzählungen lassen sich leicht Rollenspiele machen, z. B. „Auf dem Bahnhof" oder „Auf dem Flugplatz". Das Kind, von dessen Erzählung ausgegangen wird, kann beim Aufbau des Spiels mithelfen, z. B. Rollen bestimmen, Örtlichkeiten festlegen. Dadurch sieht es sich mit seinem Bericht völlig angenommen, es ist stolz, der Urheber eines Gruppenspiels zu sein. Das kann sich auf seine Stellung in der Gruppe positiv auswirken.

Lerngang, Spaziergang

Beispiel: Erzieher und Kinder besuchen gemeinsam die Polizei. Die Polizisten bemühen sich, den Kindern alles zu zeigen, was für das Verständnis der Polizei wichtig ist. Die Kinder dürfen in einem Streifenwagen fahren, sich die Waffen der Polizisten anschauen, den Polizeifunk hören. Sie fragen die Polizisten nach ihren Sorgen und Schwierigkeiten und nach den angenehmen Seiten ihres Berufes.

Einige Polizisten erzählen, wie sie zum Polizeiberuf gekommen sind. Auch die auf der Polizeiwache beschäftigten Schreibkräfte werden in die Unterhaltung mit einbezogen.

Vor diesem gemeinsamen Erlebnishintergrund kann dann ein Rollenspiel entstehen. Die Untersuchung von Sarah Smilansky[10] hat jedoch gezeigt, daß eine Exkursion und das Bereitstellen von entsprechendem Spielmaterial allein nicht genügen, die Kinder zum sozialen Rollenspiel zu bringen. Es muß die Anleitung durch die Erzieherin dazukommen.

Exkursionen ergeben Rollenspiele aus der Umwelt der Kinder, z. B. auf der Post, auf dem Bahnhof, auf dem Flugplatz, in der Sparkasse, im Lebensmittelladen, im Kaufhaus, im Schuhgeschäft (siehe Beisp. Seite 168), beim Bäcker, beim Metzger usw.

Gemeinsamer Theaterbesuch oder Puppentheaterbesuch

In vielen Städten gibt es in den Programmen der Theater inzwischen auch Kinderstücke. Der gemeinsame Besuch einer solchen Aufführung regt an, das Spiel nachzuahmen, aber auch, den Besuch selbst zu spielen.

3.2 Bedeutung des warm-up bei Kindergruppen

Ein warm-up hat die Funktion, Ängste und Hemmungen davor abzubauen, sich in ein Spiel hineinzubegeben. Es dient der Aktivierung der Personen, der Überwindung der Passivität oder des Bewußtmachens eines Problems.

Ein warm-up in der Rollenspielgruppe der Kinder hat auch die Funktion, zunächst allen eine gemeinsame Aktivität zu ermöglichen, bevor die Spielsituation fordert, daß nur einige Kinder spielen, während andere zunächst in der Beobachterrolle eher passiv verharren müssen. Damit deswegen keine Unzufriedenheit unter den Kindern entsteht, ist es angezeigt, warm-up-Spiele an den Anfang zu setzen, eventuell auch in das schon laufende Rollenspiel immer wieder einzubauen. Solche warm-up-Spiele werden in erster Linie sog. Simultanspiele sein, bei denen alle anwesenden Kinder zur gleichen Zeit das gleiche tun. Sie führen zur körperlichen und zur psychischen Auflockerung der Kinder.

Kleinere Kinder brauchen warm-ups seltener als Erwachsene. Sehr viele drängen sich geradezu zum Spiel. Sie sind froh, sich betätigen zu dürfen. Warm-ups sind nur bei den Kindern angebracht, die von allein nicht zum Spiel kommen, die vielleicht Angst haben, sich zu blamieren oder etwas falsch zu machen.

Beispiele:

— Das Nachahmen von Tierbewegungen, z. B. Staksen wie ein Storch; Hoppeln

---

10 Smilansky, S.: a. a. O., S. 231. Smilansky gibt hier ein Beispiel einer Exkursion in eine Klinik.

wie ein Hase; Tanzen wie ein Tanzbär; Hämmern wie ein Specht; Fressen wie ein Wolf usw.

— Nachahmen von Tätigkeiten aus bekannten Berufen, z. B. wir schreiben Schreibmaschine, wir heben einen tiefen Graben aus, wir löschen Feuer, wir fahren Lastwagen.

— Nachahmen von bekannten Gestalten, z. B. aus Fernsehsendungen.

— Tierlaute: Brüllen wie ein Löwe, Trompeten wie ein Elefant, Piepsen wie eine Maus, Brummen wie ein Bär, Mümmeln wie ein Hase usw.

— Menschliche Äußerungen: schnarchen, lachen, weinen, grinsen, toben, erschrecken, erstaunt sein usw.

— Pantomimische Darstellungen: z. B. Eis essen, Zitrone essen, Brei essen, aus dem Röhrchen trinken, sich heimlich wegschleichen, jemand aus der Ferne auf sich aufmerksam machen usw.

— Szenen, in denen sich Übungen zur Schulung der Mimik, der Motorik und der Gestik miteinander verbinden: Durch sehr hohes Gras gehen und dabei Blumen pflücken, die Blumen zu einem Strauß arrangieren und an dem Strauß riechen. —

Zum Hausbriefkasten gehen, diesem einen Brief entnehmen, ihn öffnen und dann ein erschrecktes Gesicht machen. —

Sich in Nachbars Garten schleichen, einen Apfel pflücken, hineinbeißen, ausdrücken, daß der Apfel ganz sauer schmeckt usw.

Am sinnvollsten ist es, wenn die warm-ups auf die Inhalte des darauffolgenden Rollenspiels vorbereiten. So ist bei der Geschichte „Elmer" (S. 194) zu empfehlen, ein warm-up mit Tierbewegungen und Tierschreien zu machen, da anschließend ein Rollenspiel kommt, in dem Tiere agieren. Oder zum Spiel „Im Schuhgeschäft" (S. 168) paßt ein warm-up, in dem Enttäuschtsein, Sichfreuen, jemanden begrüßen gespielt wird.

Das warm-up bei Kindergruppen hat also nicht nur aktivierende Funktion, sondern soll auch auf das kommende Spiel didaktisch vorbereiten.

3.3 Rollenverteilung

Je nachdem, wie alt die Kinder sind und wieviel Erfahrung sie im Rollenspiel haben, wird die Erzieherin die Rollenverteilung mehr oder weniger beeinflussen. Sie wird aber anstreben, daß die Kinder dabei immer selbständiger werden, daß sie selbst immer mehr zurücktritt.

Beispiele für stark gelenkte Rollenverteilung

— Die Erzieherin weist jedem Kind seine Rolle zu, nachdem der Inhalt der zu spielenden Situation der Gruppe bekannt ist.

— Die Erzieherin hat die Rollen auf Zettel geschrieben oder gemalt und läßt die Kinder die Zettel ziehen. Diese Methode hat den Vorteil, daß die Erzieherin bei von den Kindern bevorzugten Rollen entscheiden muß, wem sie diese oder jene gibt und wen sie dadurch begünstigt oder benachteiligt.

Auf diese Weise lassen sich auch Partnerwahl und die Zusammenstellung von Dreier- oder Vierergruppen durchführen. Wir boten den Kindern bei den Spielstunden verschiedene Formen der Partnerwahl an. Bei der spontanen Wahl zeigte es sich, daß viele Beziehungen schon recht verfestigt waren. Die Wahlen fanden meistens unter gleichgeschlechtlichen oder befreundeten Kindern statt. Zwar bildeten sich nicht immer die gleichen Paare, aber es wurden fast immer die gleichen Kinder ausgeschlossen. Diese wurden dadurch noch randständiger und unsicherer. Aufforderungen wie: „Holt doch die Karin ins Spiel" oder „Spiel auch mit!" waren keine Hilfe.

Wir bevorzugten deshalb andere Formen der Partnerwahl:

— Aus einem Hut werden Spielkarten gezogen. Auf ihnen sind Tierhälften gemalt. Die Kinder gehen umher und suchen die andere passende Hälfte. Wenn die Karten zusammenpassen, gehört auch das Paar zusammen.

— Farbenziehen: In einer Schachtel sind Kärtchen mit je zwei gleichen Farben.

— Auszählverse: Kinder zählen sehr gerne aus und wählen häufig diese Methode, um über etwas zu entscheiden. Immer zwei hintereinander ausgezählte Kinder werden ein Paar.[11]

Beispiele für weniger gelenkte Rollenverteilung

— Die Erzieherin beschreibt die Rolle, die Kinder wählen. Die Erzieherin nennt zu jeder Rolle einige Eigenschaften. Z. B.: Ein Polizist, der sehr leicht wütend wird. Ein Fußgänger, der schüchtern ist und sich nichts zu sagen traut.

— Die Erzieherin stellt eine Gruppe zusammen, überläßt ihr aber die Rollenverteilung. Zum Beispiel wird im Spiel „Riesen und Zwerge" (Seite 100) nur die Gruppe der Riesen und die Gruppe der Zwerge bestimmt, die Rollen selbst werden von den Kindern verteilt.

— Die Erzieherin verteilt die „Hauptrollen". Die Hauptakteure suchen sich dann die Mitspieler.

Beispiele für freie Rollenverteilung

— Jedes Kind sucht sich selbst die Rolle aus, die es gerne spielen möchte. Diese Methode ist aber im Kindergarten und auch noch in der Grundschule sehr konfliktträchtig und deshalb kaum zu empfehlen.

---

11 Auszählverse finden sich in den gängigen Büchern für Kinderreime. Die bekannteste Sammlung ist „Allerleirauh", Hrsg. H. M. Enzensberger, Frankfurt/M. 1961.

— Manchmal besteht die Möglichke t, daß Kinder im Voranschreiten des Spiels mit einer selbst gefundenen Rolle einsteigen. Die Erzieherin beginnt, ein Kind nach dem andern kommt dazu.

Die mehr gelenkte Rollenverteilurg ist angebracht, wenn die Gruppe noch unselbständig ist. Das Spiel komm‾ dann schneller in Gang, die Kinder spielen unbefangener, es ist eher mit einem Erfolgserlebnis zu rechnen.

Dabei besteht allerdings die Gefah‾, daß manchen Kindern Rollen zugeordnet werden, die zu übernehmen sie nicht in der Lage oder bereit sind. Für sie kann es dann sehr abträglich sein, mitmachen zu müssen. Angaben vor dem Spiel über die Gestaltung der Rollen haben den Vorteil, daß die Kinder abschätzen können, wie sie sich in ihrer Rolle verhalten sollen. Damit ist aber der Nachteil verbunden, daß Verhaltensklischees tradiert, Rollen fixiert werden. Solche Angaben zur Rollengestaltung helfen spielungeübten Kindern, ihre Rolle richtig aufzufassen, sie vermitteln dadurch Verhaltenssicherheit und Spielfreude.

Die weniger gelenkte Rollenverte lung läßt die individuellen Bedürfnisse und Ängste der Kinder eher zum Zuge kommen.

Damit sie nicht zu Chaos und Mißerfolg führt, müssen folgende Voraussetzungen erfüllt sein:

— Die Kindergruppe darf nicht zu groß, sie muß für die einzelnen Kinder überschaubar sein (etwa 6 bis 7 Kinder höchstens).

— Die Kinder sollten imstande sein, auftauchende Konflikte selbst zu regeln, da sonst die Erzieherin eingreifen muß und damit wieder stärker das Geschehen bestimmt.

3.4 Gestaltung des Spiel-Raumes

Der Spiel-Raum soll gemeinsam mit den Kindern mit sparsamen Mitteln so gestaltet werden, daß jedes Kind genau weiß, welchen Ort es sich an welcher Stelle des Raumes vorstellen muß. Dazu können Möbel gestellt, es kann mit Kreppapier geklebt werden, mit Kreide Striche gezogen werden.

Beispiel: Im Rollenspiel „Im Schuhgeschäft" (s. S. 168) muß genau festgelegt werden, wo der Eingang ist, wo die Kasse, wo die Stuhlreihen zum Anprobieren stehen. Diese Ausgestaltung des Raumes ist in der Regel die Aufgabe der Erzieherin. Wenn aber ein Rollenspiel durch ein Kind angeregt wird, dann wird dieses auch — mit Hilfe der Erzieherin — bestimmen, wie der Raum aussehen soll. Die Erzieherin hilft dabei mit Fragen.

4. Spezielle Techniken zur Lenkung des Spiels

4.1 Rollentausch

Eine Szene wird wiederholt, wobei zwei Spieler ihre Rollen tauschen. Beispiel: Hans spielt den Vater, Peter den Hausmeister. Beim Rollentausch spielt Peter den Vater, Hans den Hausmeister.

Hauptziel des Rollentausches ist die Vermittlung der Erfahrung, eine Situation aus der Sicht des anderen zu erleben. Ein Kind, das z. B. als Vater seine Beschwerden beim Hausmeister vorbringt, daß im Frühjahr zu wenig geheizt wird, erlebt durch den Zwang, als Hausmeister argumentieren zu müssen, dessen Beweggründe für sein Verhalten.

Das Verständnis für den anderen wird durch Rollentausch ermöglicht, starre Einstellungen und Urteile werden flexibler und fragwürdiger. Hinter dem Rollentausch stehende Ziele sind Erhöhung der Empathie und der sozialen Handlungskompetenz.

Für die Spielleiterin kann sich in der spielenden Kindergruppe bei folgenden Anlässen die Notwendigkeit ergeben, die Kinder zum Rollentausch zu bewegen:

1. Im Kind liegende Anlässe

a) Die Erzieherin beobachtet, daß ein Kind von sich aus nur ganz bestimmte Rollen übernimmt, z. B. aggressive Machtrollen.

b) Die Erzieherin beobachtet, daß ein Kind bestimmte Rollen nicht zu spielen in der Lage ist, z. B. solche, die von ihm Initiative verlangen oder in denen es Führereigenschaften zeigen muß.

Der Partner muß dann aber diese nicht beherrschten Verhaltensweisen besonders eindrücklich gezeigt haben (Modell-Lernen).

c) Die Erzieherin sieht, daß ein Kind in seinem Spiel einer anderen Person gegenüber gefühlsmäßig gehemmt ist, z. B. ein Sohn gegenüber dem Vater, ein Kind gegenüber einem Polizisten, ein Kunde gegenüber einem Verkäufer, ein Angestellter gegenüber einem Chef.

Die Ursache dieses Verhaltens kann Angst vor Autoritätspersonen sein. Sie kann durch Rollentausch abgebaut werden.

Gefühlsenge kann auch dann vorliegen, wenn Kinder Führungs- und Machtrollen wenig einfühlsam und egozentrisch gestalten. Sie machen im Rollentausch die Erfahrung, welche Gefühle ein solches Behandeltwerden im anderen auslöst, welche Einstellungen dem Mächtigen gegenüber dadurch entstehen können (Haß, Ablehnung, Kontaktvermeidungswünsche).

Auch Spielsituationen, die die Geschwistersituation eines Kindes abbilden, bieten sehr oft Anlaß zum Rollentausch, wenn unverarbeitete Probleme (Rivalität,

Abhängigkeit, Dominanz usw.) sich in der Spielsituation zeigen und die Handlungsweise des spielenden Kindes beeinflussen (therapeutischer Aspekt, Verbindung zur Elternarbeit).

2. In der Spielsituation liegende Anlässe

d) Das Rollenspiel kommt ins Stocken, weil ein Spieler nicht weiterspielen kann. Ein sprachungewandtes Kind weiß z. B. nicht, was es sagen soll.[12]

e) Ein Spieler beherrscht die ganze Spielergruppe. Die anderen können nicht mehr nach eigenen Einfällen weiterspielen. In diesem Falle empfiehlt es sich, die Rolle des dominierenden Spielers mit der eines anderen Kindes auszutauschen.

f) Ein Spieler isoliert sich in seiner Rolle, er geht nicht auf die Partner ein.

Beispielsweise könnte es im Spiel Hausmeister — Vater geschehen, daß der Hausmeister die Tür nicht aufmacht, wenn Vater klingelt. Selbst in die Rolle des klingelnden Vaters gebracht, erfährt das Kind, daß vom Hausmeister erwartet wird, daß er die Türe öffnet, wenn einer seiner Mieter etwas von ihm möchte.

g) In einem Spiel entsteht allgemeine Lustlosigkeit, deswegen ist dringend eine Situationsveränderung nötig.

Die Erzieherin regt Rollentausch an:

— Ich komme nun als Zauberer und verwandle den Polizisten in den Fußgänger, den Fußgänger in den Polizisten.

— Der Vater darf jetzt mal Hausmeister sein, der Hausmeister wird zum Vater.

— Wenn vorauszusehen ist, daß das Spielerpaar, das die Rollen tauschen soll, dazu nicht bereit ist, hilft vielleicht eine „Tauschaktion" innerhalb der ganzen Gruppe: Jeder spielt nun eine andere Rolle: Peter wird jetzt Polizist, Daniela Fußgänger, Hans Autofahrer usw. (Bei Vorschulkindern müssen aber die neuen Rollen genau benannt werden, da sonst leicht Verwirrung entsteht.)

4.2 Rollenwechsel

Mit dem Rollenwechsel wird das Ziel verfolgt, möglichst viele Kinder spielen zu lassen. Man verhindert, daß nur „Stars" spielen, während andere Kinder dauernd zuschauende Beobachter bleiben müssen.

Durch Rollenwechsel kann man gleiche Rollen auf verschiedene Weisen darstellen lassen und verhindert dadurch die Entstehung von Rollenklischees und starren Verhaltensschemata.

---

12 Siehe S. 171.

Diese Spieltechnik ist außerdem ein Hilfsmittel zur kreativen Konfliktlösung, und sie fördert die Rollendistanz:

Das Kind wechselt die Spielerrollen mit der Beobachterrolle und erlebt, wie nun ein anderes Kind die Rolle spielt. Dadurch kann es sich von ihr distanzieren.

Anlässe zum Rollenwechsel

— Die Erzieherin merkt, daß die Beobachter unruhig werden und sich vom Spiel abwenden.

— Ein Problemspiel kommt immer zur gleichen Lösung.

— Die Erzieherin möchte wissen, welche Lernprozesse bei den Beobachtern in Gang gesetzt wurden, und schlägt deshalb Rollenwechsel vor.

— Die Erzieherin möchte gern bestimmte Kinder in ausgewählte Rollen bringen, die sie von sich aus nicht einzunehmen wagen (z. B. ein nicht durchsetzungsfähiges Kind in eine Machtrolle, etwa als Polizist.).

— Die Erzieherin möchte in einer bestimmten Rolle (etwas als Kind) für die anderen Modell sein, um z. B. soziales Verhalten zu demonstrieren. Sie geht aus der Beobachterrolle heraus und spielt mit.

Der Rollenwechsel wird im Regelfall von der Erzieherin in Gang gesetzt, es ist aber auch denkbar, daß er von Kindern angeregt wird; ein Kind möchte z. B. aus einer bestimmten Rolle aussteigen oder einem Beobachter fallen Lösungsmöglichkeiten ein, die er darstellen möchte.

Rollentausch und Rollenwechsel haben manches gemeinsam. Z. B. dies, daß verschiedene Kinder ähnliche Erfahrungen machen können. Scherf[13] schreibt dazu:

„Mir scheint, daß die erfahrene Wirklichkeit eines Kindes der der anderen so ähnlich ist, daß die Rolle durch den Spielerwechsel keine Brüche bekommt. Die durch diese bruchlose Fortsetzung einer Rolle durch unterschiedliche Spieler sichtbar werdende Gleichheit der Erfahrung könnte verstanden werden als eine Grundlage für konkrete Solidarität. Das feindliche Gegeneinander ist für die Kinder schon in ihrer jetzigen Schulsituation Realität, denn die Benotung in der Schule übt in die Relativierung des eigenen Wertes nach dem Maßstab der Zensuren ein, an deren Stelle später Geld, Objekte, Prestige treten. Wie selbstverständlich das Konkurrenzdenken den Kindern schon ist, zeigt folgendes Beispiel:

In dem Spiel ‚Der Junge mit der guten Zensur und der freundliche Vater' wird ausdrücklich darauf hingewiesen, daß der Junge zwar b e i seinem Freund

13 Scherf, E.: Aus dem Stegreif. Soziodramatische Spiele mit Arbeiterkindern. In: Kursbuch 34, Berlin 1973, S. 120.

Schularbeiten gemacht habe, aber nicht mit ihm, denn der Freund bekomme Nachhilfeunterricht, und wenn der dem Jungen helfen würde, dann hätte die Mutter das Geld für die Nachhilfestunden ja umsonst bezahlt. Dieses partikularische, feindliche Bild des Gegenüber als desjenigen, gegen den man sich absetzen, den man überflügeln muß, um den Selbstwert zu dokumentieren, ist auf der Ebene des Miteinander-Spielens aufgehoben.''

4.3 Monolog

Ein Spieler befindet sich nach der Szene allein auf der Spielfläche. Er wird von der Spielleiterin angehalten, alles, was ihn bewegt, was in ihm vorgeht, zu sagen, d. h. laut zu denken (Beispiel: Elmer, Seite 200).

Die Kinder sollen sich darüber klar werden, daß durch bestimmte Ereignisse in ihnen Gefühle ausgelöst werden. Im Monolog können sie ihre Gefühle und vielleicht auch schon Erkenntnisse sprachlich formulieren lernen.

Kleinere Kinder werden dieser Aufforderung noch nicht entsprechen können, sie brauchen für den sprachlichen Ausdruck die Spielhandlung.

Als Vorbereitung zum Monolog kann ein Zwiegespräch dienen, das die Erzieherin in einer spontan eingenommenen Rolle mit einem Spieler führt.

Beispiel: Der Vater, der sich beim Hausmeister über die zu geringe Heizung beschweren wollte, wurde vom Hausmeister brüsk abgewiesen. Nun steht das Kind, das die Vaterrolle spielt, da und weiß nicht recht, was es sagen soll. Da steigt die Erzieherin ins Spiel ein, indem sie die Rolle einer Nachbarsfrau einnimmt, die zufällig vorbeikommt. Sie fragt den Vater, wie es ihm gehe, was er denn hier mache, was er nun tun wolle, wie denn das ganze weitergehen solle.

Der Monolog ist angebracht, wenn nach einer Szene der Eindruck besteht, daß bei einem Spieler Gefühle oder sogar Affekte entstanden sind, die zu verarbeiten im Spiel oder durch ein normales Gespräch nicht möglich ist.

Beispiel: Elmer wurde von den anderen Elefanten gehänselt, er steht nun allein und verlassen da (Elmer, Seite 198).

Der Monolog kann auch geeignet sein, Gefühle der Freude, des Fröhlichseins zum Ausdruck zu bringen.

Beispiel: Der dumme August schaut der dummen Augustine bei ihrer ersten Zirkusvorstellung zu. Er denkt laut vor sich hin (siehe Seite 193, Die Dumme Augustine).

Der Monolog knüpft an die Technik des Doppelgängers an, wobei der Doppelgänger den Monolog ergänzen oder vervollständigen kann.

4.4 Doppelgänger

Ursprünglich ist der Doppelgänger eine psychodramatische Technik, die aus dem Erwachsenen-Psychodrama von Moreno stammt. (Petzold 1972, Leutz 1974)[14] Sie ist auf die pädagogische Arbeit mit Kindern nicht direkt übertragbar. Wir beschreiben, wie wir sie beim Rollenspiel im Kindergarten und in der Grundschule übernommen haben (siehe Beispiele in: Schuhkauf, Seite 168; Elmer, Seite 201; Die Dumme Augustine, Seite 190).

Doppel beim Monolog

Ein Spieler wird vom Spielleiter veranlaßt, über das, was er soeben erlebt hat, laut zu denken. Nun kann es sein, daß dies dem Kind sehr schwer fällt, daß es kaum etwas sagen kann. Die Erzieherin kann sich dann hinter oder neben den Spieler stellen und sagen: „Ich bin unsichtbar, ich spreche für dich mit." Sie versucht, seine Gedanken und Gefühle in Worte zu fassen.

Doppel in der Aktion (z. B. Im Schuhgeschäft, S. 172)

Dieses Doppel wird verwendet, wenn ein Kind in einer Rolle ins Stocken gerät. Die Erzieherin tritt dann hinter den Spieler — Ich bin unsichtbar — und spricht die Rolle in der Ich-Form weiter. Das Kind hat trotzdem das Gefühl, weiterhin beteiligt zu sein. Es übernimmt an einer passenden Stelle die Rolle wieder selbst, und die Erzieherin zieht sich zurück.

Die Doppelgängertechnik beim Monolog hat folgendes Ziel: Das Kind soll lernen, sich selbst in bezug auf das Geschehene wahrzunehmen, eigene Empfindungen und Gefühle zu erkennen und auszusprechen. Es soll aushalten, mit sich selbst konfrontiert zu werden.

Der Doppelgänger in der Aktion soll Folgendes bewirken: Zunächst soll ein Mißerfolgserlebnis für das Kind vermieden werden. Es lernt ein Verhaltensmodell kennen, das ihm zeigt, wie es in einer bestimmten Situation weiterkommen kann. Dies bedeutet Unterstützung, Ich-Stärkung.

Es empfiehlt sich, die Kinder auf diese Technik vorzubereiten, sonst besteht die Gefahr, daß destruktive Reaktionen auftreten, z. B. Auslachen des Doppels oder des Spielers, unpassende Bemerkungen wie „ein Geist"; völliges Passivwerden.

Beispiele:

a) Wir spielen: Ich bin unsichtbar, aber ich spreche für dich mit. Ein Kind macht eine Pantomime, ein anderes steht hinter ihm und sagt, was es bei der Pantomime denkt und empfindet.

b) Ich bin dein unsichtbarer Zwilling. (wie a)

---

14 Petzold, H. (Hrsg.): Angewandtes Psychodrama in Therapie, Pädagogik, Theater und Wirtschaft, Paderborn 1972.
Leutz, G.: Psychodrama — Theorie und Praxis, Bd. I, Berlin-Heidelberg-New York 1974.

c) Echo-Spiegel-Spiel (Siehe Seiten 137, 138)

d) „Innere Stimme: Zwei Spieler, einander gegenübersitzend, sprechen miteinander: Hinter ihnen stehen die ‚Inneren Stimmen'. Sie erläutern jeweils, was
mit den Worten der Spieler eigentlich gesagt werden soll. Das Spiel muß mit
strenger Regelmäßigkeit gespielt werden und sollte nach einigen technischen
Versuchen sehr schnell ablaufen: Spieler A, innere Stimme A, Spieler B,
innere Stimme B, Spieler A usw. Es ist aber auch möglich, die inneren Stimmen beginnen zu lassen." [15]

Die Doppelgänger-Technik stellt hohe Anforderungen an das Einfühlungsvermö-
gen der Erzieherin. Wird sie unvorsichtig angewendet, dann kann es vorkommen,
daß der Doppelgänger dem Spieler die Rolle und evtl. auch die Pointe wegnimmt. Ebenso groß ist die Gefahr, daß die Erzieherin zu sehr dirigiert. Problemlösungen sollte der Doppelgänger den Kindern nicht abnehmen. Das Spiel muß
das Spiel des Kindes bleiben, es darf nicht zum Spiel der Erzieherin werden.

Das reflektierende Zuhören, wie es im Rollenspielkurs für die Erzieher beschrieben wurde (s. S. 66), ist für die Doppelgängertechnik eine wertvolle Vorübung.

5. Hinweise zur Verarbeitung des Rollenspiels

5.1 Das feed-back (Rückmeldung

Wir haben das feed-back als Mitteilung verstanden, die eine „Person darüber
informiert, wie ihre Verhaltensweisen von anderen wahrgenommen, verstanden
und erlebt werden". [16] Es soll bewirken, „so bewußt wie möglich die eigene Position, auch in bezug zu anderen, in (dieser) Interaktionssituation zu wählen". [17]

Diese Ziele und Wirkungen lassen sich bei Kindergruppen sicherlich nicht in dem
Umfang wie bei Erwachsenen erreichen. Es ist auch nicht möglich, Kinder im
Vorschul- und Grundschulalter systematisch in diese Technik einzuführen, weil
sie ihnen theoretisch nicht vermittelt werden kann.

Trotzdem glauben wir, daß sie auch in Kindergruppen in Ansätzen möglich und
in zweierlei Hinsicht für die soziale Erziehung der Kinder wichtig ist: Zum einen
erfahren die Spieler, daß die Nichtspieler (Beobachter) an ihrer Aktion teilnehmen. Zum anderen werden sie darüber informiert, wie sie in ihrer Rolle auf
andere gewirkt haben.

---

15 Nickel, H. W.: Das Rollenspielbuch. Hilfen für Spielleiter, Heft 9, Recklinghausen 1972,
S. 45.

16 Antons, K.: Praxis der Gruppendynamik, Göttingen 1973, S. 108.

17 Wieringa, C. F.: Feed-back. In: Gruppendynamik 4, 1973, Heft 1, S. 46.

Diese beiden Funktionen tragen bei zum Erwerb von Rollendistanz. Sie leisten einen Beitrag zur Selbsterfahrung der Kinder. Außerdem wird durch diese Technik ein offener, nicht verletzender Kommunikationsstil vorbereitet, der für eine befriedigende Kommunikation unter Erwachsenen Voraussetzung ist.

Feed-back ist eine Möglichkeit, die im Spiel zwischen den Spielern und zwischen Beobachtern und Spielern laufenden emotionalen Prozesse und Wahrnehmungsprozesse zu verarbeiten. Feed-back ist nicht dazu da, inhaltliche Aspekte des Spiels aufzuzeigen oder zu vertiefen. Das wäre Reflexion.

5.1.1 Spontanes feed-back der Kinder

Kinder reagieren auf das Rollenspiel anderer Kinder mit spontanen Äußerungen. Zum Beispiel: „Das ist doch kein Löwe." Oder: „Ich kann das besser." Oder: „Ich habe richtig Angst gekriegt." Oder: „Der hat aber Mut gehabt."

Diese spontanen Rückmeldungen wirken sich in zwei Richtungen aus:

a) Sie bringen dem Empfänger neue Information über sich selbst, ohne verletzend zu sein. Dies kann zur Selbstbestätigung, zur Ermunterung, zur Ermutigung dienen.

b) Sie sind verletzend, kränken und verunsichern ihn, nehmen ihm den Mut für weitere Spiele.

Die Erzieherin muß das verhindern. Sie kann folgendermaßen eingreifen:

a) Sie beurteilt das gekränkte Kind noch einmal selbst, und zwar positiv. Sie veranlaßt Kinder, von denen sie weiß, daß sie mit dem Spieler gut stehen, es ebenfalls zu tun.

b) Die Erzieherin versucht deutlich zu machen, daß das negative feed-back mit den Gefühlen und der Wahrnehmung des Kindes zusammenhängt, das feed-back gegeben hat.

Beispiel: Timmy hat den Direktor in der „Dummen Augustine" (Seite 185) etwas zaghaft gespielt. Peter sagt spontan: „So spielt man doch keinen Direktor. Das war doof!"

Erzieherin: „Der Peter meint, ihm habe der Direktor so nicht gefallen. Ich finde, dieser Direktor hat versucht, mit Augustine nicht zu grob umzugehen. Claudia, was meinst du?" (Claudia und Timmy sind Freunde.)

Dies könnte zu vom Erzieher geforderten Stellungnahmen überleiten.

5.1.2 Vom Erzieher gefordertes feed-back

In Kapitel I wurde betont, daß das Rollenspiel ein Mittel zur gezielten Sozialerziehung sein kann. Das gilt besonders für Rückmeldungen an einen Partner. Die Rückmeldung, das feed-back, gut ausgedrückt, hat oft positive Auswirkungen:

— Sie stützt und fördert positive Verhaltensweisen, da diese anerkannt werden.

— Sie korrigiert Verhaltensweisen, die dem Betreffenden und der Gruppe hinderlich sind oder der eigentlichen Zielsetzung widersprechen.

— Sie klärt die Beziehung zwischen Personen und hilft, den anderen besser zu verstehen.

Diese Ziele bzw. Auswirkungen gelten für feed-back bei Erwachsenen. Es kann jedoch auch schon im Kindergarten und in der Grundschule versucht werden, sie zu erreichen. Dabei ist Folgendes zu beachten:

a) Das feed-back muß eine persönliche Aussage, keine allgemeine Bewertung des anderen sein.

b) Dies muß geübt werden und ist erreichbar, wenn man die Kinder dazu anhält, in allen ihren Aussagen das Wort ,,ich'' zu verwenden. Es muß enthalten, was am anderen oder an sich in bezug auf den anderen wahrgenommen wurde.

Kinder müssen erst lernen, sich selbst und den anderen wahrzunehmen und diese Wahrnehmung in die entsprechende sprachliche Form zu bringen. Hier wird das Modell, das die Erzieherin gibt, die entscheidende Rolle spielen.

Sie werden sich mit ihren Antworten zunächst an der Erzieherin orientieren. Darin liegt die Chance, daß mißglückte Rückmeldungen selten sein werden. Mißglücken trotzdem einige, dann wird ihre verletzende Wirkung dadurch abgeschwächt, daß sie sich auf die Rolle und nicht auf die Person selbst bezieht. Die Verfremdung der Situation schafft Spielraum für ein Probeverhalten der Kinder.

Auch durch einfache Sprachspiele lassen sich Rückmeldungen trainieren.

Beispiel: Nach dem Spiel ,,Die Dumme Augustine'' sagt jeder Beobachter zum Dummen August etwas, das anfängt mit den Worten: ,,Mir hat am Dummen August gefallen, daß . . .'' oder ,,mir hat am Dummen August nicht gefallen, daß . . .'', ,,ich wünsche mir für die Dumme Augustine, daß . . .'' oder ,,ich wünsche mir für die Dumme Augustine nicht, daß . . .''. Oder: ,,Ich habe mich über den Dummen August geärgert, als er . . .'' oder ,,Ich habe mich über den Dummen August gefreut, als er . . .''

5.2 Reflexion über Rollenspiele innerhalb der Kindergruppen

Reflexion bedeutet, sich Gedanken machen über das, was man miteinander im Spiel erlebt hat, Meinungen und Vermutungen äußern, Wahrnehmungen und Gefühle rational in den Griff bekommen. Das heißt auch für Kinder, sich auf eine andere Ebene als die der direkten Mitteilung über Erfahrungen (feedback) zu begeben.

Wir müssen dazu folgende Fragen stellen:

— Können wir von Kindern überhaupt erwarten, daß sie sich reflektierend verhalten, d. h. aus sich selbst heraustreten und sich von außen betrachten?

— Welchen Sinn hat Reflexion der Kinder über ein Spiel oder über Gruppenprozesse? Welches Ziel verfolgen wir damit?

5.2.1 Sinn und Ziele reflektierenden Verhaltens bei Kindern

Wie in Kapitel I beschrieben, hat Sprache nicht nur die Funktion, Handlung zu begleiten oder zu ersetzen, sondern sie dient auch dazu, Handeln und Sprechen aufeinander abzustimmen. Sprache hat demnach eine sehr wichtige soziale Funktion. Erst durch sie wird es möglich, daß eine Gruppe sich als solche begreift, sich Ziele geben und gemeinsame Interessen verfolgen kann. Sprache ist eine notwendige Bedingung für das Entstehen und Bestehen personaler Bindungen.

Wenn Kinder über gemeinsame Erlebnisse und Erfahrungen sprechen, lernen sie Sprache in ihrer sozialen Funktion kennen und gebrauchen.

Reflexion über ein Spiel ist nicht nur Nachdenken und Sprechen über das erlebte Verhalten, sondern auch über den Spielinhalt.

5.2.2 Wie findet Reflexion im Kindergarten statt?

Beispiel: Nachdem das Spiel „Die Dumme Augustine" zu Ende ist, sagt ein Junge spontan: „Eigentlich ist die Augustine doch gar nicht dumm." Oder: „Wenn der August nicht Zahnweh bekommen hätte, hätte die Augustine nie eine Vorstellung machen können." Diese Äußerungen verraten, daß sich der Sprechende mit der Bilderbuchgeschichte beschäftigt hat. Es kann aber nicht erwartet werden, daß die Kinder die „Essenz" der Geschichte selbst finden und formulieren. Vor allem Lehrer tun das gern und provozieren Gespräche, für die die Kinder nicht bereit sind und durch die ihnen die Lust am Spielen vergeht. Kleine Kinder im Kindergarten und in der Grundschule „reflektieren" nur in sehr begrenzter Weise.

Reflexion ist zwar eine nützliche Möglichkeit der Erziehung im Kindergarten und in der Grundschule, sollte aber in ihrem Stellenwert vom Erzieher bzw. Lehrer immer nach der Handlung, der Aktion und dem Erleben eingesetzt werden. Für viele Kinder ist der Spaß am Spiel die Hauptsache. Die Gefahr, daß dieser Spaß durch aufgezwungene Reflexion verdorben wird, ist groß.[18]

---

18 Wir haben auch Spiele beschrieben, die ohne Reflexion nicht durchgeführt werden sollten, da sonst Prozesse entgegen den angestrebten Lernzielen stattfinden, z. B. alle stigmatisierenden Spiele und die soziometrischen Spiele (siehe Seiten 141, 147).

Um reflektieren zu können, ist ein gewisses Maß an Rollendistanz notwendig. Dies ist aber eines der pädagogischen Ziele, die wir mit dem Einsatz von Rollenspielen erst zu erreichen versuchen. Rollenspiel hilft, Voraussetzungen für das Reflektieren der Kinder zu schaffen

Beispiele für spontane Äußerungen, die reflektierenden Charakter haben:

— ,,Der Direktor ist aber doof. D e Augustine kann doch nichts dafür." (Zum Spiel ,,Die Dumme Augustine", Seite 185 f.)

— ,,Jetzt macht es dem Elmer nichts mehr aus, daß er anders aussieht." (Zum Spiel ,,Elmer", Seite 194 f.)

— ,,Ich würde als Zwerg mich nicht so herumhetzen lassen." (Zum Spiel ,,Riesen und Zwerge", Seite 180 f.)

— ,,Die Zwerge können sich nicht wehren, weil der König so stark ist." (Zum Spiel ,,Riesen und Zwerge", Seite 180 f.)

Die Frage ist, ob Reflexionsansätze bei Kindern auf solche spontanen Äußerungen beschränkt bleiben oder ob sie auch durch die Erzieherin angeregt werden sollen.

Wann ist ihr dies möglich, ohne dabei Zwang auszuüben?

a) Die Erzieherin kann Verhaltensmodell sein für reflektierende Äußerungen.

Beispiel: Nach dem Spiel von Elmer sitzen alle Kinder im Kreis. Sie äußern sich nicht. Die Erzieherin sagt ,,Ich frage mich, ob sich Elmer am Schluß der Geschichte wohler gefühlt hat als am Anfang." Die Kinder reagieren nun entweder mit Antworten oder sie fragen auch etwas. Daraus läßt sich sogar eine Spielhandlung entwickeln: W r sagen jetzt alle ,,Ich frage mich, . . .''; die Kinder bilden Sätze mit diesem Satzanfang. Dabei kann sicherlich viel Unsinn entstehen, der aber unter dem Gesichtspunkt der Kreativität gar nicht verwerflich ist.

b) Anregung von Reflexion durch Fragen oder Impulse der Erzieherin.

Beipiel: Auf dem Hinweg zum Baum mit den elefantenfarbenen Beeren haben alle Tiere den Elmer freudig begrüßt; auf dem Rückweg zur Herde beachteten sie ihn gar nicht. Könnt ihr euch das erklären?

c) Anregung von Reflexion durch Verfremdung der Situation.

Beispiel: Nach dem Spiel von Elmer stellt die Erzieherin David McKee dar, den Verfasser der Geschichte. Die Kinder kommen als Reporter und fragen den Autor nach seinem Buch. So können sie die Absichten des Autors kennenlernen und nach den einzelnen Rollen fragen. Möglich ist auch, Elmer nach dem Spiel in ein Fernsehstudio einzuladen. Hier darf er von seinen Erlebnissen von der Entstehung des Elmer-Tags berichten. (Elmer, S. 194 f.)

Durch die neue Rolle werden sie wieder angeregt, über das Spiel zu sprechen. Sie werden dazu nicht von der Erzieherin veranlaßt. Die Motivation liegt in der Situation selbst.

5.3 Zielgerichtete Fragen der Erzieherin während des Spiels und nach dem Spiel

Fragen der Erzieherin an die Kinder können mit folgenden Zielen verbunden sein:

— Sie sind Hilfsmittel zur inhaltlichen Gliederung einer Situation oder eines Spiels.

— Sie fordern zum feed-back auf.

— Sie sind Entscheidungshilfe bei der Rollenwahl.

— Sie sind Hilfen, das Spiel in Gang zu halten und den Kindern Hilfen für ihr weiteres Rollenverhalten zu geben.

Fragen als Hilfsmittel zum Spielaufbau

Die Erzieherin hat hier die Aufgabe, die Kinder selbst an der Klärung der Spielsituation zu beteiligen, eine Art von „Mitbestimmung" zu erzielen.

Beispiel: Für die Spieleinheit „Schuhgeschäft" (siehe Seite 168) soll die Spielfläche ausgestaltet werden. Die Erzieherin kann von sich aus festlegen:
„Hier ist der Ladentisch, hier sind die Probierstühle, dort ist der Eingang." Dann wären aber die Kinder unbeteiligt geblieben. Deshalb fragt sie: „Was gehört alles zu einem Schuhgeschäft?" Die Kinder antworten: „Ein Ladentisch, die Kasse, Probierstühle, . . .". „Wo könnte der Eingang zum Laden liegen?" Die Kinder zeigen: „Hier!" „Und wo sollen die Probierstühle stehen?" „Hier!"

Die Kinder bauen auf diese Weise zusammen mit der Erzieherin den Schuhladen selbst auf. Sie sind dabei nicht völlig selbständig, sie wären überfordert, wenn sie das ganz auf sich gestellt tun müßten.

Falls sie mit den „Wo-Fragen" noch nichts anzufangen wissen, kann die Erzieherin versuchen, mit Alternativfragen zu helfen.

Beispiel: Die Kinder können auf die Frage: „Wo soll der Eingang sein?" keinen Platz bestimmen. Die Erzieherin fragt nun weiter: „Wir könnten den Eingang hierhin legen oder dort, an welche Stelle soll er?" Jetzt wird es den Kindern sicherlich nicht schwerfallen, eine der beiden angedeuteten Stellen zu markieren.

Die Alternativfrage erleichtert die konkrete Entscheidung, läßt den Kindern aber noch Wahlfreiheit.

Fragen als Anregung zum feed-back

Kindern fällt es verständlicherweise sehr viel schwerer als Jugendlichen oder Erwachsenen, sich über etwas, das sie im Spiel oder als Beobachter erlebt haben, auszulassen. Die Erzieherin hat deshalb die Aufgabe, auch hier durch Fragen anzuregen.

Beispiel: Zwei Kinder spielen eine Szene, etwa: „Vater kommt von der Arbeit heim." Ein Kind übernimmt die Vaterrolle, ein anderes die Rolle des Sohnes.

Erzieherin zum Vater: „Sag mal, Vater, wie bist du denn heute abend von der Arbeit heimgekommen? Warst du ärgerlich oder warst du froh? (Warst du müde oder warst du frisch?)"

Erzieherin zum Sohn: „Hast du dich gefreut, als der Vater zur Tür hereinkam, oder hast du dich nicht gefreut?"

Erzieherin zu den Beobachtern: „Wie habt denn ihr den Vater (den Sohn) gesehen (erlebt)? War er ärgerlich oder ruhig? War er gut gelaunt oder schlecht gelaunt?"

Auch hier teilen die Kinder auf die Alternativfragen einiges über ihre Beobachtungen und Empfindungen beim Spiel mit.

Fragen als Entscheidungshilfen bei der Rollenwahl

Für die Rollenwahl gilt dasselbe.

Beispiel: Erzieherin zu einem Kind: „Du kannst entweder den Vater spielen oder den Sohn, welchen von beiden willst du spielen?"

Fragen als Anregung zur Reflexion

Die Erzieherin wird auch Fragen stellen, um die Kinder zum Denken und Urteilen zu veranlassen.

Beispiel: Im Spiel „Die Dumme Augustine" (siehe Seite 185) sitzt der Dumme August im Wartezimmer des Zahnarztes. Ein Patient, der nach ihm kommt, überredet ihn, ihm den Vortritt zu lassen. Die Erzieherin fragt:

— Der Dumme August war hier sehr höflich.

— War das richtig, daß der Dumme August dem anderen den Vortritt gelassen hatte, oder war es dumm?

— Ob es wohl immer angebracht ist, anderen den Vortritt zu lassen?

Fragen als Entscheidungshilfe

Auch dann, wenn Kinder in einem Spiel steckenbleiben, weil sie nicht wissen, wie sie sich weiterhin verhalten sollen, kann die Erzieherin durch Fragen helfen, entweder als Doppelgänger, von außen oder aus einer Rolle heraus.

Beispiel: Im Spiel „Vater beschwert sich beim Hausmeister über die zu schwach eingestellte Heizung" läßt der Hausmeister den Vater einfach stehen und schlägt ihm die Tür vor der Nase zu. Das Kind, das den Vater spielt, weiß nicht, wie es sich verhalten soll.

— Die Erzieherin tritt hinter das Kind und sagt: „Soll ich nun weggehen oder soll ich nochmal klingeln? Was will ich denn?"

— Die Erzieherin fragt aus der Beobachter-Rolle heraus: „Geht der Vater nun wieder weg oder drückt er nochmal auf die Klingel?"

— Die Erzieherin kommt als Nachbarin ins Spiel: „Da hab ich gerade miterlebt, wie der Hausmeister mit Ihnen umgegangen ist. Wollen Sie jetzt wieder weggehen oder wollen Sie es nochmal versuchen?"

Sobald das Kind weiterspielt, zieht die Erzieherin sich wieder zurück.

6. Eingreifen in das spontane Rollenspiel

In Kapitel I wurde angeführt, wie wertvoll die spontanen ungelenkten Rollenspiele der Kinder sind, aber auch, welche Gefahren durch sie drohen: Die Kinder können Verhaltensweisen erwerben, die das selbständige, flexible und entscheidungsfähige Handeln hemmen; sie übernehmen unkritisch Verhaltensweisen Erwachsener; sie flüchten in eine illusionäre Traumwelt, sie weichen vor der Wirklichkeit aus; sie verfallen übersteigertem Konsum und übernehmen unreflektiert die Scheinwelt des Fernsehens; sie gefallen sich in negativen Rollen oder Starpositionen.

Diese Gefahren abzuwenden, ist Aufgabe der Erzieherin. Soll sie in spontane Rollenspiele eingreifen? In welchen Situationen ist das notwendig? Wir versuchen, diese Fragen zu beantworten.

Die spielende Gruppe behindert andere Kinder

Beispiel: Während der Freispielzeit beginnen einige Kinder, als Löwen mit lautem Gebrüll auf allen Vieren quer durch den Raum zu rasen. Sie stoßen dabei Bauwerke anderer Kinder um, schubsen noch andere beim Malen usw.

Ohne das Eingreifen der Erzieherin wäre die ganze Gruppe bald ein brodelnder Haufen von Kindern, die sich gegen die Löwen wehren, die weinen, die sich beschweren, die aggressiv werden.

Eingreifen bedeutet hier, der Löwengruppe einen Raum zu verschaffen, in dem sie ungestört spielen kann. Die Erzieherin wird also in die Hände klatschen und „von außen" rufen: „Die Steppe für die Löwen ist hier draußen im Flur. Alle Löwen bitte auf den Flur."

Oder sie wird in der Rolle eines Tieres erscheinen und sagen: „Ich bin der Elefant, der Kaiser des Urwaldes, alle Löwen mitkommen, ich zeige euch draußen etwas." Falls kein weiterer Raum vorhanden ist, kann die Erzieherin für die Löwen einen Tierpark anlegen: sie teilt gemeinsam mit den Kindern ein Stück des Raumes ab.

Die Erzieherin greift ein, um ein Spiel zu retten

Beispiel: Während der Freispielzeit hatten einige Kinder begonnen, Eisenbahn zu spielen. Sie stellten eine Stuhlreihe auf, setzten sich hinein, imitierten Eisenbahngeräusche. Dann entstand ein Streit um die Rolle des Lokführers. Andere Kinder, die einsteigen wollten, wurden abgewiesen. Einige spielten Autos, die mit der Eisenbahn einen Unfall herbeiführten, andere Polizisten, die dann ja dazugehören. Schließlich waren zehn bis zwölf Kinder am Rollenspiel beteiligt. Die Erzieherin gewann den Eindruck, daß die ursprüngliche Spielidee verlorenging, weil zu viele Kinder ins Spiel gekommen waren. Sie hatte hier die Aufgabe, die gesamte Spielsituation zu strukturieren:

Festlegen der Rollen einzelner, Örtlichkeiten des Spiel-Raumes festlegen, einteilen des Spiels in einzelne Abschnitte.

Um das Spiel durch ihr Eingreifen nicht zu unterbrechen, übernahm sie selber eine führende Rolle, die eines Zugführers. Sie rief Bahnhöfe aus, sprach die einzelnen auf ihre Funktion hin an, z. B. „Wo ist denn hier der Fahrkartenverkäufer?", hinderte Kinder am Besteigen des Zuges, weil er überfüllt war, und vertröstete sie auf den nächsten Zug. Die Kinder akzeptierten sie in dieser Rolle sehr schnell, und sie wehrten sich auch nicht dagegen, als sie sagte: „So, jetzt ist der Zug an der Endstation angekommen, alle aussteigen, wir fahren zurück und holen die noch wartenden Fahrgäste ab." Es gelang ihr, im Verlaufe dieses Spiels mehrere Zentren zu schaffen: Es gab den Zug, es gab den Fahrkartenverkaufsstand, es gab eine Kirche, in der Hochzeit gefeiert wurde (diese Idee kam von den Kindern), und es gab eine Bahnhofshalle, in der sich sehr viele Leute begegneten. Das Spiel dauerte eine halbe Stunde, und am Schluß waren alle Kinder, die an diesem Vormittag anwesend waren (über zwanzig), am Spiel beteiligt. Jeder hatte seine Rolle und fühlte sich wohl.

Kinder haben ein spontanes Rollenspiel begonnen, aber es entsteht keine gemeinsame Handlung

Ziel des Eingreifens der Erzieherin ist hier, aus dem Nebeneinander von Einzelaktionen der Kinder eine gemeinsame Aktion zu machen, in der die Kinder ihre verschiedenen Aktivitäten miteinander verbinden.

Sie kann hier das gruppendynamische Prinzip „Feind von außen" anwenden. Es besagt, daß eine Gruppe sich dann enger zusammenschließt, wenn sie von außen bedroht wird.

In einem spontanen Indianer- und Cowboy-Spiel beobachtet die Erzieherin, daß ein Kampf jeder gegen jeden zu entstehen droht und jedes Kind dabei ist, sich einen eigenen Bereich auf der Spielfläche abzugrenzen. Die Erzieherin greift ein, indem sie als Räuber erscheint, der die Pferde der Indianer und Cowboys stehlen will.

Die Erzieherin beobachtet, daß ein Kind vom Spiel ausgeschlossen wird

Beispiel: Beim Familie-Spielen in der Puppenecke darf der kleine Peter nicht mitspielen. Er sieht sehr traurig aus, ist dem Weinen nahe, hält sich aber trotzdem in der Nähe der Puppenecke auf.

Die Erzieherin beschließt, Peter in das Spiel dieser Kinder einzuschleusen. Sie flüstert ihm zu, daß er ihr kleiner Hund sein solle. Dann nimmt sie ihn an eine imaginäre Leine, geht zur Puppenecke und sagt: „Guten Tag, wohnt hier nicht Familie XY?" Die Kinder verneinen, die Erzieherin redet weiter:

„Ach je, das ist aber schade, dann sind die wohl ausgezogen. Können wir trotzdem hereinkommen, wir sind schon so lange unterwegs?" Sie wird hereingebeten, weist auf ihren kleinen Hund und sagt: „Schauen Sie nur, was für einen niedlichen Hund ich habe! Haben Sie vielleicht ein Schälchen Wasser für ihn?" Die Kinder suchen nach einem Schälchen Wasser, Peter ist aufgenommen.

Im Spiel ist immer einer „der Bestimmer"

Beispiel: Einige Kinder spielen in der Bauecke „Ritter". Frank (5; 6) verkündet: „Ich bin der Anführer, ihr müßt das tun, was ich sage."

Da dies für ihn ein typisches Verhalten ist, beschließt die Erzieherin, mitzuspielen und gegen ihn aufzutreten.

Erzieherin: „Was ist denn das für einer, der schreit hier nur rum und tut gar nichts."

Kinder: „Das ist der Anführer."

Erzieherin: „Na gut, das kann ja ein Anführer sein, nur bin ich erstaunt darüber, daß er nur herumschreit. Ich kenne einen Anführer, der macht den anderen alles vor."

Frank: „Sei du ruhig, du hast hier zu tun, was ich sage."

Erzieherin: „Ha, ha, ha, daß ich nicht lache, wer hier nur rumbrüllen kann, der ist für mich kein Anführer."

Sie wendet sich zu den Kindern: „Ab jetzt bin ich euer Anführer."

Frank: „Das kommt überhaupt nicht in Frage."

Erzieherin: „Na was meint ihr denn zu eurem Anführer, möchtet ihr den so haben, wie er ist, oder wollt ihr den anders haben?"

(Die Kinder äußern sich für und gegen ihn. Frank wird nachdenklich, ändert aber in diesem Spiel sein Verhalten noch nicht.)

Im Spiel ist immer einer der Sünderbock

Beispiel: Beim Indianer-Spiel steht immer der kleine Marc am Marterpfahl.

Man sieht, daß ihm das keinen Spaß macht, aber er fügt sich, damit er überhaupt mitspielen darf.

Ziel des Eingreifens muß hier sein, Marc von seiner festgelegten Rolle zu erlösen, ihm gleichzeitig aber die Möglichkeit zu geben, am Spiel in einer anderen Rolle teilzunehmen.

Die Erzieherin geht hin und sagt: „Der hier am Marterpfahl, den kenn ich. Das ist ein ganz berühmter Mann. Der darf nicht sterben. Bindet ihn los, ich werde dafür am Marterpfahl stehen."

Sie fängt an, ihn loszubinden, und spricht weiter: „Ich bin sicher, daß sich dieser großartige Mann durch ein Geschenk dafür bedanken wird, daß ihr ihm das Leben geschenkt habt." Sie flüstert dem kleinen Marc ins Ohr, er sollte irgendwas holen und als ein Schenkender wiederkommen.

Kinder bekommen durch das Spiel anderer Kinder Angst

Beispiel: Ein sehr aggressiver Junge geht auf allen Vieren durch den Raum und zischt vor sich hin: „Ich bin ein Drache, ich kann Feuer speien, chhhhhh."

Die kleineren Kinder, vor denen er sich aufbaut, sind über sein verzerrtes Gesicht erschrocken und bekommen Angst. Die Erzieherin muß ihnen zeigen, wie sie sich gegen das Ungeheuer wehren können.

Die eine Möglichkeit liegt im „Doppelgänger": Die Erzieherin tritt hinter das ängstliche Kind und sagt: „Was kommt denn da für ein Mistvieh heran, ich glaube, das will mir Angst einjagen. Ich lasse mir aber keine Angst einjagen. Ich hole jetzt einfach einen Schlauch und spritze ihm in den Rachen." Pantomimisch holen beide gemeinsam den Schlauch und fangen an zu spritzen.

Eine zweite Möglichkeit liegt darin, daß die Erzieherin vielleicht als Feuerwehrmann kommt, der von weitem Feuer gesehen hat und nun zusammen mit dem bedrohten Kind gegen das Ungeheuer angeht.

Nicht am Rollenspiel beteiligte Kinder bekommen durch Rollenspieler Angst

Beispiel: Zwei ältere Kinder spielen sehr intensiv Cowboy und Indianer und haben symbolische Waffen in der Hand. Diese richten sie mit peng-peng-Geschrei auf andere Kinder, die an ihrem Rollenspiel nicht beteiligt sind. Diese werden gestört, die Kleinen bekommen Angst.

Die Erzieherin greift ein, um den beiden Spielern deutlich zu machen, wo für ihr Spiel die Grenze liegt.

106

Hier scheint eine Ermahnung das geeignetste Mittel zu sein, etwa in der Form: Jörg und Frank, ihr seid gerade Cowboy und Indianer, aber die anderen spielen bei eurem Spiel nicht mit. Bitte laßt sie in Ruhe. Hilft dies nicht, dann empfiehlt es sich, den Spielraum der beiden abzugrenzen.

Eine Rolle wird von einem Kind zum wiederholten Male sehr einseitig gespielt

Beispiel: Jürgen spielt Polizist, beschränkt sich aber darauf, andere einzusperren.

Die Erzieherin zeigt ihm andere Seiten der Polizistenrolle. Sie geht als Fußgänger oder als Autofahrer zu ihm und bittet ihn um Rat. Dabei fragt sie ihn, was er alles zu tun habe.

Oder sie kommt als Reporterin und macht ein Interview mit ihm, das anschließend im Rundfunk gesendet wird.

Ein Kind spielt immer illusionäre Rollen und zwingt alle anderen, sich unterzuordnen

Beispiel: Thomas ist Tarzan, die anderen Kinder müssen nach seinem Willen Tiere sein, die ihm gehorchen müssen, die er tötet und verspeist usw.

Die Erzieherin läßt Thomas erleben, daß er mit den anderen nicht machen kann, was er will. Sie wendet die Methode des Rollentauschs an:

Thomas soll ein Tier spielen, ein anderes Tier seine Rolle übernehmen. Schwierig wird es, wenn er dazu nicht bereit ist. Die Erzieherin kann dann als Zauberer auftreten und Tarzan in ein Tier und ein Tier in Tarzan verwandeln. Sie kann den Rollentausch auch einfach anordnen. Besser ist es, wenn sie die Tarzanrolle selbst übernimmt und Thomas überredet, ein starkes Tier zu sein. Dann hat sie die Gewähr, daß sich die Auseinandersetzung zwischen ihr und ihm abspielt.

Im Spiel droht Verletzungsgefahr

Die Erzieherin muß eingreifen, um Verletzungen auszuschließen. Sie wird auf die Gefährdung anderer hinweisen oder aber strikte Verbote aussprechen. Sie darf ihre Aufsichtspflicht nie vernachlässigen.

Wir haben gezeigt, wie die Erzieherin in das spontane Rollenspiel der Kinder eingreifen soll. Sicherlich haben wir mit diesen Beispielen nicht alle Möglichkeiten erfaßt, die sich im Kindergartenalltag ergeben können. Doch wir glauben, daß sie die wichtigsten und typischsten Situationen beschreiben, die bei spontanen Rollenspielen im Kindergarten vorkommen und ein Eingreifen notwendig machen. Im ganzen sollte es nach dem Motto erfolgen: So wenig wie möglich, soviel wie nötig.

Literaturhinweise für die Praxis

Achtnich, E. und A.: Konflikte in der Kindergruppe. Arbeitsvorschläge zum Thema und weitere Anregungen zum Erzählen, Spielen, Gestalten. Gelnhausen 1975.

Baer, U./Kleindiek, J. W.: Betrifft Rollenspiel. Materialien für die Arbeit mit Kindern und Erwachsenen. Remscheid 1976.

Böschemeyer, H./Vopel, K. W.: Kommunikation im 1. Schuljahr. Hamburg 1977.

Böschemeyer, H./Vopel, K. W.: Kindergeburtstag. Hamburg 1977.

Bubner, C./Mienert, Chr.: Bausteine des darstellenden Spiels. Ein Übungsbuch für Theater mit Jugendlichen. Frankfurt a. M. 1977.

Finke, U./Hübner, R./Rohrer, F.: Spielstücke für Gruppen. Eine Praxis der Spielpädagogik. München 1977.

Freudenreich, D.: Kooperation — Lernen durch Rollenspiele. 1. bis 4. Schuljahr. Entwürfe und Materialien für den sozialwissenschaftlichen Bereich. München 1977.

Freudenreich, D.: Kindergeschichten und Rollenspiel. Was können Geschichten, Bilderbücher, Textvorlagen, literarische Formen für das Rollenspiel mit Kindern leisten? In: Spiel und Theater. Weinheim 31. Jg. Okt./Dez. 1979, S. 257—263.

Fries, A. de, u. a.: Soziales Training durch Rollenspiel. Köln und Frankfurt a. M. 1976.

Furness, P.: Soziales Rollenspiel. Ein Handbuch für die Unterrichtspraxis. Ravensburg 1978.

Haberkorn, R.: Rollenspiel im Kindergarten. Erfahrungen aus Modellkindergärten. Unter Mitarbeit von Ruth Gerstacker. München 1979.

Keyserlinck, L. v.: Rollenspiele für Kinderprobleme. Freiburg i. Br. 1979.

Kluckhuhn, R.: Rollenspiel in der Hauptschule. Ein didaktisches Konzept mit Unterrichtsbeispielen. Braunschweig 1978.

Konrad, J. F.: Kalina und Kilian. Problemorientierter Religionsunterricht mit Handpuppen für Kindergarten und Grundschule. Gütersloh.

Kramer, M.: Das praktische Rollenspielbuch. Wuppertal 1979.

Krause, S.: Darstellendes Spiel. Elementarszenische Improvisation, spielpädagogische Verfahren, didaktische Anstöße. Paderborn 1976.

Kreiter, J./Klein, I.: Fallbeispiele. Für Kinder und Erwachsene. Gelnhausen 1975.

Lowndes, B.: Erstes Theaterspielen mit Kindern. Von der Wahrnehmung über Bewegung und Sprache bis zu einfachen Spielszenen. Ravensburg 1979.

Meyer, W./Seidel, G.: Szene, Spielen und Darstellen II. Hamburg 1975/76.

Meyer, W./Seidel, G.: Begleitband für den Spielleiter. Hamburg 1975/76.

Mussack, E.: Ich bin du und er ist sie. Rollenspiele im Erziehungsfeld. Starnberg 1974.

Schmitt, R.: Kinder und Ausländer. Braunschweig 1980.

Schneider, R./Schorno, P. (Hrsg.): Theaterwerkstatt für Kinder. Weiterspielen. Bd. 2. Basel 1979.

Schorno, P./Wassermann, P.: Theaterwerkstatt für Kinder. Spielen, spielen, spielen. Bd. 1. Basel 1978.

Seidel, G./Meyer, W.: Spielmacher, Spielen und Darstellen I. Hamburg 1975/76.

Vopel, K. W.: Interaktionsspiele für Kinder. Gelnhausen 1977/78.

Wendtland, W. (Hrsg.): Rollenspiel in Erziehung und Unterricht. München 1977.

Wils, L.: Spielenderweise. Hantieren von kreativen Prozessen bei Hilfeleistung und Schulung. Wuppertal 1977.

Zitzlsperger, H.: Kinder spielen Märchen. Schöpferisches Ausgestalten und Nacherleben. Beltz-Praxis. Weinheim und Basel 1980.

IV. Spielen in der Gruppe

Bekannte Kinderspiele, die in das Rollenspiel einführen und die Rollenspielpraxis unterstützen können.

In der Zusammenarbeit mit Erzieherinnen und mit Lehrern in der Grundschule machten wir die Erfahrung, daß Kinder mit der Praxis des Rollenspiels durch einführende Spiele vertraut gemacht werden müssen. Die Beziehungen, die zwischen der eigenen Person, dem Spielinhalt und der Gruppe entstehen, sind in größeren Rollenspieleinheiten oft sehr komplex. Sie können über vertraute Spielformen durchschaubar gemacht werden.

In Kinderspielen machen die Kinder Erfahrungen, die sich im Rollenspiel auf einer höheren Ebene wiederholen. Sie üben in ihnen bestimmte Verhaltensweisen wie Bitten, Verweigern, Ansprechen. In den Situationen des Rollenspiels können diese Verhaltensweisen dann erprobt und variiert werden. In den kurzen Kinderspielen machen Kinder soziale Erfahrungen, die ihnen im Alltag noch nicht möglich sind.

Die meisten Spiele machen den Kindern Spaß, sie sind von relativ kurzer Dauer, können aber stets wiederholt werden. Sie sind in ihren Regeln so durchsichtig, daß die Kinder selbständig spielen können.

Viele Spiele sind den Erziehern bekannt. Wir haben sie trotzdem aufgeführt, weil wir glauben, daß sich auch Leser für das Rollenspiel interessieren, die mit ihm noch nicht vertraut sind.

Viele Spiele können unter mehreren Erfahrungsaspekten erlebt werden. Je nach der Rolle im Spiel und nach der Position in der Gruppe machen die Spieler unterschiedliche Erfahrungen. Der Spaß am Spiel wird bestimmt durch die Spielregeln, durch soziale Beziehungen und durch Erfolgserlebnisse.

1. Erziehungsziele

Innerhalb der emotionalen und sozialen Erziehung des Kindes werden mit den angebotenen Spielformen folgende Ziele angestrebt:

1. Die Kinder können lernen, sich selbst darzustellen und sich mitzuteilen über Körperbewegungen oder durch sprachliche Äußerungen. Sie sollen dabei Freude empfinden.

2. Die Kinder können im Spiel lernen, ein positives Verhältnis zu ihrem eigenen Körper zu finden, ihn zu erleben und sich durch ihn auszudrücken. Sie können lernen, Berührungsängste abzubauen.

3. Die Kinder können über das Spiel lernen, nichtsprachliche Mitteilungen anderer Menschen zu sehen und zu verstehen.

4. Die Kinder können durch die Spiele lernen, auf andere Kinder zu hören, ihr Verhalten wahrzunehmen und mit ihnen zu spielen.

5. In den Spielen können die Kinder neue, ihnen unvertraute Erfahrungen mit ihrem eigenen Körper, ihrer Sprache und mit dem sie umgebenden Raum machen. Durch die Situation des Spiels können die neuen Erfahrungen weniger angstbestimmt gemacht werden.

6. Die Kinder können lernen, ihre eigenen Wünsche, Vorstellungen und Ansprüche bei der Planung und Durchführung zu äußern. Sie können Einsicht in Entscheidungsprozesse gewinnen.

7. In vielen Spielen werden Rollen zugewiesen oder unabhängig von der Person zugeteilt. Dadurch können die Kinder lernen, über Rollen nachzudenken und eigene Wünsche oder Ängste hinsichtlich der Rollenzuteilung wahrzunehmen.

8. Im Spiel können Kinder lernen, aktiv ihre eigene Situation zu verändern.

9. Spiele sind häufig so, daß einige Kinder Erfolg, andere Mißerfolg erleben. Wir haben konkurrenz-orientierte Spiele vermieden. In einigen, die wir ausgewählt haben, kommen aber Erfolgserfahrungen vor wie: gewählt werden, die Prinzessin sein, Führungsrollen übernehmen, sich ausdrücken können, gelungene oder mißlungene Darstellungsformen. Die Kinder lernen, ihre eigenen Reaktionen auf Erfolg und Mißerfolg wahrzunehmen und mitzuteilen. Sie lernen, sich von Erfolg und Mißerfolg zu distanzieren. Sie erleben, wie es dabei anderen Kindern geht. Stark mißerfolgsängstliche Kinder können durch das Spiel auch für ihren Alltag lernen, Mißerfolge besser zu ertragen. Sie erleben, daß Kompromisse notwendig sind, weil jeder Gewinner notgedrungen einen anderen zum Verlierer macht.

Ein dreijähriges Kind seufzte einmal im Spiel mit einem Erwachsenen: „Ich möchte nicht, daß du immer verlierst, aber ich möchte gewinnen."

Das Kind erlebte eine „Beziehungsfalle" (Doppelbindung): es wünschte sich zwar den Erfolg des Siegers, wollte aber den Verlierer nicht kränken.

In den Spielarrangements lassen sich diese Zusammenhänge auch für Vorschulkinder sichtbar machen. Im Alltag werden diese Konflikte von den Kindern sehr häufig erfahren. Deshalb sind sie zum Nachdenken darüber recht früh bereit.

Die aufgeführten Erziehungsziele lassen sich nicht allein durch Spielen erreichen. Sie müssen auch in Alltagssituationen verfolgt werden, im Kindergarten, in der Schule und im Elternhaus. Soziale Lernprozesse und aktive Auseinandersetzungen mit der Umwelt sollten überall und jederzeit gefördert werden.

Die Spiele sind für Gruppen von 8—10 Kindern geplant. Sie sollen ohne Publikum gespielt werden. Gelegentlich können Kinder der eigenen Gruppe als Beobachter benannt werden. Sie sind dann aber auch Mitspieler, d. h. in der Rolle des Beobachters am Spiel beteiligt, und nicht Publikum.

Viele Spiele können leicht durch andere ersetzt werden. Die einzelnen Beispiele verweisen auf Spieltypen, die in vielen Varianten bekannt sind und von Erziehern und Kindern dauernd verändert werden.

2. Spielformen

2.1 Bewegungsspiele
Freies und gelenktes Bewegen im Raum, Bewegungsgeschichten, Singspiele

Voraussetzungen

Für die Bewegungsspiele sollte ein genügend großer Raum zur Verfügung stehen. Man sollte möglichst ungestört sein, Lärm machen können und sich auf den Boden setzen dürfen. Orff-Instrumente wie Triangel, Handtrommel und Klanghölzer sowie Tonband- oder Plattengerät und Tanzplatten sollten vorhanden sein. Die zitierten Platten haben sich bei uns bewährt. Reifen, Springseile und Stäbe können einige Spiele bereichern, indem sie die Bewegungen vielfältiger machen. Sie können auch dazu dienen, für Kinder in unruhigen Gruppen den Platz im Raum zu markieren.

(26) *Freies Bewegen im Raum*

Wir gehen langsam im Raum umher, jeder so, wie er will. Wenn der Triangel erklingt, kommen zwei (drei, vier) Kinder zusammen und setzen sich auf den Boden. Wenn er wieder geschlagen wird, stehen sie auf, verabschieden sich und gehen weiter.

(27) *Gehen nach Musik*

Versucht nun, so zu gehen, daß euch die Musik führt! Ihr könnt auch tanzen oder hüpfen. Wenn die Musik aufhört, setzt ihr euch wieder mit drei Kindern zusammen auf den Boden (Plattenmusik).[1]

(28) *Wie kann man sich bewegen?*

Wir schleichen, laufen, hüpfen (ohne Musik). Wir laufen vorwärts und rückwärts, seitwärts, in großen und kleinen Kurven.

---

1   Hier eignen sich Platten vom Fidula-Verlag, z. B. Der Pfeiffer TIM und andere Tanzlieder (Fidulafon 1193), Tanzkarussell (Fidulafon 1196).

29 *Verschiedene Bewegungsformen*

Wir gehen langsam und schwerfällig wie ein Elefant im Urwald, der zur Tränke tappt.

Wir huschen wie ein Mäuschen, das Angst vor der Katze hat. Wir fliegen umher. Überlegt euch, was alles fliegen kann. Wie fliegt ein kleiner ängstlicher Spatz, ein Raubvogel, ein Flugzeug, ein Hubschrauber?

Wir sind Tanzbären auf dem Jahrmarkt, wir tanzen fröhlich, aber schwerfällig, und nachher wollen wir von unserem Herrn ein Zuckerstückchen. (Mit Musik)

Wir tanzen wie Elfen, in einer hellen Nacht, im Wald, niemand sieht uns. Ganz leicht . . . (Mit Musik)

30 *Raumdirigieren durch die Erzieherin*

Kommt alle her zu mir! Geht alle weg von mir! Kriecht her zu mir! Schleicht weg von mir! Stampft her zu mir! Hoppelt wie Hasen um mich herum!

31 *Bewegungsvariationen*

Ein Zauberer hat uns verzaubert, oh weh, wir können nur noch ganz steif gehen, wir können nur noch auf einem Bein gehen, wir müssen kriechen wie eine Schlange, wir müssen nach jedem dritten Schritt einen Purzelbaum machen.

Wem fallen noch Zaubereien ein? Einmal groß und klein werden. Wer möchte der Zauberer mit dem Zauberstab und dem Hut sein?

32 *Im Spielwarenladen*

Die Kinder stehen im Kreis. Die Spielleiterin erzählt die Geschichte und gibt Handlungshilfen. Anne schaut sich um, sie geht auf die Kinder zu und bestimmt sie zum Handeln. Da ist eine Hampelfrau. Anne spielt mit beiden. Wir sind alle Hampelmann und Hampelfrau. Da ist eine Aufziehmaus. Ob sie wohl hin und herspringt? Anne, hier ist der Schlüssel zum Aufziehen, probier es mal. Dort sind Kasperlepuppen, da kommt das Krokodil gekrochen.

33 *Wir bewegen uns wie Tiere*

Wir hüpfen wie Frösche, wir springen wie ein Känguruh, wie ein Hase usw.

34 *Der Zirkusdirektor (Raumdirigieren)*

Der Zirkusdirektor steht in der Mitte. Er trägt Handschuhe, einen Hut und einen Stab: er darf uns sagen, wie wir uns bewegen sollen. Im Kreis herum und immer schneller, langsam und ganz leise, auf zwei Beinen hüpfend, auf einem Bein. Wir sollen zu ihm hinkommen. Bewegt euch zur Wand hin, auf dem Bauch, auf allen Vieren usw. Der Zirkusdirektor braucht oft die Hilfe der Spielleiterin. Es sollten möglichst viele Kinder Zirkusdirektor sein.

112

Raumdirigieren ③⓪

Der stumme
Zirkusdirektor ③⑤

(35) Der stumme Zirkusdirektor

Er weiß, daß seine Tiere keine Sprache verstehen, kann sie aber mit Zeichen dirigieren. Wie macht er es, wenn sie schnell im Kreis herumlaufen, wenn sie ganz langsam an die Wand gehen, wenn sie kriechen, auf den Zehenspitzen laufen sollen? Die Kinder erfinden Zeichen und üben die Rolle des stummen Zirkusdirektors ein. Sie müssen es so deutlich machen, daß man sie auch wirklich verstehen kann, ohne Worte.

Kommentar

Bei den Bewegungsspielen sollen die Kinder sicher im Erfassen des Raumes werden, neue Bewegungsmuster erfinden oder über Nachahmung erwerben. Am Ende der Spieleinheit sollen sie selbst Führungsaufgaben übernehmen. Das wird ihnen gelingen, wenn alle Kinder eine Vielfalt von Bewegungsformen kennen. Dann können auch Anregungen von ihnen ausgehen.

Die Führungsrollen — der Zauberer, Einkäufer, Zirkusdirektor — müssen eindeutig sein. Sie können durch Requisiten, Clownsnase, Schuhe, Hut, herausgehoben werden.

Erfahrungen

Die Aufgabe mußte wiederholt gestellt werden, weil die Kinder den Raum nur langsam beherrschen lernten, sich entweder an der Wand entlang drückten oder sehr dicht beieinander blieben.

(36) Bewegung mit Luftballons

Die Kindergruppe erhält eine große Anzahl bunter Luftballons. „Versucht, was ihr alles mit den Luftballons machen könnt!" (Zuspielen, wegjagen, zusammendrücken, daß es knalt.) Es sollen alle Kinder beteiligt sein. Wenn einige nicht sofort zum Spielen kommen, müssen mehr Luftballons nachgereicht werden.

Kommentar

Die Kinder sollen mit Material frei experimentieren können. Sie dürfen die Luftballons fangen, für sich behalten, sie zerstören, allein und zusammen spielen. Dadurch, daß immer mehr Ballons platzen, werden sie immer knapper. Manche Gruppen gehen am Ende mit ihrem letzten Ballon sehr behutsam um und kommen dann erst zu einem wirklichen Zusammenspiel.

Erfahrungen

Die Aufgabe muß kommentarlos gestellt werden. Die Kinder sollen wirklich frei experimentieren können. Einige Gruppen ließen ihre Ballons zu schnell platzen, sie verhielten sich aggressiv und kränkten die anderen Kinder, die gerne spielen wollten. Nach einer Besprechung, in der ihnen dieses Verhalten bewußt gemacht wurde, waren sie allmählich bereit, auch auf die übrigen Kinder einzugehen.

Singspiele als Bewegungsspiele

(37) Es geht eine Zipfelmütz

Es geht eine Zipfelmütz in unserem Kreis herum, dreimal drei ist neune, du weißt ja, wie ich meine, dreimal drei und eins sind zehn, Zipfelmütz bleib stehn, ja stehn. Sie rütteln sich, sie schütteln sich, sie werfen die Beine hinter sich, sie klatschen in die Hand: Wir beide sind verwandt!

Spielvorschlag[2]

Die Kinder bilden einen Kreis, singen und gehen um ein einzelnes Kind herum, welches mit den Händen über dem Kopf eine „Zipfelmütze" bildet und dabei entgegengesetzt herumgeht. Bei „bleib stehn" hält es vor einem Kind des Kreises an, und beide führen nun das aus, was im Text gesagt wird („sie rütteln sich . . ."). Zu den beiden letzten Takten („wir beide sind verwandt") haken sie sich rechts ein und hüpfen einmal im Kreis herum. Dann gehen beide als Zipfelmützen im Kreise herum. Das ganze wird so oft wiederholt, bis der Kreis aufgelöst ist.

Kommentar

Dieses Spiel unterscheidet sich von den freien Bewegungsspielen durch seine Regel: Text und Bewegungsablauf werden vorgeschrieben, Singspiele fordern die Kinder nicht zu eigenem Gestalten heraus. Ihr Wert liegt darin, daß gemeinsam gesungen und gespielt wird, die Kinder sich stärker auf die Gruppe beziehen.

Erfahrungen

Wir setzten Singspiele ein, wenn die Gruppe auseinanderzufallen drohte oder wenn wir den Eindruck hatten, daß die kleineren Kinder bei den freien Bewegungsspielen überfordert waren, aber gern am Spiel der Großen teilnehmen wollten.

---

2 Die Spielvorschläge zu den Liedern „Es geht eine Zipfelmütze", „Hule, hule Gänschen", „Kommt ein Reitersmann daher" stammen aus der Sammlung: Schumacher, E.: Singspiele und Kindertänze für die Grundschule, Schorndorf 1972. Dort sind auch die Lieder abgedruckt. „Der lustige Springer" steht in: Hoerburger, F./Segler, H.: Klare, klare Seide, Bärenreiter Verlag, Kassel und Basel 1974.
Abdruck mit freundlicher Genehmigung der Verlage.

38 Der lustige Springer

Muß wandern, muß wandern wohl h nauf auf diesen
grünen Platz. Kommt ein lustiger Springer herein,
schüttelt mit dem Kopf,
rüttelt mit dem Rock,
stampft mit dem Fuß.
Komm, wir wollen tanzen gehn, tanzen gehn!
Die anderen müssen stille stehn.

Spielanleitung

Die Kinder bilden einen Kreis. Außen herum geht der lustige Springer, der dann
in den Kreis springt und die angegebenen Bewegungen macht. Darauf holt er
sich ein Kind aus dem Kreis und tanzt mit ihm. Die anderen klatschen dazu.

39 Hule, hule Gänschen

1. Hule, hule Gänschen,
   wackelt mit dem Schwänzchen,
   wißt ihr denn auch, wer ich bin?
   Ich bin die Frau Königin,
   ihr seid meine Kinder,
   gi, ga, gack!

2. (Königin): Komm nun, meine,
   Graue, und du, meine Blaue,
   und du mit dem Wuschelkopf,
   und du mit dem langen Schopf,
   und du schwarzer Peter, gi, ga, gack!

3. (Alle): Seht, da gehn sie alle fünfe
   ohne Schuh und ohne Strümpfe,
   hei, wie ist die Welt so schön,
   wenn die Gänse barfuß gehn,
   selbst am lieben Sonntag,
   gi, ga, gack!

4. Schniebel, Schnabel, Schnäbel,
   kommt der Herbst mit Nebel,
   Gänsebraten, Gänsefett,
   weiche Federn für das Bett,
   freun sich alle Kinder, gi, ga, gack!

Spielanleitung

Die Kinder singen und gehen im Kreis herum. Die Handflächen haben sie fest
aneinandergelegt und bewegen sie abwechselnd nach rechts und nach links.
Im Kreisinneren geht (in entgegengesetzter Richtung) die Königin herum.
Es wird nun von den Tanzenden pantomimisch ausgeführt, was der Text besagt:

In der 1. Strophe zeigt die Königin auf die Kinder im Kreise. In der 2. Strophe
holt sie sich 5 Kinder aus dem Kreise und bildet mit ihnen im Kreisinneren
einen kleinen Kreis. In der 3. Strophe zeigt der äußere Kreis auf den inneren.
In der 4. Strophe bleiben alle stehen und schauen nach innen, klappen die
Hände auf und zu („Schniebel, Schnabel . . ."), zeigen mit den Händen, wie
im Herbst das Laub fällt, legen den Kopf auf die Hand („weiße Federn") und
tanzen in den zwei Kreisen in entgegengesetzten Richtungen herum, indem sie
sich alle anfassen. Beim nächstenmal wird der „Schwarze Peter" die Königin.

116

(40) *Kommt ein Reitersmann daher*

1. Kommt ein Reitersmann daher, auf der grünen Wiese,
   hat 'ne goldne Rüstung an, neigt sich vor der Liese:
   „Jungfer, schönste Jungfer mein, tanzen wir ein wenig!"
   „Mag nicht tanzen, danke schön, wart auf einen König!"

2. Kommt ein Kaufmannsohn daher, auf der grünen Wiese,
   hat ein Wams von Seide an, neigt sich vor der Liese . . .

3. Kommt ein Schneiderlein daher, auf der grünen Wiese,
   hat ein grünrot Röcklein an, neigt sich vor der Liese . . .

4. Liese wartet Jahr für Jahr, auf der grünen Wiese,
   doch kein König kommen mag, keiner spricht zu Liese:
   „Jungfer, schönste Jungfer mein, tanzen wir ein wenig!"
   Ach, wie wär das Tanzen schön, wär's auch grad kein König!

5. Kommt der Schweinehirt daher, Jochen Christof Stoffel,
   hat nicht Schuh noch Strümpfe an, trägt nur Holzpantoffel,
   „Stoffel, liebster Stoffel mein, tanzen wir ein wenig!"
   Und die Liese tanzt mit ihm, mit dem Schweinekönig.

Spielvorschlag:

Die Kinder gehen singend im Kreis herum. „Liese" ist in der Mitte. Es kommt der Reitersmann, der Kaufmannssohn, das Schneiderlein. Sie singen jeweils im Wechselgesang. „Liese" lehnt alle Werber ab. Im 5. Vers kommt der Schweinehirt und die „Liese" tanzt mit ihm. Im Zweihandkreis hüpfen sie herum.

Bewegungsspiele als Gruppen- und Partnerspiele

Bei diesen Spielen sollen sich die Kinder selbst darstellen, aber auch mit anderen zusammenspielen.

(41) *Schlangenlaufen*

Die Kinder gehen zunächst nach Musik im Raum herum. Wenn die Musik aufhört, setzen sie sich in Zweiergruppen auf den Boden. Wenn sie wieder beginnt, stehen sie auf und gehen wieder umher. Sie dürfen sich bewegen, wie sie wollen.

Den Gruppen können Aufgaben gestellt werden: Legt euch ganz eng nebeneinander, wie Sardinen in der Büchse; rollt euch zusammen wie ein Ball (so daß die Hände die Füße fassen), legt die Hände auf den Rücken und steht auf einem Bein; faßt euch an und hüpft herum. – Jede Gruppe probiert selbst etwas aus.

Einige Kleingruppen (4—5 Kinder) bilden dann Schlangen. Der erste in der

Schlangenlaufen (41)

Gruppe ist der Kopf. Er ist der Anführer, bestimmt das Tempo und die Bewegung.
Die Gruppen gehen zunächst ganz langsam hintereinander her, so daß sie sich
nicht vermischen. Sie gehen große und kleine Kurven im Raum. Dann probieren
sie, ob sie nicht auf einem schmalen Brett über einen Bach gehen können. Es ist
so schmal und wackelig, daß jeder aufpassen muß, daß er nicht in den Bach
plumpst. Wenn die Musik aufhört (oder der Triangel, Schellenbaum geschlagen
wird), steht die Gruppe still. Der erste geht nach hinten an den Schwanz der
Schlange und der nächste wird der Kopf, der die Schlange führt.

Er soll Bewegungen vormachen, auf einem Bein hüpfen, groß und klein werden,
auf zwei Beinen hüpfen, hinken, so daß die Schlange hinkt, wie ein Tausend-
füßler gehen, der ein bißchen aus dem Takt gekommen ist.

Wenn die Musik aufhört (oder der Triangel geschlagen wird), wechselt der Kopf
von neuem, bis es jeder einmal war.

Kommentar

In dieser Aufgabe werden verschiedene Lernabsichten verfolgt: Die Kinder
müssen aufeinander achten. Die Gruppen müssen beieinander bleiben, sie dürfen
sich nicht vermischen. Die Kinder müssen sich durch Gleichaltrige führen lassen
und selbst führen.

Erfahrungen

Die Aufgabe machte den Kindern Spaß, hatte aber auch ihre Schwierigkeiten. Wenn nicht sehr klar und langsam eingeführt wurde, lösten sich die Kleingruppen auf und die Kinder rannten umher. Wir machten die Übung deshalb mit langsamer Musik (Orff-Platte, Barocktanz, Folklore-Tanz).

Für einzelne Kinder war es belastend, die Gruppe zu führen. Man mußte ihnen sagen, was sie vormachen könnten (wir gehen hoch — tief, über einen schmalen Steg etc.). Kreativere Kinder engt das ein, ängstliche Kinder werden dadurch ermutigt.

In einer Gruppe war zu hören: „Stefan will nicht vom Kopf weggehen, er will immer bestimmen." Ein anderes Kind weigerte sich, die Führungsaufgabe zu übernehmen. Beider Verhalten wurde durch Wiederholungen verbessert.

(42) *Knetmännchen oder „In Positionen bringen"*

Jedes Kind sucht einen Partner. Beide vereinbaren, wer das Knetmännchen ist und wer kneten darf. Das Knetmännchen, es ist ganz locker, läßt mit sich machen, was man will, z. B. ein Vöglein, das die Flügel ausbreitet und eben wegfliegen will; einen runden Ball, den man ein bißchen herumrollen kann; ein Denkmal,

Knetmännchen (42)

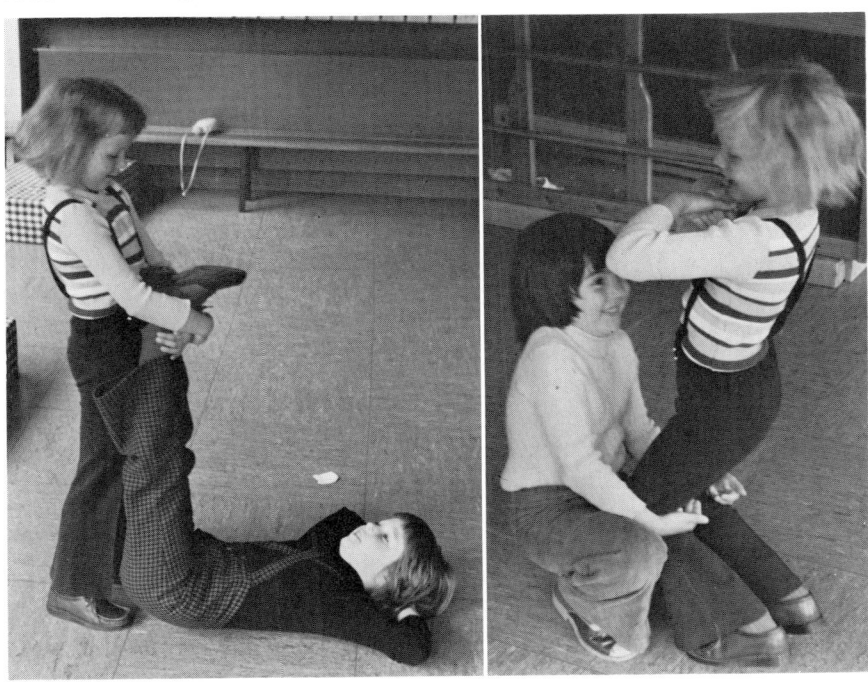

wie es auf dem großen Platz steht. Nach einiger Zeit gibt die Leiterin ein Zeichen: Alle Knetmännchen werden angeschaut und die Rollen getauscht.

Anfangs muß die Erzieherin manchen helfen, weil sie wegen der Berührungsangst recht einfallslos sind.

Kommentar

Auch bei diesen Spielen sollen die Kinder lernen, sich aufeinander zu beziehen. Sie sollen die Absichten und Wünsche des anderen wahrnehmen und darauf reagieren. Der Rollentausch zwingt auch weniger aktive Kinder zum Tun. Anfangs muß die Erzieherin Hilfen geben. Sie sagt den Knetern, was sie mit ihrem Knetmännchen machen sollen. Die Übung baut auch Berührungsängste ab. Häufig werden Berührungen auch bei Kindergartenkindern als peinlich empfunden und vermieden.

Erfahrungen

Zum Teil fiel es den Kindern schwer, mitzumachen, z. T. machten sie sofort mit.

Die Kinder puffen und schubsen lieber, als sich wirklich körperlich zu berühren. Bei allen freiwilligen Paarbildungen wurde gleichgeschlechtliche Paarbildung bevorzugt.

Das Spiel kann auch als Rollenspiel gespielt werden. Man kommt ins Hexenhaus und wird verzaubert, oder ein Zauberer geht umher und verzaubert die ganze Kindergruppe. Man kann Requisiten wie Handschuhe, Krone, Mütze, Zauberstäbchen, alte Jacken bereitlegen. Es ist dann Sache der Kinder, ob sie sie verwenden.

(43) Das Ungeheuer oder „Seltsame Wettläufe"

Wieder sucht jedes Kind einen Partner oder erhält einen Partner zugeteilt. Sie halten sich an verschiedenen Körperstellen fest und bilden ein „Ungeheuer", z. B. einen Esel, der jämmerlich i-at. Die anderen sollen raten, um was für ein Ungeheuer es sich handelt. Die Ungeheuer machen einen Wettlauf miteinander. Sie dürfen sich nicht loslassen, sonst müssen sie an den Start zurück.

Kommentar

Dieses Spiel fördert das Zusammenspiel von zwei Partnern. Sie müssen aufeinander eingehen und vor der Gruppe als Einheit handeln.

Erfahrungen

Wenn die Ungeheuerform zu kompliziert ist, können die Kinder beim Wettlauf leicht fallen und sich weh tun. Deshalb ist der Wettlauf nicht immer ratsam. Manchmal werden die Kinder Schwächeren gegenüber aggressiv. Darüber sollte gesprochen werden.

Manchmal bestimmt auch einer über den anderen und tut ihm dabei weh. In unseren Gruppen wurde auch gesagt, daß einzelne sich nicht immer mit ihren Vorschlägen durchsetzen konnten. „Ich mußte immer tun, was der Stefan wollte, ich wollte eine lange Schlange machen, er wollte Esel sein."

2.2 Nachahmungsspiele

(44) *Clownspiel*

Die Gruppe sitzt im Kreis. Die Gruppenleiterin hat Tierbilder auseinandergeschnitten. Jedes Kind darf ein Kärtchen ziehen und muß den Partner suchen. Die Partner setzen sich zusammen. Jeweils zwei Kinder agieren.

Wir spielen, wir seien Clowns im Zirkus. Der erste Clown kommt in den Kreis herein und macht dumme Sachen. Der andere Clown macht ihm alles ganz genau nach, wie wenn er ein Spiegelbild wäre.

Nach einiger Zeit Rollentausch.

(45) *Spiegelpantomime*

Die Paare stehen auf und jedes versucht, sich zu spiegeln. Ein Spiegelgucker, der komische Bewegungen macht, und ein Spiegel, der alles nachmacht. Der Spiegelgucker putzt sich die Zähne, kämmt sich das Haar, streckt die Zunge heraus, schminkt sich, schneidet Grimassen. Er muß alles so langsam machen, daß der Spiegel mitkommt.

Nach einiger Zeit wechseln die Rollen.

(46) *Spiegelspiel 1*[3]

Die Erzieherin ist der Spiegelgucker. Sie steht vor dem Spiegel und die Gruppe macht alles nach: Sie ist müde, gähnt, reibt sich die Augen, trinkt ein Glas Wasser, hält den Kopf unter den Wasserhahn usw.

Wenn die Übung als Einführung in die Technik des Monologs dienen soll, kann sich die Leiterin auch kommentieren.

Spiegelspiel 1 kann gespielt werden, wenn den Kindern bewußt gemacht werden soll, wie Gefühle mimisch ausgedrückt werden können.

---

3 Die Übung erscheint in der Literatur auch unter der Bezeichnung Spiegelspiel oder Spiegelpantomime. Bei Ann Shaw: Curriculumelement Rollenspiel, erprobte Beispiele, in: betrifft: erziehung, 3. Jg. (1970) 11, S. 28—30.
Auch bei Hasselbach, B.: Tanzerziehung, Stuttgart 1971, S. 211.

Spiegelpantomime ⑮

Wie fühle ich mich? Fröhlich? Erwartungsvoll? Ich schmücke mich für ein Fest, summe ein Liedchen. Zornig? Enttäuscht? Müde? Ärgerlich? Abweisend? Ich habe Schmerzen am Finger, er wird doch nicht eitern? Ich esse etwas, das ich gar nicht mag. Ich trinke eine ganz bittere Medizin, immer wieder setze ich an, aber es schmeckt wirklich scheußlich, schnell, ein Glas Wasser hinterher.

⑰ *Umsetzung in eine Geschichte (Spiegelspiel 2)*

Michael kauft sich einen schönen Spiegel. Er probiert ihn im Geschäft aus, er lächelt, kratzt sich die Stirn, zwickt sich an der Nase. Als er nach Hause kommt, ist alles anders. Er kämmt sich das Haar, der Spiegel streckt ihm die Zunge heraus: er putzt die Zähne, der Spiegel zeigt den Vogel. Was ist mit dem Spiegel los? Er muß ihn zurückbringen.

Kommentar

Diese Nachahmungsspiele schulen die Beobachtungsfähigkeit, die Ausdrucksfähigkeit und die Einfühlung. Wenn die Leiterin mitspielt, kann sie den Kindern neue Ausdrucksformen vormachen. Sie verweist auf ihre Person, wenn sie raten läßt: Was fühle ich, wenn ich mich in dieser Weise ausdrücke? Auf das Spiel sollte immer eine Besprechung folgen. Was haben die Kinder gesehen? Was ist ihnen schwergefallen? Warum konnte man bei dem einen so genau erkennen, was er fühlte, warum war es beim anderen unklar? Warum konnte man manchmal so schwer nachmachen?

Die Partnerwahl kann auch freiwillig erfolgen. Wir haben aber in unseren Spielen immer versucht, beide Formen, Verteilung durch Zufall und freie Wahl, abzuwechseln.

Erfahrungen

Die Spiele machen, wenn sie gut eingeführt waren, den Kindern Spaß. Sie erfaßten auch ihren Inhalt. Das zeigen Bemerkungen wie: ,,Der Hannes hat alles so schnell gemacht, ich konnte gar nicht nachkommen.'' ,,Ich mag lieber Spiegel sein, beim Gucker fällt mir gar nichts ein.''

Neue Impulse gab die Themenstellung: Zwei Clowns im Zirkus. Hier regten Requisiten wie Clownhose oder Nase die Kinder zu neuen Bewegungs- und Ausdrucksformen an. Auffallend war, daß die, die Angst vor dem Führen hatten, in der Verkleidung bestimmter auftraten.

Einmal haben wir erlebt, daß die Gruppe den Spiegelgucker nicht mehr losließ. Wenn er ,,Schluß'' sagte, so echote die Gruppe ,,Schluß'' und gab das Zeichen zur Fortsetzung. Der Spieler bekam vor der Gruppe Angst. Er stand unter so starkem Druck, daß er nicht abbrechen konnte. Er erlebte, daß seine Mitteilungen ihren Signalcharakter verloren hatten. Er fühlte sich von der Gruppe verlassen. Dies war eine wichtige Erfahrung, die mit der Gruppe besprochen wurde. Die Gruppe war sich ihrer Aggressivität gegen den Kameraden wohl bewußt.

2.3 Spiele mit geschlossenen Augen

(48) *Blinder Spaziergang*[4]

Bei kleineren Kindern hat sich gezeigt, daß dieses Spiel am besten mit einer Geschichte verbunden, aber durch Vorübungen eingeleitet wird. Wir berichten zunächst über diese.

Die Augen sind noch offen, wir gehen frei im Raum umher, niemand soll berührt werden. „Geht vorsichtig an den Hindernissen vorbei. Streckt die Arme weit aus. Wir gehen in einer Kette und schauen, was der erste macht. Jetzt fassen wir uns an, stehen im Kreis und machen ihn so groß, wie wir können, aber so, daß kein Loch entsteht."

Wir gehen in den Kreis und machen ihn so klein, wie wir können. Nun schließen wir die Augen und gehen ganz langsam zurück, bis der Kreis wieder groß wird, ohne daß jemand losgelassen wird. Wir gehen wieder ganz eng zusammen.

Wir machen wieder die Augen auf und suchen uns einen, mit dem wir einen Spaziergang machen wollen. Wir fragen ihn, ob er mitmachen will. Will er nicht, suchen wir einen anderen. Wir einigen uns, wer die Augen zumacht und sich durch den Raum führen läßt. Der andere muß ganz vorsichtig führen, ohne anzustoßen und ohne zu schubsen.

Nach einiger Zeit werden die Rollen getauscht. Die Führung darf nicht zu kurz sein (5—8 Minuten), weil die Kinder sich erst an die Situation gewöhnen müssen und selbständig Variationen entwickeln sollen.

Erfahrungen

Wie ging es euch beim Führen? Wie war es am Anfang, wie nachher? War es angenehmer, geführt zu werden oder zu führen? Möchtet ihr die Übung noch einmal machen? Was würdet ihr anders machen?

(49) *Beim Blindenführen etwas erraten*

Wieder ist einer blind, und der andere führt ihn. Dabei darf er Dinge und Menschen anfassen und raten, was oder wer es sein könnte. „Streicht ganz vorsichtig über die Gegenstände oder die Kleider. Was könnte es sein? Wer könnte es sein?" Nach einiger Zeit, auf einen Tambourinschlag hin: „Steht still, und der Geführte soll überlegen, wo er steht. Versucht nicht zu blinzeln." Die Rollen werden getauscht.

---

4 „Blinder Spaziergang" ist eine Übung aus der Gruppendynamik. Sie wird dort als Übung für Vertrauen und Sicherheit in Paarbeziehungen eingesetzt.
Vgl. Betz, O., u. a.: Die Gruppe als Weg, München 1973.
Daublebsky, B.: Spielen in der Schule, Stuttgart 1973, S. 36—43, „Spiele mit geschlossenen Augen". Hier wird eine Reihe von Spielvorschlägen gemacht.

Blinder Spaziergang (48)

(50) *Beim „Blindenführen" eine Aufgabe erfüllen*

Der Sehende kommt zur Erzieherin und sie sagt ihm eine Aufgabe: In einer Ecke Bausteine suchen; einen Luftballon aufblasen; einen Apfel essen; Bonbons an andere blinde Kinder verteilen; über einen Graben hüpfen; über ein Seil führen, das sich der Führende vorstellt. Die Rollen und die Aufgaben werden getauscht.

Kommentar

Bei diesen Aufgaben lernen die Kinder, sich ohne zu sehen im Raum zu orientieren. Sie achten dabei auf Empfindungen, die sie sonst nicht wahrnehmen.

Viele Kinder empfinden bei dieser Aufgabe Angst und Unsicherheit. Manche können das Gefühl der Unsicherheit in Neugier umformen. Sie lernen allmählich, sich dem Führenden auszuliefern. „Was empfinden wir, wenn der andere immer fester zupackt und uns führt? Wenn er losläßt?" Der Führende muß lernen, behutsam auf den Geführten einzugehen, sich ihm aber doch so deutlich mitteilen, daß dieser weiß, was er zu tun hat. Dabei kann ein Stück Berührungsangst abgebaut werden.

Wir haben die Übungen nie mit verbunden Augen gemacht, sondern immer nur mit geschlossenen Augen.

125

Erfahrungen

Bei der Einführung des Spiels waren die Kinder unsicher und aggressiv. Sie schubsten sich durch den Raum und rempelten gegeneinander. Einige ließen ihre Partner einfach stehen. Oft löste sich bei Wiederholung die Unruhe. Ruhige Musik wirkte entlastend. Anfangs konnten sich die meisten Führer nicht in die Lage des Partners versetzen. Sie mußten erst selbst die Rolle des Blinden ausgeübt haben, ehe sie führen konnten. Kinder haben im Alltag wenig Gelegenheit, so differenziert auf einen Partner einzugehen. Nach einiger Zeit machte die Übung den Vorschulkindern Freude, und sie konnten auch die Augen zuhalten.

Geschichten, die das Blindenführen einleiten können und zugleich ins Rollenspiel einführen

(51) Eine Seeräubergeschichte

Jungen sind mit ihrem Segelschiff unterwegs. In der Nacht werden sie von Seeräubern überfallen. Ihr Schiff wird geraubt, und sie werden auf einer Insel ausgesetzt. Die Mädchen sind die Seeräuber. Sie führen die Jungen in das Innere der Insel. Damit sie nicht den Rückweg finden, müssen sie die Augen zumachen, oder sie werden ihnen verbunden. Die Seeräuber sind freundlich und erklären den Weg. „Jetzt geht es über einen Baumstamm, geh ganz vorsichtig über den Steg, sonst fällst du hinab, jetzt müssen wir auf einen Berg."

(52) Hexen haben uns verzaubert

Wir sind ihrem Haus zu nahe gekommen. Jetzt sehen alle Mädchen nichts mehr. Die Jungen sind die Hexen, die sie aus dem Wald herausbringen.

Kommentar

Beim Geschichtenerzählen muß man vorsichtig sein; sie dürfen nicht zusätzlich Angst machen, sie sollen nur das Agieren der Paare in einer Phantasiewelt ermöglichen. Sonst ist es besser, die Spiele ohne Einkleidung zu erklären.

2.4 Kinderpantomime[5]

Bei der Kinderpantomime versuchen die Kinder, sich nur durch Gesten, Gebärden und durch Mimik, nicht durch Worte, mitzuteilen. Die eigentliche Pantomime ist eine Kunstform, die hohe Körperbeherrschung und Gestaltungskraft verlangt,

---

5 Siehe auch: Krantz, M.: Kinder spielen Geschichten. Freiburg-Gelnhausen 1980.

die nur nach jahrelanger Übung beherrscht wird. Sie ist eine Darstellungsform der Erwachsenen. Kindergartenkindern muß man durch Vormachen helfen. Pantomimische Gestaltungsspiele gelingen erst Schulkindern.

Ratespiele

(53) Wir stellen alles ohne Worte dar

Renate geht wie ein Baby. Woran erkennt man das?

Hannes ist eine alte Frau, sie ist müde, bleibt ab und zu stehen, schnauft schwer. Woran erkennen wir es?

Vor Martin stehen zwei Schüsseln mit Essen. Wenn er jetzt daraus ißt, wollen wir raten, wie ihm das Essen zuerst aus der einen, dann aus der anderen Schüssel schmeckt.

(54) Welche Tiere gehören zusammen?

Es werden wieder Bildkarten mit Tierhälften verteilt. Jedes Kind muß seinen Tierpartner suchen. Die Tiere beschnüffeln sich, sie machen durch Bewegungen deutlich, wer sie sind. Wenn sich alle Partner gefunden haben, setzen sich die Kinder in den Kreis. Ein Paar nach dem anderen stellt sich vor. Die anderen müssen erraten, was für Tiere sie sind.

(55) Durch die Scheibe etwas mitteilen[6]

Hans muß noch dringend einkaufen. Er rennt zum Laden, merkt aber, daß die Ladentüre schon geschlossen ist. Er teilt der Verkäuferin durch die Scheibe mit, was er möchte.

(56) Durch die Scheibe reden und antworten

Peter hat Scharlach. Kein Kind darf zu ihm ins Zimmer. Sie bleiben draußen und unterhalten sich mit ihm durch die Fensterscheiben. Beobachter sollen erraten, was sie sich mitteilen.

(57) Beruferaten (Meister, gib uns Arbeit)

Ein Kind stellt sich an eine Seite des Raumes. Die übrigen Kinder stehen ihm gegenüber.

Sie verabreden einen Beruf, den das Kind erraten muß, und gehen zu ihm. „Wir kommen aus dem Morgenland, die Sonne hat uns braungebrannt, wir sehen

---

6   Das Spiel wurde von Irene Lehrer, Ötisheim, vorgeschlagen.

Durch die Scheibe etwas mitteilen ⑤⑤

aus wie Mohren und haben sooooooo lange Ohren. Meister, gib uns Arbeit!''
,,Was könnt ihr?'' Die Kinder führen pantomimisch den verabredeten Beruf vor.
Wenn der Meister den Beruf errät laufen sie vor ihm davon. Derjenige, den er
fangen kann, ist neuer Meister.

Beobachtung aus einem Kindergarten

Nach diesem einleitenden Spiel spielten die Kinder das Thema ,,Berufe'' von
sich aus in der Puppenecke weiter.

Kommentar

Durch Ratespiele wird die Ausdrucksfähigkeit geübt. Die Kinder nehmen ihre
eigenen Möglichkeiten wahr und lernen, nichtsprachliche körperhafte Mitteilungen anderer zu erfassen. Sie erweitern ihr eigenes Verhalten durch Nachahmung und Neugestaltung.

128

Erfahrungen

Der einzelne muß bei diesen Aufgaben Zeit haben; die Darstellungen sollten kurz sein. Viele Kindergartenkinder verhalten sich hier noch sehr zaghaft. Die gemeinsame Darstellung hilft ihnen. Anne, als sie 3;6 Jahre alt war, bemerkte zu ihren ersten Spielversuchen: ,,Erst mußte ich alles nachmachen, jetzt kann ich es auch selber.''

Kleine Kinderpantomimen

Die kleinen Pantomimen sollen gut vorbereitet sein und den Kindern in deutlichen Einzelbewegungen vorgespielt werden, vielleicht in Spiegelpantomimen.

(58) *Kirschenessen*[7]

Ein Kind sitzt auf dem Boden. In der linken Hand hält es eine Tüte, mit der rechten nimmt es Kirschen aus der Tüte, führt sie zum Mund, beißt sie ab, löst mit der Zunge den Stein und spuckt ihn in die Hand oder auf den Fußboden.

(59) *Eine schwere Gießkanne tragen*

Das Kind nimmt die Gießkanne in eine Hand, geht zum Wasserhahn und schraubt ihn mit der anderen Hand auf. Es zeigt, wie das Wasser sie schwerer und schwerer macht. Dann trägt es sie, zeigt deutlich, wie schwer sie ist, vergießt ein bißchen Wasser, stellt sie ab und nimmt sie wieder auf und beginnt schließlich zu gießen. Dabei wird die Kanne immer leichter.

(60) *Ein Päckchen auspacken*

Das Kind steht vor dem Päckchen. Es zeigt, wie groß es ist, und beginnt es aufzuschnüren. Langsam entfernt es das Papier, macht den Karton auf, wickelt das Seidenpapier ab und holt das Geschenk heraus. Was es wohl ist? Eine Puppe, ein Ball? Wie kann es das Geschenk deutlich machen?

Andere Themen

Ein Dieb bricht in das Haus ein. Er steht vor dem Schreibtisch und holt Geld, Schmuck u. a. heraus.

Sich ankleiden.

Sich waschen.

Zähneputzen.

---

7 Die Spiele Nr. 58, 59, 60 finden sich bei Gording, E.: Dramatisches Spiel, Velber 1971, S. 37 ff. Dort sind auch weitere Übungen und Vorschläge angegeben.

Eine heiße Kartoffel festhalten — fallenlassen.

Eine Zitrone essen.

Ein Eis schlecken.

Kommentar

Diese Pantomimen können ganz stumm gespielt werden. Durch sie werden Darstellungsvermögen, Konzentration und Beobachtungsfähigkeit geübt. Man sollte darauf achten, daß die Bewegungen exakt gemacht werden.

Man kann diese Übungen nach einiger Zeit auch kommentieren lassen. Der Gießkannenträger kann sich Gedanken über das Blumengießen machen: „Die Blumen haben schon lange kein Wasser mehr erhalten; wenn ich nicht dafür sorge, vertrocknet halt alles. Oh, ist die Kanne schwer!" Für die gleichen Pantomimen lassen sich ganz verschiedene sprachliche Deutungen finden.

Darstellung von Gefühlen und Empfindungen in Pantomimen[8]

(61) *Der Kirschenesser*

Er ißt so viel, daß er schreckliche Bauchschmerzen bekommt. „Zeigt, wie es anfängt, wie es immer schlimmer wird, und jetzt müßt ihr euch sogar übergeben . . ."

(62) *Das Apfelspiel*

Die Gruppe sitzt im Kreis, möglichst auf dem Boden. In der Mitte des Kreises ist ein Apfelbaum gezeichnet, der viele große Äpfel trägt (Bilder). Die Äpfel sind aufgelegt und können abgenommen werden. Ein Kind steht auf, nimmt einen Apfel und schenkt ihn einem anderen Kind. Dieses muß zeigen, wie ihm der Apfel schmeckt. Sehr gut, sauer, süß, bitter? Ißt es ihn gleich auf, beißt es nur kleine Bissen ab, wirft es ihn sogar weg?

(63) *Es stinkt im Bus*

„Versucht einmal, diese Geschichte zu spielen."

Herr Maier sitzt im vollbesetzten Bus. Er ist froh, daß er noch einen Platz bekommen hat. Er liest Zeitung. An der nächsten Haltestelle steigt Herr Werner ein, der sich mit vielen Einkaufstaschen abschleppt, zwängt sich durch den Bus nach hinten und freut sich, daß er neben Herrn Maier einen Platz findet. Er

---

8 In diesem Zusammenhang sei auf das Gesellschaftsspiel „Fratzenschneiden" hingewiesen, das auf dem Spiele-Markt erhältlich ist (Fa. Milton und Bradley). Es ist für Kinder ab 3 Jahren gedacht und hat als Haupt-Spielaufgabe das mimische Ausdrücken von Gefühlen.

macht es sich bequem. Auch er fängt an, Zeitung zu lesen. Aber nach einer Weile merkt er etwas — einen Geruch . . . Nein, das was doch wohl Einbildung . . . Aber dennoch . . . Herr Werner schnüffelt vorsichtig. Ja, da riecht wirklich etwas. Ganz deutlich riecht er es! Fürchterlich, man hält es kaum aus. Herr Werner schaut umher . . . Herr Maier scheint nichts zu merken. Herrn Werner kommt es fast hoch . . . Er springt zum Fenster und hält den Kopf hinaus. Da sieht er, daß Herr Maier in einem Eimer und in einer Plastiktüte Fische hat. War er beim Angeln?

Was soll Herr Werner tun? Soll er an der nächsten Station aussteigen, sich zum Fenster hinauslehnen, Herrn Maier auffordern, auszusteigen?[9]

Kommentar

Die Kinder lernen, eine Geschichte darzustellen. Durch das Spiel und den Rollenwechsel nehmen sie die Problematik auf und sie üben sich in der körperlichen Darstellung von Empfindungen und Gefühlen. Die Geschichte provoziert sehr intensive Ausdrucksformen, die auch kleinere Kinder spielen können. Sie macht auch den Konflikt von Herrn Werner deutlich.

Erfahrungen

Die Kinder mußten die Geschichte einige Male spielen, ehe sie ihre Geruchsempfindungen wiedergeben konnten. Dann aber machte es ihnen ausgesprochen Spaß, sich durch Gesten und mimisch auszudrücken.

(64) *Die Affenpantomime*[10]

Ich erzähle euch eine Geschichte, und wir versuchen, sie nachzuspielen:

Vorübungen: Wie bewegen sich Affen im Urwald? Wo leben sie, was treiben sie? Unterschiede zwischen kleinen Äffchen und Gorilla herausarbeiten. Auf Zoobesuche hinweisen! Die Kinder ahmen, im Kreis gehend, die Bewegungen der Affen nach. Die Kopfbewegungen sind weich und schnell. Affen können sehr gut klettern, schnell sind sie oben, schauen neugierig und frech herunter. Die Kinder stellen sich vor, sie seien kleine Affen und verhalten sich wie diese. Es darf dabei nicht gesprochen werden.

Ehe die Erzählung beginnt, werden die Rollen verteilt: Du bist der kleine Mann mit einem Sack. Ihr seid drei Tannen. Du bist ein kleiner Affe, du auch, du bist ein mutiger Affe, du bist ein großer Affe. Wir anderen sind Beobachter.

---

9 Nach Krantz: Wir spielen Geschichten, Köln 1971, S. 97.

10 Gording, E.: Dramatisches Spiel, Velber 1971, S. 56 f. Etwas verändert. Bei Elisabeth Gording finden sich noch viele Hinweise für die Gestaltung von Pantomimen.

Ein kleiner Mann mit einem Sack auf dem Rücken geht durch den Wald und singt . . . Er ist müde, gähnt, schaut sich um und legt sich auf einer Waldlichtung bei den drei Tannen nieder.

Der Sack ist voll von seltsamen Mützen. In den Bäumen, Büschen und Sträuchern sitzen Affen und gucken den Mann an. Sie schleichen an ihn heran, erst das eine kleine Äffchen, dann das andere, dann der mutige und der große Affe. Sie kommen heran und schleichen wieder weg. Der mutige Affe kommt wieder, guckt neugierig den Mann und den Sack an, öffnet den Sack und sieht die Mützen. Er sucht sich eine aus und setzt sie auf. Entzückt läuft er zu den anderen Affen, sie bewundern ihn. Einer nach dem anderen kommen sie herangeschlichen und holen sich auch Mützen. Sie spielen mit ihnen. Dann verstecken sie sich in den Bäumen.

Der Mann wacht auf, sieht, daß sein Sack leer ist, und ist verzweifelt. Als er die Affen auf den Bäumen sieht, wird er böse und ärgerlich. Er stampft mit dem Fuß, er droht ihnen, er zeigt ihnen den Vogel. Die Affen machen alle seine Bewegungen nach. Schließlich nimmt er seine eigene Mütze und wirft sie zornig auf den Waldboden. Alle Affen tun dasselbe, alle Mützen liegen da. Auf diese Weise bekommt er sie zurück. Er sammelt sie auf, steckt sie in den Sack, verschwindet und singt dabei. Auch die Affen verschwinden einer nach dem anderen im Wald.

Kommentar

Die Geschichte nimmt Elemente des Spiegelspiels auf. Der Erzähler ordnet das Geschehen zueinander. Die Kinder können sich einreihen und ihr Affenverhalten zum Ausdruck bringen. Sie lernen Selbstdarstellung — wütend sein, Gefühle zum Ausdruck bringen — Fremdwahrnehmung — den kleinen Mann nachahmen und Zusammenspiel und Gestaltung.

Erfahrungen

Diese Geschichte wurde mit Kindern eines 1. Schuljahres gespielt. Sie konnten sich leicht und temperamentvoll einbringen.

Anschließend spielten sie selbst eine Geschichte, in der jedes Kind seine Rolle selbst beschrieb und den Spielfortgang mitbestimmte. Das Thema war: Affenjagd im Urwald.

In der Primarstufe können die Schüler eigene Geschichten selbst aufschreiben. Kinder, die noch nicht schreiben können, können sie auf Band sprechen.

2.5 Sprachspiele, Wunsch-, Zauber- und Phantasiespiele

Kinder sollen sich im Rollenspiel ausdrücken und darstellen können. Dies geschieht vorwiegend durch Sprache. Sichdarstellen und Mitteilenkönnen hängt nicht nur vom einzelnen ab, sondern es ist auch vom Vertrauen des einzelnen in die Gruppe abhängig. Er muß die Zuversicht haben, daß er die Aufgabe bewältigen kann, und spüren, daß ihm das Spiel Vergnügen macht.

Die Sprachspiele sind unter der Zielvorstellung geplant, Kinder in sprachliche Darstellungen einzuführen und sie mit neuen Gruppen vertraut zu machen. Am Anfang einer Spieleinheit, in der die Kinder noch nicht spontan spielen können, halten wir zur Vorbereitung Kreisspiele für geeignet. In ihnen steht keiner im Mittelpunkt. Niemand wird weder besonders belohnt, noch kann er verletzt werden. Kreisspiele mit möglichst eindeutigen Spielangeboten geben allen gleiche Handlungsmöglichkeiten. Der Spielleiter sollte darauf sehen, daß alle Kinder zum Spiel Mut bekommen.[11]

Wunsch- und Zauberspiele

(65) *Ich wünsche mir von dir . . .* (Wünsche äußern und gewähren)

Die Kinder sitzen im Kreis. ,,Überlegt einmal, was ihr euch wünscht? Eine Eisenbahn, ins Schwimmbad gehen, und viele Dinge noch? Jetzt spielen wir einmal ,voneinander wünschen'." ,,Jörg, ich wünsche mir von dir, daß du mit mir am Sonntag in den Zoo gehst." ,,Warum willst du das?" ,,Ich möchte die Tiere sehen und sie photographieren, mein großer Bruder war auch dort und hat viel davon erzählt."

,,Ich gehe gern mit dir."

(66) *Ich wünsch mir von dir . . . ich geb's dir aber nicht* (Wünsche äußern und verweigern)

Die Kinder sitzen im Kreis. Ein Kind geht im Kreis umher und bittet ein anderes um etwas. ,,Ich möchte von dir dein Fahrrad leihen." ,,Das geht nicht, ich brauch es selber." ,,Warum kannst du es nicht geben?" ,,Weil ich nicht will und weil du für dein eigenes Fahrrad besser sorgen mußt" usw. Dann geht ein anderes Kind umher. Jedes Kind darf einmal wünschen und einmal verweigern.

(67) *Im Zauberwald* (Ich möchte mich verwandeln . . .)

Die Kinder sitzen im Kreis. Wir sind in einem Zauberwald. Wer hineingeht und den Zauberer trifft und von ihm angesprochen wird, der darf sich wünschen, was er werden will. Hans ist der Zauberer, der hat ein Stöckchen und einen Hut. Wer geht im Zauberwald spazieren? Es darf nur immer ein Kind im Kreis herumgehen.

---

11 Vgl. auch Gahagan, D. u. G.: Kompensatorische Spracherziehung in der Vor- und Grundschule, Düsseldorf 1971.

Wünsche äußern
und verweigern (66)

(68) *Ich will dir etwas schenken . . .*

Die Kinder sitzen im Kreis. Ein Kind kommt aus dem Hexenhaus heim und hat viele, viele Geschenke mitgebracht. Jetzt kann es jeden beschenken. Das Kind geht umher und gibt jedem Kind in der Gruppe etwas.

(69) *Ein schöner Tag, wie ich ihn mir wünsche . . .*

Die Kinder sitzen im Kreis. ,,Habt ihr euch einmal überlegt, wie ein ganz besonders schöner Tag sein soll? Was soll am Morgen, am Mittag, am Abend sein, wer soll dabei sein, was wollen wir erleben? Wer kann uns so einen Tag beschreiben?

Kommentar

In den Wunsch- und Zauberspielen sollen Kinder lernen, eigene Wünsche, Phantasien und Bedürfnisse zu äußern. Kinder, die diese Mitteilungen hören, sollen bejahend oder verweigernd dazu Stellung nehmen. Die Spiele üben im gegenseitigen Sichwahrnehmen und Miteinanderreden. Die Dialoge sollen so kurz sein, daß auch ängstliche, gehemmte Kinder mitreden können. Die Spiele brauchen sehr viel Zeit, vor allem, wenn die Gruppe noch wenig gespielt hat.

Die hier dargestellten Spiele sind zur Auswahl angeboten und sollen nicht nacheinander heruntergespielt werden.

Erfahrungen

Wunsch- und Zauberspiele machen den Kindern Freude und regen ihre Phantasie an. Wir haben sie angeboten, wenn die Gruppe wenig mit sich anzufangen wußte oder wenn sie in sich verfeindet war und durch Gespräche nicht befriedet werden konnte. Es war für die Kinder eine neue wichtige Erfahrung, von ihren gleichaltrigen Kameraden beachtet (beschenkt) und anerkannt zu werden.

Eine gewisse Gefahr besteht bei diesen Spielen darin, daß unrealisierbare Wünsche und Phantasien geweckt werden.

Wie stark die Kinder an die Allmacht der Erwachsenen glauben und auch an die Kraft von Wünschen, erfuhr ich bei einer Schloßbesichtigung. Ich mußte drei Kinder beschäftigen, weil ein Kind seine Jacke in einem anderen Raum liegen gelassen hatte, und sagte in der Kutschensammlung: „Jetzt darf sich jedes die schönste Kutsche aussuchen." Als wir nach einiger Zeit das Schloß verließen, weinte der vierjährige Friedrich auf und fragte: „Und meine Jagdkutsche, wo bleibt sie?" Das Kind hatte tatsächlich geglaubt, wir würden, o Wunder, die Kutsche mitnehmen können. Deshalb darf man sich durch die Lust der Kinder am Wünschen nicht verführen lassen, ihnen falsche Dinge vorzumachen.

Geschichten ausdenken und Geschichten erzählen

(70) *Wer macht weiter?*

„Wir wollen miteinander eine Geschichte erfinden. Ich fange einmal an, und wer weitermachen will, der erzählt weiter. (Sehr langsam und mit großen Pausen.) Ich habe heute nacht geträumt, ich sei im Urwald gewesen. Dort waren viele bunte Vögel, und auf einmal habe ich neben mir den Tarzan gesehen. Er kam auf mich zu und sagte . . ."

(71) *Was würdest du machen, wenn . . .*

(Fragen stellen)

„Hannes, was würdest du machen, wenn du so stark wie Pippi Langstrumpf wärest? Wenn du so gescheit wärest, daß du nicht mehr zur Schule gehen müßtest? Wenn du bei Rot über den Fußgängerweg ging'st und ein Polizist käme?"

Wem eine Frage einfällt, der darf sie einem Kind oder der Erzieherin stellen.

(72) *Zusammen Geschichten ausdenken*

Den Kindern werden Wörter vorgegeben, aus denen sie Geschichten machen sollen:

Der Affe — die Großmutter und Sonntag — Hund — Weihnachtsbaum — Wasser-
eimer — Luftballon — kleinerer Bruder — au (Ältere Kinder können die Geschichte zu dreien ausdenken und vorspielen.)

(73) *Neue Wörter bilden*

Ein Kind sagt ein zusammengesetztes Wort. Regenschirm — Ein anderes fährt
fort: Schirmpilz — Pilzessen — usw.

Kommentar

Durch die Fragen und Geschichten sollen gemeinsame Vorstellungen geweckt
werden. Die Kinder sollen aufeinander hören und Gedanken des anderen weiter-
entwickeln.

Erfahrungen

Die Kinder arbeiten gern mit, allerdings haben nur wenige schöpferische, weiterführende Einfälle. Die Geschichten sind kurz und von der Originalität einiger
weniger abhängig. Dadurch wird eine ungleiche Rollenverteilung provoziert, die
wir eigentlich in den Kommunikationsspielen verhindern wollten. Die Kinder
haben auch in unterschiedlichem Maß Freude an den Geschichten. Die Erinnerung an Fernsehszenen hilft oft weiter. Allerdings möchten dann viele Kinder
ganze Geschichten erzählen.

Das *Echo-Spiegelspiel*[12] (vgl. Spiegelpantomime, Schlangenlaufen, S. 121)

Die Kinder sollen das Verhalten und den Gefühlsausdruck eines Modells (z. B.
Erzieherin) beobachten und jemandem mitteilen.

(74) *Spiel 1*

Die Spielleiterin erzählt pantomimisch eine Geschichte: Sie kommt ins Zimmer,
schaut sich um, zieht den schweren Rolladen hoch, schaut aus dem Fenster. An
ihrem Gesicht kann man erkennen, ob es regnet, ob die Sonne scheint, ob es
kalt oder warm ist. Die Kinder sollen erraten (am Gesicht des Spielers ablesen),
was für ein Wetter draußen herrscht.

(75) *Spiel 2*

,,Ich sage etwas, und ihr müßt raten, wie ich mich dabei fühle." Am Schluß der
oben beschriebenen Pantomime sagt der Spieler: ,,Es ist heute kalt." Er kann
dies sehr unterschiedlich sagen. Je nachdem, wie dieser Satz ausgesprochen wird,
sollen die Kinder raten, ob er sich freut, ob ihn fröstelt, ob ihm das Wetter
gleichgültig ist.

---

12 Siehe: Watzlawik, P., u. a. Menschliche Kommunikation, Bern 1974.

Hannes kommt in die Küche, guckt sich um, hebt alle Deckel von den Töpfen und sagt: „Heute gibt's Spätzle und Kraut." Wie sagt Hannes dies? Wir können hören, ob er sich darüber freut, ob er entsetzt ist, ob er das Essen mag oder nicht.

(77) *Fernsehen ohne Ton*

Im Fernsehen ist der Ton ausgefallen.

Wir können nicht hören, was die Schauspieler sagen, wir können aber genau sehen, was sie tun. Einer von uns stellt sich neben den Fernsehapparat und ist der „Ton": er spricht für die Schauspieler.

Bevor das Spiel beginnt, wird ausgemacht, welches Geschehen gespielt werden soll.

Z. B.: Hans kommt zu spät nach Hause.

Hans zeigt durch sein Verhalten:	Der Sprecher (Spiegel-Echo) sagt dazu:
Fragt jemand, wie spät es ist.	— Hoffentlich ist es noch nicht 6 Uhr.
Erschrickt.	— O je, was wird mein Vater sagen?
Geht langsam weiter.	— Ich trau mich jetzt gar nicht mehr so recht nach Hause.
Geht schneller.	— Wenn ich mich jetzt nicht beeile, wird's noch schlimmer.
Bleibt vor der Haustür stehen.	— Soll ich klingeln?
Drückt auf den Knopf.	— Vielleicht ist Vater auch gar nicht zu Hause!
Geht hinein.	— Wenn ich nur nicht solche Angst hätte.
Geht grübelnd weiter.	— Vielleicht fällt mir noch eine Ausrede ein.
Hört an, was der Vater sagt, atmet erleichtert auf.	— Das ist noch einmal gut gegangen. Mein Vater ist gar nicht so schlimm.

Kommentar

Die Echo-Spiegelspiele eignen sich hervorragend als Vorübung für die Doppelgängertechnik (Seiten 63, 95). Der Sprecher muß sich mit dem Spieler identifizieren und sich so in ihn einfühlen, daß er in der Lage ist, seine Gefühle auszudrücken. Die Spiele sind anspruchsvoll und gehören deshalb in Vorschulgruppen und in den Primarbereich der Schule. Kindergartenkinder können sie nur dann versuchen, wenn sie viel Spielerfahrung haben.

In diesen Spielen wird die Aufmerksamkeit auf die Gefühlsqualität der Mitteilung gelenkt. Sätze können ganz verschieden verstanden werden, je nachdem, welches Gefühl beim Sprechen mitschwingt. Es kann erfahren und geübt werden, wie sich eine Mitteilung durch Tonfall, Gestik, Spannung oder Schlaffheit in den Bewegungen verändert.

Die Kinder können auch erleben, daß die Interpretation nichtsprachlicher Mitteilungen nicht eindeutig ist, daß die Mitteilungsabsicht häufig nicht verstanden wird. Auch dadurch können Einfühlen und Verstehen geschult werden.

Erfahrungen

Dieses Spiel gelingt nur in kleinen Gruppen. Wir haben die besten Erfahrungen in Fünfergruppen gemacht.

2.6 Vorstellungsspiele

Dies sind Spiele, bei denen sich die Kinder gegenseitig bekannt machen sollen.

(78) *Ich mache eine Reise und nehme mit . . .*

Die Kinder sitzen im Kreis. Die Leiterin beginnt und sagt: „Ich mache eine Reise und nehme den Ulrich (ihren rechten Nachbarn) und die Frauke (ihre linke Nachbarin) mit." Ulrich fährt jetzt fort: „Ich mache eine Reise und nehme Frauke, Frau X, mich und den Jörg mit." So geht es im Kreis herum, bis alle auf der Reise sind. Die Kinder sollen sich der Sitzordnung nach auffordern, damit kein Kind übersehen wird.

(79) *Ich bin Fritz und sage, dies ist ein Elefant . . .*

Die Kinder sitzen im Kreis. Einer sagt, indem er einen Bleistift überreicht: „Ich bin Fritz und sage, das ist ein Elefant!" Lene nimmt den Bleistift und sagt: „Ich bin Lene. Fritz und ich sagen, das ist ein Elefant." Bei jedem Weitergeben werden die Namen der bisher beteiligten Kinder wiederholt.

(80) *Ich heiße Georg, und wie heißt du?*

Die Kinder sitzen im Kreis. Ein Kind wirft einen Ball einem anderen Kind zu und sagt: „Ich heiße Georg, und wie heißt du?" Das Kind antwortet und wirft den Ball einem anderen zu. Nach einiger Zeit, wenn man den Eindruck hat, daß die Kinder alle Namen kennen, wird der Ball mit der Frage geworfen: „Wie heiße ich?" Dann muß jeweils der Name des Werfers gesagt werden.

81 Personenraten

Die Gruppe sitzt im Kreis. Alle schauen sich genau an. Dann beginnt die Erzieherin: „Ich schaue ein Kind im Kreis an, es hat braune Haare, einen roten Pullover, blaue Strümpfe, wer könnte es wohl sein?" Das Kind, das so beschrieben und erraten wird, darf weitermachen und ein anderes Kind im Kreis beschreiben.

82 Für wen packen wir den Koffer?

Ein Kind geht aus dem Raum. Die anderen verabreden, für wen im Kreis sie den Koffer packen wollen. Für Renate, die blaue Strümpfe anhat, einen weißen Pullover, einen blauen Rock, ein Armband, einen kleinen Ring. Die Gegenstände werden dem ratenden Kind mitgeteilt, das so erraten kann, für wen der Koffer gepackt wurde.

83 Einer hat es, einer hat es nicht

Alle sitzen im Kreis. Ein Spieler denkt sich ein Merkmal aus, z. B. braune Schuhe. Dann geht er herum, sieht jeden an und sagt: „Du hast es, du nicht." Die Mitspieler müssen erraten, um welches Merkmal es sich handelt.

Kommentar

In diesen Ratespielen geht es darum, sich die Mitspieler näher anzuschauen. Wie sehen sie aus? Wie heißen sie? Nicht selten ist hier Lenkung notwendig, weil auch in Gruppen, die sich schon längere Zeit kennen, Außenseiter einfach vergessen werden. Ihr Name sollte aber so oft wie der Name des beliebten Kindes genannt werden und ihre Person genauso häufig beschrieben werden.

Erfahrung

Kinder spielen diese Spiele sehr gern. Sie sind konzentriert dabei und freuen sich, wenn sie selbst beschrieben oder zu einer Reise eingeladen werden. Auch in Schulklassen, in denen sich die Kinder schon seit Jahren kannten, wurden die Spiele oft wiederholt.

84 Hänschen piep einmal

Liese geht mit verbundenen Augen im Kreis umher. Sie stellt sich vor ein Kind und bittet: „Hänschen piep einmal!" Wenn sie errät, wer gepiept hat, muß das „Hänschen" raten.

Variante: Liese geht wieder mit verbundenen Augen umher. Jetzt rät sie nicht über das Hören, sondern sie tastet, wer es wohl sein könnte.

(85) *Blinde Kuh als Singspiel*[13]

Spielvorschlag

Ein Kind steht mit verbundenen Augen in der Mitte des Kreises. Es bezeichnet mit der Hand ein Kind, das „piep" sagen muß. Dann weiter wie „Hänschen piep einmal".

> Im Keller, im Keller ist's duster,
> Da wohnt ein alter Schuster!
> Und soll's im Keller nicht duster sein?
> Da scheint weder Sonne noch Mond hinein.

(Niederdeutsch, Hamburger Text)

Kommentar

Diese Ratespiele erhöhen die Aufmerksamkeit füreinander. Werden die Spiele über längere Zeit wiederholt, achten die Kinder differenzierter aufeinander. Das Spiel, bei dem der Spielpartner durch Berührung erraten werden muß, baut Berührungsängste ab. Manche Kinder macht es in der gegenseitigen Zuwendung sicherer. Für einige ist es aber auch mit Angst verbunden. Die Spiele müssen vorsichtig angeboten werden.

Erfahrungen

Das Spiel „Blinde Kuh" wird gern gespielt. Auch bei verbundenen Augen kommen Sympathiewahlen zustande.

2.7 Soziometrische Spiele

In vielen der bisher besprochenen Spiele wurde der Partner von den Kindern gewählt. Meist waren es Paare, so daß kein Kind übrigblieb. Sollte die Gruppe aus einer ungeraden Anzahl von Kindern bestehen, muß eine Dreiergruppe gebildet werden, oder die Spielleiterin spielt mit.

Wir schlagen auch bei der Partnersuche vor, verschiedene Formen zu wählen, damit zwischen freier Wahl und Zuteilung gewechselt wird. Bei den folgenden Spielen geht es ausdrücklich um die Wahlen der Kinder. Wer wird gewählt und wer wählt wen? Dem Spielleiter werden Gruppenstrukturen sichtbar, und er kann über die Spiele erkennen, welches Kind innerhalb der Gruppe akzeptiert ist und wer Hilfe braucht, um akzeptiert zu werden. Die Kinder erfahren, wie sie sich verhalten. Es kann gemeinsam versucht werden, das Verhalten zu ändern. Wir haben lange gezögert, Spiele, die Wahlen verlangen, anzubieten, weil wir befürchteten, daß die Nichtgewählten verletzt würden. Wir bemerkten auch, daß diese Kinder im ganzen nicht akzeptiert wurden.

---

13 Wenz, J.: Die goldene Brücke, Volkskinderlieder für Haus und Kindergarten, Spielplatz und Schule, Bärenreiter, Kassel/Basel 1965.

Wahlspiele

(83) *Mein rechter Platz ist leer . . .*

Die Kinder sitzen im Kreis. Ein Platz ist frei. Das Kind links davon sagt: ,,Mein rechter, rechter Platz ist leer, ich wünsche mir die . . . her." Das herbeigewünschte Kind kommt, und der, an dessen rechter Seite der Platz leer wurde, darf weiterwünschen.

(87) *Mein linker, linker Platz ist leer, ich wünsche mir den Georg als Löwen her . . .*

Georg kommt nun langsam als stolzer Löwe herüber. Jedes Kind wird als Tier gewünscht.

(88) *Mein rechter, rechter Platz ist leer, ich wünsche mir die Frauke her . . . Die Frauke sagt: ich komme als Gorilla her.*

Während vorher der Wählende bestimmen durfte, was für ein Tier der Gewählte sein soll, darf dieser es nun selbst tun. Es braucht nicht immer ein Tier zu sein, man kann auch als Tante X, als Frau Z, oder König, Hexe, Hausmeister, Vater, Mutter, kommen.

Kommentar

Diese Wahlspiele aktivieren Kinder, selbst zu wählen. Die Wahlmöglichkeit ist jedoch eingeschränkt, weil der Gewählte nicht zurückwählen darf. Die Erzieherin erhält unter Umständen Hinweise, wie das Kind von anderen gesehen wird.

Erfahrungen

Kinder, die in diesen Spielen nicht gewählt werden, reagieren oft verletzt. In einer Kindergruppe kam dies spontan zur Sprache. Ein Kind wollte nicht mehr mitmachen. ,,Wenn ihr mich nicht wählt, dann spiel ich nicht mehr mit!" An diesen Protest schloß sich eine Aussprache der Kinder an. Sie war nicht damit begonnen worden, daß Kinder sagten, die oder den wollen wir nicht, sondern ein nichtgewähltes Kind, das im allgemeinen zum Kern der Kindergruppe gehörte und für das die Erfahrung des Nichtgewähltwerdens neu war, beklagte sich über das Nichtbeachtetwerden.

(89) *Blinzeln*

Die Kinder sitzen im Stuhlkreis, ein Stuhl bleibt unbesetzt. Hinter jedem Stuhl, auch hinter dem leeren, steht ein Wächter, die Hände auf dem Rücken. Lisbeth, hinter dem leeren Stuhl, blinzelt heimlich einem Sitzenden zu, und dieser versucht blitzschnell, den freien Platz zu besetzen. Bemerkt sein Wächter jedoch seine Absicht, so hält er ihn schnell an den Schultern fest. Entwischt er ihm, muß er sich selbst jemanden herbeiblinzeln.

(90) *Ich mache eine Reise und nehme mit . . .*

Dieses Spiel kann als Vorstellungsspiel oder als soziometrisches Spiel eingesetzt werden.

Die Kinder sitzen im Kreis. Die Spielleiterin beginnt und sagt: „Ich fliege nach Afrika. Ich nehme den Peter und die Lene mit." Peter und Lene kommen zur Erzieherin, fliegen einmal pantomimisch um den Kreis herum und setzen sich wieder. Jetzt ist das Kind neben Peter dran. Es kann z. B. sagen: „Ich fahre mit dem Rennwagen nach Hamburg. Ich nehme die Suse und die Eva mit!"

Kommentar

In dieser Form kommt das Spiel auch der Bewegungsfreude der Kinder entgegen; sie können sich immer wieder neue Fortbewegungsarten einfallen lassen. Es kann außerdem so variiert werden, daß ein, zwei oder drei Kinder mitgenommen werden.

(91) *Zusammen Aufträge ausführen*

Die Spielleiterin sagt: „Ich bin eine alte Königin. Ich kann überhaupt nicht mehr gehen. Deswegen müßt ihr mir alles, was ich wünsche, bringen. Jeder, dem ich einen Auftrag gebe, darf sich einen Helfer mitnehmen. Klaus, geh in die Küche und bringe mir eine Tasse mit Wasser, ohne sie zu verschütten. Wen nimmst du mit? Gabi, geh in den Abstellraum und hole mir einen Besen, ohne irgendwo anzustoßen. Wen nimmst du mit?" usw.

Kommentar

Hier bestimmt die Erzieherin, wer wählen darf. Sie kann mit ihren Wünschen spezifische Aufgaben stellen, z. B. bestimmte Rollen oder auch Geschicklichkeitsübungen.

Tanz- und Singspiele

Auch Tanz- und Singspiele geben Auskunft über das Verhalten der Kinder zueinander, weil sie ihren Spielpartner wählen müssen.

Die Kinder spielen sie sehr gern. Manchmal kann ihnen dabei aufgehen, daß sie sich in der Wahl nur auf die engsten Freunde beschränken und deshalb keine neuen Freunde gewinnen können.

Deshalb können die Spiele auch mit der Absicht geplant werden, nichtbeachtete Kinder zur Hauptperson zu machen. Diese Kinder sollten sich aber im Spiel so sicher fühlen, daß sie ohne Angst agieren können.

㊉ *Sitzt ein Frosch in seinem Reich*[14]

1. Sitzt ein Frosch in sei - nem Reich, in dem
tie-fen, grü-nen Teich, sitzt so ein-sam, so al - lein,
möcht gern in Ge - sell-schaft sein, sitzt so ein-sam,
so al - lein, möcht gern in Ge - sell-schaft sein.

2. Fröschlein, wir sind alle hier,
komm und such Gesellschaft dir,
bist dann nicht mehr so allein,
hüpfst und springst nochmal so fein.

Die Kinder bilden einen Kreis, singen und gehen um den „Frosch" herum, der am Boden sitzt.

Der zweite Vers kann auch so abgewandelt werden, daß es heißt:

> Fröschlein, wir sind alle hier,
> ich komm und bring Gesellschaft dir,
> bist dann nicht mehr so allein,
> hüpfst und springst nochmal so fein.

Das Spiel zeigt Beziehungsstrukturen der Gruppe auf, die aber dauernd verändert werden. In Vers 1 und 2 muß das Fröschlein aktiv werden und sich aus der Gruppe heraus einen Partner suchen, während im 3. Vers ein Kind aus der Gruppe sich löst, zum Frosch geht und mit ihm herumhüpft: Dies gibt Kindern, die gewählt werden wollen, aber selten gewählt werden, die Möglichkeit zu handeln.[15]

Im Gegensatz dazu steht die Erfahrung mit dem Singspiel „Fünfundzwanzig Bauernmädchen" (siehe Stigmatisierende Spiele, S. 149).

---

14 Hoerburger, F., u. Segler, H.: Klare, klare Seide, Bärenreiter, Kassel/Basel 1964, S. 143.
    Abdruck mit freundlicher Genehmigung des Verlages.

2.8 Spiele, die Macht und Einfluß auf die Gruppe zeigen

Diese Spiele regeln Macht und Einfluß auf die Spielgruppe. Die Kinder erfahren, wie eines von ihnen mit der Macht umgeht. Wir wollten durch diese Spiele Hinweise auf Anspruch und Geltung der einzelnen bekommen. Zu unserem Erstaunen äußerten sich die Kinder sehr eindeutig über das Verhalten der kindlichen Spielleiter. Sie konnten z. B. bei dem Spiel „Kaiser, wieviel Schritte schenkst du mir?" genau sagen, wo und bei wem der „Kaiser" seine Macht ausgenutzt hatte.

Obwohl es sich hier um Regelspiele handelt, kann man in ihnen doch sehen, wie die Rollen aufgefaßt werden. Es werden Konflikte in der Kindergruppe erkennbar, die dann besprochen werden können. Die Rollen müssen vorher besprochen werden, sonst können sie persönliche Schädigungen (Stigmatisierungen) verursachen.

(93) *Kaiser, wieviel Schritte schenkst du mir?*[16]

Die Kinder stehen in einer Reihe an der Wand. Der Kaiser — der Spielleiter — steht ihnen gegenüber. Das erste Kind fragt: „Kaiser, wieviel Schritte schenkst du mir?" Der Kaiser verteilt willkürlich Schritte. Viele große Schritte, Hühnerschritte (ganz kleine Schritte) oder Badewannen (eine Körperlänge) entweder vorwärts oder rückwärts. Ehe das Kind geht, muß es fragen: „Darf ich?" Der Kaiser antwortet mit „ja" oder „nein". Wer diese Rückfrage jedoch vergißt, muß am gleichen Ort stehen bleiben.

Kommentar

In dem Spiel können Kinder Führungsrollen übernehmen. Diese sind eindeutig bestimmt und erfordern keine Kenntnisse. Bei der Vergabe werden Sympathie- und Antipathiebeziehungen deutlich.

---

15 Weitere Beispiele:
„Kommt ein Reitersmann daher" (s. S. 117) aus
Edith Schumacher: Singspiele und Kindertänze für die Grundschule, Schorndorf 1972.
„Bist du's oder bist du's nicht?" aus
Caroline Creutzer: Kinder tanzt und spielt mit mir, München o. J., S. 18.
„Auf einen hohen Berge" aus
Wenz, J.: Die goldene Brücke, Bärenreiter, Kassel/Basel 1965.

16 Diese Fassung übernahm Brigitte Kreutter von Kindergartenkindern.
Brigitte Kreutter: Bewegungs- und Spielangebote — als Beitrag zu einer sozialen Erziehung in der Vorschule. Unveröffentlichte Zulassungsarbeit, Reutlingen, Pädagogische Hochschule, 1974.
In der Literatur fanden wir auch eine andere Fassung, die einfacher und weniger restriktiv ist: Preetorius, J.: Knaurs Spielbuch, München 1955.

Erfahrungen

Alle Kinder wünschen sich, Kaiser zu sein. Abgelehnte Kinder haben fast keine Chance, in Führungsrollen zu kommen. Auffallend war, daß die Jungen bevorzugt wurden. Einige Kinder komplizierten den Spielverlauf „damit er recht lange Kaiser bleiben darf" (Bemerkung eines Kindes). Dem Kaiser gegenüber zeigten sie sich fügsam, sogar devot. Nach einiger Zeit zeigten sie aber auch Unmut. An einem sehr aktiven Kind, das auch in anderen Spielen, z. B. beim Schlangenlaufen, die Führung nicht abgeben konnte, wurde daran Kritik geübt, während ein schüchterner Junge von der Gruppe ermuntert wurde, doch länger Kaiser zu bleiben. Wir konnten feststellen, daß auch Vorschulkinder das Verhalten anderer kritisch beurteilen.

Wenn die Erzieher Macht und Einfluß in den Gruppen besprechen, müssen sie dabei auch ihren eigenen Einfluß und ihre Position bedenken.

Veränderungen sollten vom Bestreben geleitet sein, Einflußmöglichkeiten gleichmäßiger zu verteilen und die Persönlichkeit des Kindes so zu stärken, daß es sowohl Macht ausüben als auch zugunsten anderer darauf verzichten kann. Wir mußten uns davor hüten, daß wir nicht bestraften, sondern nur die Zusammenhänge aufzeigten. Wir fragten uns: Wo stehen wir hinsichtlich Macht und Einfluß selbst?

(94) *Der Lehrer steht an der Tafel und schreibt. Er dreht sich um . . .*

Regine steht mit dem Gesicht zur Wand. Sie tut, als ob sie an eine Tafel schriebe. Die Kinder an der anderen Seite rufen: „Der Lehrer steht an der Tafel und schreibt. Er dreht sich um." Sobald das Wort „um" ausgesprochen ist, dreht sich der Lehrer um, schnell oder langsam, so, daß die Bewegung nicht voll zu berechnen ist. Während der Drehung gehen die Kinder vorwärts. Sie müssen stillstehen, wenn der „Lehrer" sie ansieht. Wer sich noch bewegt, muß rückwärts gehen. Wer zuerst die Wand erreicht, darf „Lehrer" sein.

Kommentar

Auch in diesem Spiel benützt der „Lehrer" seine ihm durch die Rolle verliehene Macht. Beliebte Kinder werden lange nicht so oft ertappt wie unbeliebte. Es ist auch kennzeichnend, wem die Gruppe hilft, wenn der „Lehrer" Bewegung sieht, obgleich der Spieler bereits steht, und wem sie nicht hilft. Bei diesem Spiel können Solidarisierungsansätze beobachtet werden.

Erfahrungen

Dieses Spiel wurde im Freispiel beobachtet, es wurde von Kindern im Kindergarten und außerhalb des Kindergartens gespielt. Interessant ist, daß die Figur, die Macht verwaltet, hier der Lehrer ist.

2.9 Stigmatisierende Spiele (am Beispiel „Der Gänsedieb")

Im Gegensatz zu den Spielen, bei denen die Kinder wählen und gewählt werden, wird im Spiel vom Gänsedieb die Position des schuldhaft abgelehnten Außenseiters durch die Spielregel zugewiesen. Darin könnte Entlastung gesehen werden. Ute Moeller-Andreesen[17] ist dieser Meinung; sie sagt: „Dieses Spiel (das Spiel vom Gänsedieb) läuft immer ab wie ein kleines Psychodrama. Man erlebt die Außenseiterrolle oder die freundschaftliche Umarmung und den gemeinsamen Triumph, nicht allein zu sein, und dann die Solidarität mit dem Außenseiter, den meistens gleich mehrere Kinder wieder wählen." Wir haben mit dem Spiel andere Erfahrungen gemacht und stellen sie hier zur Diskussion.

Wir fanden zwar auch, daß die meisten Kinder es gerne spielen. Einige äußerten aber das Unbehagen, das sie dabei empfanden.

(95) *Das Spiel vom Gänsedieb*[18]

Zuerst gehen alle Kinder im Kreis herum und singen:

„Wer die Gans gestohlen hat, der ist ein Dieb,
wer sie aber wiederbringt, den hab ich lieb."

Der Kreis löst sich auf, die Kinder laufen zusammen, immer zwei Kinder umarmen sich (bei einer geraden Zahl muß die Erzieherin mitspielen). Ein Kind bleibt übrig, es steht in der Mitte des Kreises, der sich wieder gebildet hat, und wird ausgesungen:

„Da steht der Gänsedieb, den hat kein Mensch mehr lieb.
Da steht der Gänsedieb, den hat kein Mensch mehr lieb."

Wenn sich der Kreis von neuem auflöst, ist er der erste, der umarmt wird. Kein Kind darf hintereinander zweimal der Gänsedieb sein.

Kommentar

Die Kinder erfahren in dem Spiel als Gänsedieb die Rolle des Ausgestoßenen. Ein heute siebzigjähriger Mann berichtete mir aus seiner eigenen Kindergartenzeit, daß er sich nach 65 Jahren noch an das Gefühl des Beschämtseins und des Ausgestoßenseins erinnere. Die Gruppe übt mit der Feststellung „den hat kein Mensch mehr lieb" Druck aus und verstärkt vorhandene Ängste. In der Umarmung bestätigen sich die Partner gegenseitig und wenden sich einander zu. In ihr werden Berührungsängste abgebaut. Die sich anschließende Aufnahme in die Gruppe hat für die meisten Kinder sicher etwas Tröstliches.

---

17 Ute Moeller-Andreesen: Das erste Schuljahr, Unterrichtsmodelle, Stuttgart 1973.

18 „Der Gänsedieb" aus Wenz, Die goldene Brücke, Bärenreiter, Kassel/Basel 1965.

Erfahrungen

Die Gruppen spielten das Spiel gern. In einigen äußerten die Kinder aber das Unbehagen, das sie als Gänsedieb hatten. Wir knüpften daran an und fragten, ob sie das auch sonst schon erlebt hätten. Sie berichteten von Wahlspielen, in denen andere nicht gewählt worden waren. Es fiel ihnen schwer, von sich selbst zu reden und zuzugeben, daß sie gekränkt worden waren. In einigen Gruppen waren die Kinder nicht imstande, über Gefühle des Ausgeschlossenseins zu sprechen.

Weitere Beispiele:

(96) *Ist die schwarze Köchin da?*

„Ist die schwarze Köchin da? Nein, nein, nein!
Dreimal muß ich rummarschieren, das viertemal den Kopf verlieren,
das fünftemal komm mit, du alter fauler Strick!"

Ausführung

Die Kinder bilden einen Kreis. Ein einzelnes Kind geht um ihn herum und singt: „Ist die schwarze Köchin da?" Darauf antworten alle anderen: „Nein, nein, nein." Das Kind singt und geht weiter. Bei jeder Silbe der letzten Verszeile „du alter fauler Strick" klopft es dem Kind, an dem es gerade vorbeigeht, auf die Schulter oder auf den Kopf. Dasjenige Kind, das bei dem Wort „Strick" getroffen wird, muß nun mitmarschieren. Das wiederholt sich so lange, bis nur noch ein Kind übrig geblieben ist. Auf die Frage „Ist die schwarze Köchin da?" antworten nun alle Kinder im Sprechton, indem sie auf das Übriggebliebene deuten:

„Ja, ja, ja, Da steht sie ja, da steht sie ja!
        Pfui, pfui, pfui!"

Wir gewannen den Eindruck, daß dieses Spiel für die Kinder reizvoller war, weil die schwarze Köchin ihnen als eine gefährliche geheimnisvolle Gestalt erschien, die mehr Macht hat als der Gänsedieb. Der Außenseiter ist nicht wegen seiner Untat der unbeliebte Abgelehnte, sondern weil er den anderen Angst macht.

(97) *Nix in der Grube*

„Nix in der Grube,
du bist ein böser Bube!
Wasche deine Beinchen
mit roten Kieselsteinchen.
Nix, greif zu!"

Ausführung

Der „Nix" kauert in einer Grube. Die anderen Kinder gehen hintereinander um ihn herum und singen. Bei „Nix, greif zu!" fängt der Nix ein Kind, das an seine Stelle tritt.

Nix in der Grube kann die Erfahrung vermitteln, daß man ausgelacht wird, weil man der Ausgestoßene ist, aber auch, daß man sich wehren kann. Der Nix wird zum Mächtigen. Das Spiel kann leicht pantomimisch gespielt werden: Der Nix lebt im Wasser, er bewegt sich nur schwerfällig, er geht manchmal an Land spazieren, schaut zu, usw.

98 *Fünfundzwanzig Bauernmädchen*[19]

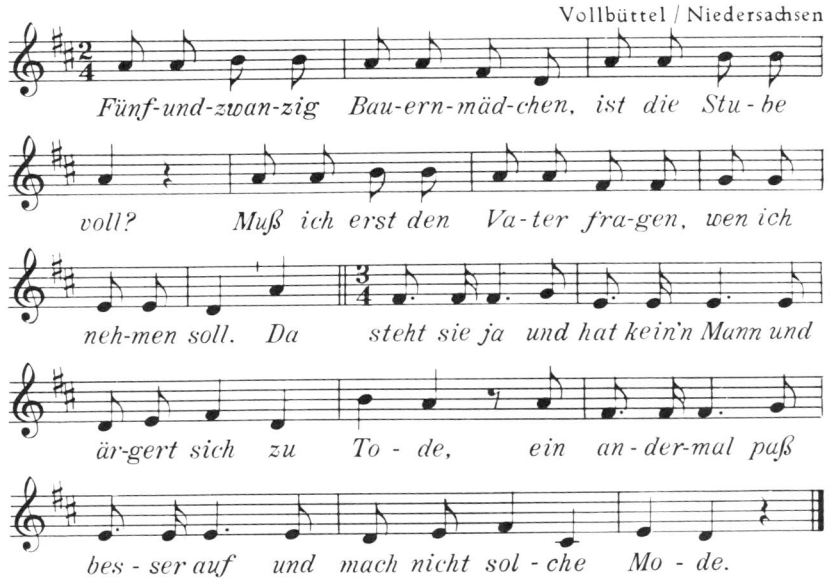

Vollbüttel / Niedersachsen

Fünf-und-zwan-zig Bau-ern-mäd-chen, ist die Stu-be voll? Muß ich erst den Va-ter fra-gen, wen ich neh-men soll. Da steht sie ja und hat kein'n Mann und är-gert sich zu To-de, ein an-der-mal paß bes-ser auf und mach nicht sol-che Mo-de.

Die Kinder bilden einen Kreis und hüpfen mit Galoppschritten miteinander herum. Bei den Worten „wen ich nehmen soll" sucht sich jedes Kind einen Partner. Da die Anzahl der Kinder ungerade ist, bleibt ein Kind übrig.

Die nun paarweise im Kreise herumstehenden Kinder singen und deuten auf das übrig gebliebene Kind. Das ganze beginnt wieder von vorne.

---

19 Die Singspiele Nr. 96, 97, 98 aus: Hoerburger, F./Segler, H.: Klare, Klare Seide, Bärenreiter, Kassel/Basel 1964.
Abdruck des Liedes Nr. 98 mit freundlicher Genehmigung des Verlages.

3. Zur Auswertung der Spiele

3.1 Soziometrische Auswertung von vorbereitenden Spielen und von Rollenspielen

Alle Spiele, in denen die Kinder Spielpartner frei wählen können, eignen sich für eine soziometrische Auswertung. Ziel einer solchen ist, festzustellen, wie eine Gruppe strukturiert und die Stellung einzelner Kinder in ihr ist. Das Ergebnis kann dann Anlaß für eine gezielte pädagogische Maßnahme bezüglich eines Kindes oder bezüglich der ganzen Gruppe sein.

Die Erzieherin nimmt nicht am Spiel teil, sondern schreibt in einer vorbereiteten Liste auf, wer wen wählt:

Wähler	Gewählter
Hans	Lise
Lise	Hans
Renate	Lise
•	•
•	•
•	•

Diese Liste wird in eine sog. „Urliste" umgewandelt, aus der die Häufigkeit der gegenseitigen Wahlen zu erkennen ist. Die Gruppenbeziehungen können dann in ein Soziogramm übertragen werden.

Urliste, in der die Wahlen festgehalten werden:

Wähler \ Gewählter	Hans	Lise	Jörg	Renate
Hans		III		
Lise	II			
Jörg	I			
Renate		II		

150

Interaktionssoziogramm

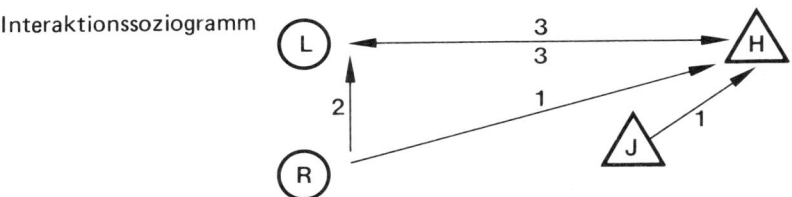

Das Dreieck ist das Symbol für einen Jungen, der Kreis für ein Mädchen. Ein Pfeil mit Richtung auf einen Namen bedeutet, daß der, von dem der Pfeil ausgeht, gewählt hat. (In einem Interaktionssoziogramm kommen ablehnende Wahlen nicht vor, deshalb brauchen wir kein Zeichen für ablehnende Wahlen.)

In unserem Beispiel wählen sich Hans und Lise häufig. Sie scheinen das Spiel zu bestimmen. Renate und Jörg wählen, werden aber selbst nicht gewählt. Die Kindergruppe könnte nun unter verschiedenen Fragestellungen beobachtet werden: Bestimmen Hans und Lise die Gruppe? Lassen sie kein anderes Kind die Führung übernehmen? Wie ist die Zusammenarbeit oder das Zusammenspiel in anderen Situationen? Warum wählen sich Renate und Jörg nicht? Ist es Zufall oder möchten sie so sehr Freunde des beliebten Paars werden, daß sie versäumen, sich miteinander zu beschäftigen? Natürlich beantwortet ein Interaktionssoziogramm diese Fragen nicht, es hilft aber, sie zu stellen und weitere Beobachtungen zu machen.

In einem Befragungssoziogramm fragt die Spielleiterin die Kinder danach, was sie in einer vorgestellten Situation machen würden, mit wem sie gerne, mit wem sie nicht gerne spielen würden, wen sie mit ins Freibad nehmen würden, wen nicht. Daraus läßt sich die Beliebtheit und die Ablehnung eines Kindes in der Gruppe feststellen.[20]

Kinder wechseln in ihren Zuneigungen und Abneigungen sehr rasch. Viele Untersuchungen bestätigen aber eigene Erfahrungen, daß sich Führungspositionen und Positionen hoher Beliebtheit sowie Außenseiterstellungen und die Position des Abgelehnten früh ausbilden und einigermaßen konstant halten. In einer Gruppe nicht beachtet oder abgelehnt zu werden, gehört aber zu den schmerzlichsten Erfahrungen eines Kindes. Die Erzieherin muß die auffälligen Kinder sehr aufmerksam beobachten, damit sie ihnen im Notfall Schutz und Hilfe geben kann, ohne sie in ihrer Eigenständigkeit zu gefährden.

Das Soziogramm erweist sich als wertvolles diagnostisches Instrument, das den Erzieherinnen im Zusammenhang mit zufälligen Beobachtungen hilft, sozial auffällige Kinder zu beobachten. Vor allem werden scheue, zurückhaltende Kinder, die zwar nicht stören, aber auch keinen Anschluß an die Kindergruppe finden, dadurch besser erkannt.

---

20 Siehe auch Hundertmarck, G.: Soziale Erziehung im Kindergarten, Stuttgart 1971.

3.2 Bearbeitung von Erfahrungen, die Kinder beim Wählen und Gewähltwerden machen

Wir glauben, daß die Spiele, die Beziehungsstrukturen in der Gruppe aufzeigen, eine doppelte Funktion haben, wenn die Kinder ihre Erfahrungen aussprechen und austauschen können. Sie teilen ihre Betroffenheit mit und distanzieren sich damit ein Stück von ihr. Sie erfahren durch die Mitteilung des anderen, daß es offensichtlich für alle wichtig ist, gewählt zu werden: ja, alle Kinder möchten im geheimen der Mittelpunkt der Gruppe sein. Deshalb müssen Kompromisse gemacht werden. Kränkungen werden so leichter verkraftet. Die Kinder lernen aber auch, sich gegen die Kränkung zu wehren. Der Nix im Teich wird ausgelacht, verspottet und gehänselt, aber er nimmt das nicht hin, er holt die Kinder.

Wir hänseln den Thomas. Wie erträgt er das? Kann er die Hänseleien anhören? Wie kann er sie zurückgeben? Die Erzieherin geht umher, und jeder darf ihr eine Hänselei sagen. Beim zweitenmal sagt sie irgend etwas zurück. „Du hast aber eine komische Nase!" — „Findest du meine Nase auch so nett?" — „So ein langweiliges Kleid." — „Gell, du bist richtig neidisch, weil es so hübsch aussieht?"

In diesen Spielen sollen die Kinder erfahren, wie man sich als Verspotteter fühlt. Dies kann sowohl in der Rolle wie auch über die Identifikation mit der Erzieherin auf verschiedene Weise geschehen. Einmal ist die Erzieherin schwer getroffen, dann lacht sie darüber, oder sie wird aggressiv. Sie zeigt, daß sie Spaß versteht, daß sie annimmt, man meine es im Grunde gut mit ihr.

Anschließend können Kinder die Rolle des Gehänselten übernehmen und lernen, mit ihr fertig zu werden.

3.3 Weiterführende Verarbeitungsvorschläge für die Behandlung der Außenseiterproblematik

Vorschlag 1:

(99) *Rotschopf. Treffen wir uns auf der Wiese?*

Die Kinder sprechen davon, daß sie das Ausgeschlossensein oder das Benachteiligtwerden gekränkt hat. Dann geht es darum, dies den Kindern als allgemeines Problem deutlich zu machen.

Wir haben den Kindern eine Geschichte vorgelesen: „Treffen wir uns auf der Wiese?"[21]

„Treffen wir uns auf der Wiese?" fragt Jan seine Freunde.
„Natürlich!" ruft Uschi, „heute haben wir nur wenig Hausaufgaben auf." Das Wetter ist herrlich, richtiger Sommer.

---

21 Meyer, G: Rotschopf, zit. bei Eggers, Th.: Am Rande leben, Das Außenseiterproblem im RU der Primarstufe, Düsseldorf 1973, S. 162—163.

„Bis nachher!" schreit Tim noch, und schon sind alle vier in dem großen Haus verschwunden, jeder hinter einer anderen Tür. Jan wohnt ganz unten, darüber Uschi, im nächsten Stockwerk Heinz und über Heinz Tim.

Ganz oben ist noch eine Wohnung, die längere Zeit unbewohnt war. Erst heute ist dort eine neue Familie eingezogen.

„Ich bin gespannt, was das für Leute sind", sagt Jans Vater, als Jan seinen Ranzen in eine Ecke wirft.

„Ich bin gespannt, was das für Leute sind", sagt Uschis Mutter, als sie das Mittagessen auf den Tisch stellt.

„Ich bin gespannt, was das für Leute sind", sagt Heinz' Vater, als Heinz seine Aufgaben macht.

„Ich bin gespannt, was das für Leute sind", sagt Tims Vater, als Tim, wie an jedem Nachmittag, fortgehen will, um mit Jan, Heinz und Uschi zu spielen.

Tim geht auf den Balkon und ruft nach unten: „Hallo! Seid ihr fertig?" — „Ja! — Jawohl! — Ja! — Wir sind fertig!" ruft es zurück. Und nach zwei Minuten treffen sich alle auf der kleinen Wiese hinter dem Haus. Heinz hat eine große Decke mitgebracht: „Wir können auf der Decke turnen", schlägt er vor. „Ja, wir spielen Turnstunde!" „Oder wir können Schule spielen!" „Nein, wir wohnen auf der Decke!" „Ja, wir können eine richtige Familie sein!" „Nein, ich weiß, wir bauen uns mit der Decke ein Haus!" „Und holen noch mehr Decken!" „Und ein paar Stäbe!" „Ein Zelt! Ein Zelt!" „Macht ihr alle mit?" „Klar!" Die vier springen ins Haus und kommen mit Stöcken und Tüchern zurück. Nach kurzer Zeit sitzen Jan, Uschi, Heinz und Tim in ihrem selbstgebauten Zelt. Sie lesen. Sie lachen. Sie schimpfen. Sie fühlen sich wie Erwachsene. Plötzlich steht da, am Rand der Wiese, ein Mädchen. Die vier haben es noch nie gesehen. Rote Haare, zu einem Pferdeschwanz gebunden, viele Sommersprossen um die Nase. Große Augen schauen auf die Kinder, auf das Zelt.

Das stört die vier Freunde.

„He — was willst du da?"

„Du hast hier gar nichts zu suchen! Das ist unsere Wiese!"

„Und unser Haus!"

„Mach, daß du fortkommst, du Rotschopf!"

Und dann rufen sie:

„Rotschopf! Rot-schopf! Rot-schopf!"

Tim kann nicht mitschreien.

„Hört doch auf! Hört doch auf!" sagt er.

Jan, Heinz und Uschi schweigen und schauen sich an.

Sie wissen nicht, was sie tun sollen.

Verarbeitung

Situationsanalyse

Was geht in dieser Geschichte vor sich?

Wieviel Personen sind beteiligt? Wer?

Warum lehnen die Kinder Rotschopf ab? Sie sind eine Gruppe, es werden Vorurteile der Eltern wirksam.

Umsetzung ins Rollenspiel

Die vier Kinder, Jan, Uschi, Heinz und Tim, treffen sich. Sie planen den Nachmittag. Von ferne her kommt das fremde Mädchen. Die Kinder berichten, was die Eltern bei Tisch gesagt haben. Genaue Charakterisierung der Rollen.

Wie geht es dabei dem kleinen Mädchen?

Kann es sagen, was es fühlt? Was es gerne möchte?
(Monolog, evtl. mit Hilfe der Erzieherin oder eines Doppels.)

Könnt ihr euch mögliche Fortsetzungen der Geschichte ausdenken?

Jetzt versuchen immer vier Kinder, sich eine Fortsetzung der Geschichte vom Rotschopf auszudenken. Wie sieht es in einem Jahr aus? Das kleine Mädchen hat nun ein Jahr in der neuen Wohnung gelebt, und die Kinder kennen sich. Es lassen sich ganz verschiedene Lösungen denken.

Die Lösungen werden vorgespielt

In der darauf folgenden Besprechung muß deutlich werden, daß sowohl die Freunde wie auch Rotschopf aktiv werden müssen. Die Eltern müssen ihre skeptische, vorsichtige, vorurteilsvolle Haltung aufgeben. Rotschopf darf sich nicht erschreckt und beleidigt zurückziehen, sondern sie muß der kritischen Überprüfung standhalten. Die Freunde müssen sie in ihre Gruppe aufnehmen.

Vorschlag 2:

⑩ *Kasperle und der Gänsedieb*

Die Spiele vermitteln immer zwei Erfahrungen:

1. wie man sich fühlt, wenn man wählen darf oder gewählt wird und

2. wie man sich als Nichtgewählter oder Abgelehnter, Ausgestoßener fühlt.

Der Kasper kommt nach Hause und berichtet von einem ganz miesen Spiel: ,,Da steht der Gänsedieb, den hat kein Mensch mehr lieb.'' Die Großmutter will es genau wissen und fragt die Kinder, wie es war, ob sie das Spiel auch so traurig gemacht hätte. Kasper sagt: ,,Nein, natürlich nicht, denn die wurden ja gewählt und nur hinter mir haben sie crein geschrien.'' Die Großmutter kann nun in der Technik des reflektierenden Zuhörers (vgl. Einführungskurs für Erzieher) den Kasper und die Kinder weiter nach den Erfahrungen mit dem Spiel und der Situation des Außenseiters fragen. Sie soll nicht trösten oder beschwichtigen, sondern zuhören. Selbst wenn die Erzieherin beide Rollen spielt, Kasper und Großmutter, soll der Kasper sich aussprechen können. In der Regel steigen dann die Kinder in das Gespräch ein und führen es fort, so daß auch reale Erfahrungen besprochen werden können.

In den beiden Vorschlägen haben wir aufzuzeigen versucht, wie über Erfahrungen der Kränkung und Ablehnung gesprochen wird und wie sie auf die eigene Lebensrealität bezogen werden können. Dies braucht nicht in einer Einheit zu geschehen. Die Spiele können immer wieder angeboten und besprochen werden. Sie sollen aber nicht so zerredet und in einer Art durchgearbeitet werden, daß die Freude am Spiel vergeht und die eigene Problematik überspitzt und als Mitleid am eigenen Elend unkindlich in den Vordergrund gezerrt wird. Diese Gefahr ist kaum bei Kindergartenkindern, bei Grundschulkindern aber durchaus gegeben.

Literaturhinweise für die Praxis (Auswahl)

Abel-Struth, S.: Musikalischer Beginn in Kindergarten und Vorschule. Bd. 1 und Bd. 2. Kassel 1972.

Abel-Struth, S., u. a.: Musik und Bewegung im Elementarbereich. München 1974.

Bannmüller, E.: Neuorientierung der Bewegungserziehung. Stuttgart 1979.

Belser, H., u. a.: Curriculum-Materialien für die Vorschule. Weinheim und Basel 1972.

Bertelsmann, K.: Ausdrucksschulung. Unterrichtsmodelle und Spielprojekte für kreatives und kommunikatives Lernen. Stuttgart 1975.

Blumenthal, E.: Bewegungsspiele für Vorschulkinder. Schorndorf 1973.

Bünner, G./Röthing, P.: Grundlagen und Methoden rhythmischer Erziehung. Stuttgart 1971.

Bühler/Fey/Kluge: Spielgruppenpädagogik. München 1978.

Bornemann, M./Hundertmarck, G.: Treffpunkt Spielgruppe. München 1977.

Büschel, G.: Das Spiel in der Sonderschule für Lernbehinderte. Berlin-Charlottenburg 1972.

Callies, E.: Spiel- und Lernladen für Vorschulkinder. Stuttgart 1977.

Cratty, B. J.: Aktive Spiele und soziales Lernen. Ravensburg 1977.

Daublebsky, B.: Spielen in der Schule. Stuttgart 1973.

Diem, L.: Bewegungsspiele mit Kindern. Körperlich und seelisch intakt durch motorische Erfahrung. Reinbek 1979.

Freudenreich, D.: Kooperation — Lernen durch Rollenspiel. München 1977.

Friedemann, L.: Kinder spielen mit Klängen und Tönen. Ein musikalischer Entwicklungsgang. Wolfenbüttel 1971.

Fröhlich, P./Heilmeyer, J.: Modell Kinderspielclub. Materialien zur Praxis neuer Spielmethoden. Köln 1974.

Frommlet, W./Mayrhofer, H.: Eltern spielen — Kinder lernen. Handbuch für Spielaktionen. München 1972.

Frostig, M.: Bewegungserziehung. München/Basel 1973.

Gahagan, D. u. G.: Kompensatorische Spracherziehung in der Vor- und Grundschule. Düsseldorf 1971.

Gebauer, K.: Beispiele. Spielsituationen — Lernsituationen — Alltagswirklichkeit. Hannover 1975.

Gebauer, K.: Spielprojekte. Für Kinder im Kindergarten und in Schuleingangsklassen. Hannover 1976.

Gording, E.: Dramatisches Spiel. Velber 1971.

Greenaway, K.: Kinderspiele. Frankfurt 1977.

Grüneisl, G./Mayrhofer, H./Zacharias, W.: Umwelt als Lernraum. Organisation von Spiel- und Lernsituationen. Köln 1973.

Gudjons, H.: Praxis der Interaktionserziehung. Bad Heilbrunn 1978.

Hasselbach, B.: Tanzerziehung in der Grundschule. Stuttgart 1971.

Hielscher, H. (Hrsg.): Sozialerziehung konkret, Bd. 1. Hannover 1977.

Hielscher, H. (Hrsg.): Sozialerziehung konkret. Grundlagen der Sozialerziehung. Spiele und Material. Hannover 1977.

Huberich, P./Huberich, U.: Spiele für die Gruppe. Heidelberg 1979.

Kaysell, P.: Pantomime für Kinder. Über Ausdruck und Körpersprache zum Theaterspiel. Ravensburg 1977.

Klinke, W./Mieskes, H.: Schulpädagogische Aspekte des Spieles und der Spiel- und Arbeitsmittel. Wien und München 1979.

Klippstein, E./Klippstein, H.: Soziale Erziehung mit kooperativen Spielen. Bad Heilbrunn 1978.

Krantz, M.: Kinder spielen Geschichten. Gelnhausen-Freiburg 1980.

Kube, K.: Spieldidaktik. Düsseldorf 1977.

Lefold, P.: Spielaktionen. Hannover 1979.

Longardt, W.: Spiele. 100 ungewöhnliche Vorschläge. Gütersloh 1974.

Mayrhofer, H./Zacharias, W.: Aktion Spielbus. Weinheim 1973.

Mayrhofer, H./Zacharias, W.: Neues Spielen mit Kindern. Ravensburg 1977.

Preetorius, J.: Knaurs Spielbuch. München 1955.

Schwalbacher Spielkartei: Haus Schwalbach. Arbeitsstätte für Gruppenpädagogik.

Seidl, E./Pohl-Mayerhöfer, R., u. a.: Rollenspiele für Grundschule und Kindergruppen. München 1976.

Somplatzki, H.: Körpertraining und Bewegungsgestaltung im darstellenden Spiel. Recklinghausen 1976.

Vogt, W.: Bewegungsförderung. Hannover 1975.

Wenz, J.: Die goldene Brücke. Volkskinderlieder für Haus und Kindergarten, Spielplatz und Schule. Kassel/Basel 1965.

Wollschläger, G.: Widerstand und Aggression in pädagogischer Praxis. Frankfurt 1975.

Zeitschriften:

Kindergarten heute, Zeitschrift für Erziehung im Vorschulalter, Herder-Verlag, Freiburg i. Br.

Spielen und Lernen, Zeitschrift für Eltern und Kinder, Velber-Verlag, Seelze.

Rhythmik in der Erziehung, Kallmeyer, Wolfenbüttel.

V. Beispiele für Rollenspiele und Rollenspiel-Ansätze

1. Planung und Durchführung von Rollenspielen im Hinblick auf ausgewählte Lernziele

In diesem Kapitel sollen Spielansätze und Spiele im Hinblick auf die in Kap. I genannten Lernziele beschrieben werden. Wir wollen mit diesen Beispielen Anregungen für den Praktiker geben, ihm zeigen, was wir unter Rollenspieleinheit verstehen und wie differenziert sich ein Rollenspiel planen läßt. Einige Beispiele haben wir voll ausgeführt. Sie können für die Erzieherin Planungsgrundlage und Konkretisierungshilfe für eigene Spiele sein; sie sind aber nicht so gedacht, daß sie wörtlich nachgespielt werden. Dies würde die Kinder an einen vorliegenden Text binden, ihre Kreativität und Spontaneität einschränken: das würde dem Sinn des Rollenspiels widersprechen.

Die Kommentare zu den ausgeschriebenen Spielen sollen zeigen, wie die in Kap. III beschriebenen Techniken angewendet und wie Lernabsichten verfolgt werden können.

1.1 Lernziele

1.1.1 Selbstdarstellung

(101) *Modenschau*

Heute nachmittag ist im Goldenen Adler große Modenschau. Alle Eltern sind eingeladen. Wir sind die Mannequins. Mannequins nennt man die Mädchen, die über den Laufsteg gehen und ihre schönen Kleider vorführen. Vor allem die ganz verrückten Modelle müssen gut vorgeführt werden.

Man braucht auch einen Ansager. Er kündigt jedes Mannequin an und zeigt, was an jedem Modell besonders chic ist. Manchmal übertreibt er.

Ehe die Modenschau beginnt, müßt ihr euch ein wenig schminken. Jedes Mannequin bittet einen Zuschauer, es zu schminken. Nach einiger Zeit tauscht ihr die Rollen.

Kommentar

Verkleiden macht den Kindern viel Freude. Vielen fällt es dann leichter, die verlangte Rolle darzustellen. Auch das gegenseitige Schminken und Anmalen macht ihnen großen Spaß. Sie lernen, Berührungsängste abzubauen, sich über Berührung zu begegnen und partnerschaftliches Verhalten zu entwickeln. Anfangs sind die Kinder oft aus Unsicherheit robust und aggressiv. Sobald sie aber zusammen spielen, werden sie sehr behutsam.

(102) Taxifahren

Aus großen Pappkartons werden Taxis hergestellt. In jedem sitzt ein Fahrer und wartet auf einen Fahrgast. Ein Kind steigt ein. Zwischen Taxifahrer und Fahrgast entspinnt sich ein Gespräch, z. B.:

FAHRER: Guten Tag, wo wollen Sie denn hin?

FAHRGAST: Fahren Sie mich bitte ganz schnell zum Flugplatz.

FAHRER: Wohin wollen Sie denn fliegen?

FAHRGAST: Ich bin der Herr . . ., ich muß schnell nach Afrika fliegen, dort fange ich wilde Tiere ein.

Zur Einführung dieses Spiels kann es nötig sein, daß die Erzieherin die Rolle des Fahrers übernimmt und mit Alternativfragen den Fahrgast zum Reden bringt.

Taxifahren (102)

158

Taxifahren (102)

Das Spiel kann als simultanes Partnerspiel oder als Spiel mit Beobachtern durch-geführt werden.

(103) *Schimpfen*

Zwei Autos sind zusammengestoßen. Die Fahrer springen heraus und beschimp-fen sich gegenseitig. Ihre Frauen kommen hinzu und beteiligen sich am Streit.

Kommentar

Die Schimpfsituation, die komplementär und symmetrisch gespielt werden kann (s. S. 36), ist für aggressionsgehemmte Kinder oft recht hilfreich. Sie können Aggressionen äußern und im Spiel Schimpfwörter gebrauchen.

159

1.1.2 Rollenlernen

(104) *Hüte verwandeln mich und mein Verhalten*[1]

Im Kreis liegen Hüte und Mützen: Kappen, Hüte von feinen Damen, Polizeimütze, Bäckermütze, Kochmütze u. a., z. B. auch Kronen und Nikolausmützen.

Die Kinder gehen zunächst frei im Raum umher. Nach einiger Zeit werden sie aufgefordert, sich eine Kopfbedeckung zu nehmen und weiterzugehen. ,,Stellt euch vor, ihr geht wie der, der den Hut trägt. Begrüßt euch gegenseitig!

Nun geht jeder auf den anderen zu und stellt sich dem anderen vor. Dabei müßt ihr sagen, wer ihr seid, woher ihr kommt. Den Beruf soll der andere raten.

Also der Koch sagt: ,Ich komme aus Stuttgart, dort bin ich in einem großen Hotel.'

Nach einiger Zeit verabschiedet ihr euch und tauscht die Hüte. Dann geht ihr zu einem anderen Kind und stellt euch wieder vor.''

(105) *Einkauf im Hutladen*

Du bist mit deiner Mutter im Hutladen. Die Verkäuferin will dir ein Kindermützchen aufsetzen. Deiner Mutter gefällt es, aber dir gefällt es nicht. Was machst du? Du probierst die verschiedensten Hüte auf, du ärgerst die beiden, indem du mit den Hüten Faxen machst.

In dem Spiel werden Möglichkeiten der Selbstdarstellung und Selbstbehauptung ausprobiert.

1.1.3 Empathielernen (Einfühlung in andere Menschen durch Rollenspiel)

Streitszenen

(106) *Ich will den Mantel nicht anziehen!*

Ein fünfjähriges Mädchen, das sehr schlechter Laune ist, soll mit seiner Mutter einkaufen gehen. Es wehrt sich mit Händen und Füßen, einen Mantel anzuziehen. Die Mutter redet ihr gut zu und zwingt sie schließlich.

Nach dem Spiel tauschen die beiden Spieler ihre Rollen und spielen die Szene noch einmal. Die widerspenstige Tochter benützt nun die Argumente der Mutter, daß der Mantel angezogen werden muß, wenn die notwendigen Einkäufe gemacht werden sollen. Die Mutter aber spürt, wie unangenehm es ist, gezwungen zu werden und sich herumkommandieren zu lassen. Beide Partner können nun den anderen eher verstehen; sie erleben, wie einer auf den anderen wirkt.

---

[1] Die Anregung gab Eva Bannmüller in einer gemeinsamen Unterrichtsstunde.

(107) *Ich will fernsehen*

Zwei Kinder möchten die Fortsetzungsfolge eines Fernsehfilms sehen. Sie bitten die Mutter, doch ausnahmsweise aufbleiben zu dürfen. Alle im Kindergarten haben den Anfang gesehen und werden morgen davon erzählen. Die Mutter möchte, daß die Kinder schlafen gehen. Es kommt Besuch, und da sollten die Kinder im Bett sein.

Auch hier kann Rollentausch gegenseitiges Verstehen bewirken. Es sollte auch eine Lösung gespielt werden, in der die Mutter nachgibt und die Sendung anschauen läßt, eine Lösung, in der sie eigene Bedürfnisse zurückstellt. Der Kompromiß sollte sichtbar werden. Die Mutter wurde nicht überrumpelt oder überlistet, sondern sie sah die Argumente der Kinder ein.

(108) *Ich will auch*

Zwei Kinder spielen auf der Straße. Das größere Mädchen macht Seifenblasen. Der kleine Junge greift danach, läuft ihnen jubelnd nach. Nach einiger Zeit will er selbst Seifenblasen machen und verdirbt dem großen Mädchen das Spiel. Er wirft das Glas um, er schreit, es gelingt ihm nicht.

Durch Rollenwechsel können Geschwisterprobleme, die im realen Konflikt nur als einseitige Verletzungen erlebt werden, besser verstanden werden. An das Spiel schließen sich meist eigene Erfahrungen an. Es bleibt der Erzieherin überlassen, ob sie typische Situationen in Spiel umsetzt. Das Spiel sollte immer beiden Partnern gerecht werden und nie einseitige Problemlösungen darstellen.

(109) *Spielzeugstreit 1*

Liese hat ein schönes Bärchen, mit dem sie spielt, das sie abends mit ins Bett nimmt. Ulrich möchte gern auch so ein Tier haben. Er ist aber schon so groß, daß er nicht wagt, sich ein Schlaftier zu wünschen. Er nimmt den Bär ab und zu seiner kleinen Schwester weg. Die brüllt und schreit . . .

(110) *Spielzeugstreit 2*

Peter und Uwe wollen beide gleichzeitig dasselbe Bilderbuch anschauen. Peter ist wesentlich stärker als Uwe. Uwe weint und bittet die Erzieherin, ihm beizustehen. Diese hilft durch Rollentausch: sie hebt Uwe auf einen Stuhl: ,,So, du bist jetzt mal der Peter. Und du, Peter, bist jetzt der Uwe." Beide sprechen nun in der Rolle des anderen. Das Verständnis für den anderen wird geweckt, sie einigen sich: Wir können das Buch doch auch zusammen anschauen, oder: Du kannst es erst anschauen, gib's mir bitte, wenn du fertig bist!

1.1.4 Kommunikation und Interaktion
(Einübung von Fähigkeiten zur Interaktion)

1.1.4.1 Bitten und gebeten werden

(111) *Warm-up: Kreide verschenken*

„In der Mitte des Kreises liegt ein Stück Kreide.[2] Sie gehört Ramona. Jetzt bittet ihr Ramona reihum um die Kreide. Sie darf sie, wenn alle sie darum gebeten haben, dem schenken, der am nettesten darum gebeten hat."

Kommentar

Zu dieser Situation können verschiedene Lernerfahrungen gemacht werden. Der Geber freut sich, von der ganzen Gruppe um etwas gebeten zu werden, er muß aber auch entscheiden, wem er das Stück Kreide geben soll. Die Gruppe hört die vorgebrachten Bitten und kann diese Entscheidung kontrollieren. Häufig wird sie nicht gefällt, weil sie zu schwierig ist. Auch daran sind alle Kinder beteiligt. Der Geber empfindet auch ein Stück Macht bei der Entscheidung. Wir haben die Rolle gehemmten, sprachgestörter Kindern gegeben, die sie sehr genossen haben.

Die Bittenden variieren ihre Bitten und lernen dabei, wie der gleiche Satz durch Tonfall, Stimmodulation, begleitende Gesten und Mimik einen völlig anderen Aufforderungswert erhalten kann. Sie bemerken auch die Unterschiede in den Begründungen: „Bitte, gib mir die Kreide, ich brauche sie zum Spielen!" Die Kreide wird als Wert betrachtet: „Bitte, gib mir die Kreide, ich will dir eine gute Freundin sein!" Die Gewährung dieser Bitte soll die Freundschaft festigen.

Die Kinder, auch noch in der Grundschule, konnten nur mühsam Bitten formulieren und begründen.

Sie verbanden sie gern mit Bedingungen, sogar mit Erpressungen. „Gib mir die Kreide, sonst darfst du nicht mehr mitspielen."

Erweiterung der Spielsituation[3]

(112) *Den König bitten*

Der König sitzt majestätisch auf seinem Thron. Zwei arme Leute kommen zu ihm und bitten um Hilfe, der eine freundlich und ehrerbietig, der andere frech und fordernd.

---

2 Es muß keine Kreide sein, aber es hat sich bewährt, das warm-up mit kleinen Gegenständen durchzuführen, die zu haben den Kindern nicht zu wichtig ist. Dadurch wird die eigentliche Aufgabe, Erlernen der Frageformen und Erfahren der Beziehungsstruktur zwischen Geber und Bittendem deutlicher.

3 Die Spielanregung übernahmen wir von stud. päd. Michael Urban, der sie mit Kindern erprobt und variiert hat.

Es darf immer nur einer von den Bittenden reden. Der König darf sich einen Minister wählen, der ihn berät. Die beiden Armen können, wenn dies notwendig ist, von einem „Dahinterstener", Doppel, unterstützt werden.

Kommentar

Bei diesem Spiel sollen die Bittenden ihre Bitte begründen. Der König forscht nach und zwingt sie dazu. Er ist der Gebende, der Mächtige. Seine Entscheidung ist leicht, er hilft dem ehrerbietig Bittenden. Trotzdem wählen viele Kinder die Rolle des Frechen, Fordernden. Sie können sich in ihr leichter ausdrücken und genießen die Freiheit, die sie ihnen gibt. Bei der Besprechung sollte deutlich werden, daß der König durch den sanften, unterwürfigen Ton willig gemacht wird, so wie es Kinder manchmal durch Schöntun mit der Mutter machen.

Die Beziehungen sind in diesem Spiel wieder sehr vereinfacht. Dadurch sind die Verhaltensweisen leicht zu verstehen. Wir haben sie, um Klischees und Vorurteile zu verhindern, oft ändern lassen. Der König mußte Zugeständnisse machen, weil er nichts hatte oder weil der Fordernde im Recht war. Er mußte alles ablehnen, beiden etwas geben oder besondere Dienste dafür verlangen.

Bei Kindern ist die Rolle des Königs mit ihren Variationen sehr beliebt, sie spielen sie oft und gern. Kinder, die sich überhaupt nicht durchsetzen können, leben sich in Verweigerung und Verneinung aus. Ein Junge klagte: „Die Inge ist nicht so frech, wie ich möchte." Als diese dann schrie: „Du mußt mir das Geld einfach geben", befahl er „Wachen! Führt sie ab, nehmt sie fest!" Offensichtlich hatte er diesen Satz schon vorgeplant.

Umsetzung in die Realität

(113) *Die ältere Schwester um Geld bitten*

Andrea möchte von ihrer großen Schwester Ilse, die schon verdient, gerne Geld für einen Goldhamster haben. Was soll sie zu der Schwester sagen? Was fragt die Schwester? Wer spielt Andrea? Wie alt ist sie? Kannst du sie dir vorstellen? Wie soll sie aussehen? Wer spielt die große Schwester Ilse? Wie alt ist sie? Was macht sie in ihrem Beruf? Wie soll sie aussehen?

Wo fragt Andrea ihre Schwester? In der Küche, in ihrem gemeinsamen Zimmer, bei einem Spaziergang? Wann fragt sie? Abends, morgens, nach einem Spaziergang? Beschreibung der Szenerie. Möglichst konkrete Vorplanung, damit die Rollen gut erfaßt werden. Nun spielen die beiden, wir hören, wie Andrea ihre Schwester bittet. Wir beobachten, die einen Andrea, die anderen die Schwester.

Das Spiel sollte nicht länger als fünf Minuten dauern.

Reflexionsphase:

Was habt ihr während des Spiels erlebt?

Was haben wir gesehen?

Warum hat Andrea Geld bekommen, nicht bekommen?

Erneutes Darstellen:

Entweder durch Rollenwechsel zwischen Andrea und Ilse, oder andere Kinder spielen die Szene.

In Grundschulklassen teilten wir gelegentlich die ganze Gruppe in Paare auf. Sie spielten für sich das Gespräch durch und es dann auch der Gruppe vor.

1.1.4.2 Bitten und eine Bitte verweigern

(114) *Warm-up: Kreide verweigern*

Das Kreisspiel „Ramona bitten wir um Kreide" kann auch so gespielt werden, daß Ramona verweigert: „Ich weiß, du willst die Kreide haben, aber ich möchte sie behalten." Der Gebetene lehnt ab, der Bittsteller erlebt die Abweisung.

Die Abweisungen sind auch für frustrierte Kinder nicht so schmerzlich, weil die Spielregel sie entlastet. Diese Kinder sprechen dann auch über selbst erlittene Verletzungen. Wenn die Spielleiterin ein Kind nicht sehr gut kennt, sollte sie es nicht eigene Erlebnisse spielen lassen. Das Spielen von Verweigerungen im familiären Bereich kann schmerzhafte Empfindungen auslösen, die sie nicht zureichend auffangen kann.

Kommentar

Bitten ist deshalb für viele Menschen so schwer, weil die Gebetenen der Bitte oft hilflos gegenüberstehen. „Nein-sagen-können" ist für viele Erwachsene mit Angst oder Schuldgefühl verbunden. Sie entziehen sich, statt sich offen zu verweigern.

Variation und Erweiterung des Themas

(115) *Straßensammlung*

Du gehst mit einer Sammelbüchse durch die Straßen und bittest für notleidende Kinder, für hungrige Tiere u. a. Du sprichst alle Fußgänger an, hastige, eilige Leute, einen alten Herrn, Studenten, Frauen. Sie lehnen alle ab, sie wollen wissen, wofür du sammelst, sie verstehen den Grund nicht. Du überzeugst sie beharrlich, alle geben großzügig.

Kommentar

Bei diesem Spiel geht es darum, daß Kinder das Verweigern üben.

Übersetzung in die Realität

⑪⑯ *Briefmarkentauschen*

Anne ist noch klein und versteht nicht viel davon. Ihre Brüder haben ihr aber gesagt, daß Briefmarken wertvoll sind. Ihr Freund will ihre schönen Marken gegen seine ganz gewöhnlichen tauschen. Wie macht ihm Anne klar, daß er ihre Briefmarken nicht bekommt?

Wie verhält sich der Freund, der sie haben will?

Er weiß, daß sie wertvoll sind.

Versucht, es zu spielen! Macht es mit einem Dahintersteher (Doppel)! (s. Seiten 94, 95)

1.1.5 Kreativität (in Verbindung mit Selbstdarstellung und Rollenlernen)

⑪⑦ *Auf dem Wochenmarkt*

Wir kaufen und verkaufen. Verschiedene Rollen werden verteilt: Gemüsefrau, Eierfrau und andere.

Da ist auch ein Marktschreier. Er steht am Marktstand, den er sich selbst gebaut hat. Er preist seine Waren an. „Hier habe ich ein Mittel, damit wird man in acht Tagen so groß wie ein Riese! Hier sind Skier, die laufen selbst den Berg hinunter!" Der Marktschreier hat uns betrogen. Das Ding tutet ja gar nicht. Ich wollte eine Hupe haben, wenn man in die hineinbläst, fällt alles auseinander. Und nun . . . Du mußt so stark blasen, bis es dich fast zerreißt, u. a.

⑪⑧ *Das Reporterspiel* (Sprechfähigkeit)

Kai hat es schwer, weil alle viel schneller und lieber sprechen als er. Sein Freund Martin hat ein Tonbandgerät. Sie kommen auf den Gedanken, die Familie, die Oma, den Onkel, ja sogar fremde Menschen auf der Straße zu interviewen, wie sie es im Fernsehen gesehen haben.

⑪⑨ *Zeitungen verkaufen*

Auf einem Platz in der Stadt stehen Jungen, die Zeitungen verkaufen. Jeder hat eine andere, jeder will natürlich, daß er am meisten verkauft. Sie rufen: „Neueste

Nachrichten!'' ,,Vierköpfiges Kalb geboren!'' ,,Stuttgarter Zeitung! Schon wieder eine Flugzeugentführung!'' usw.

Dabei kommt es auf treffende Formulierungen, deutliches Sprechen und Lautstärke an.

(120) Fernsehen

Aus einem Karton wird ein Fernsehgerät hergestellt. Der Sprecher der Tagesschau verliest die neuesten Nachrichten. Diese können der Phantasie des Kindes überlassen bleiben, es kann aber auch vorher ausgemacht werden, welche es sein sollen: Kindergarten, der Hund vom Nachbarn usw.

1.1.6 Angstbewältigung

(121) Beispiel aus einer Familie

Tobias (3;6) hat Angst vor einem 1 Jahr jüngeren Jungen (Mark), der ihn einmal anläßlich eines Besuches an den Haaren gezogen hatte. Eines Tages kam zufällig das Gespräch auf Mark.

MUTTER: Sollen wir mal wieder nach XY fahren und den Mark besuchen?

TOBIAS: Nein! Der zieht mich doch an den Haaren!

MUTTER: Sollen wir dann die A. besuchen (Schwester von Mark)?

TOBIAS: Nein, dort ist er doch auch.

MUTTER (zum Vater, der daneben stand): Merkwürdig, daß der große Tobias vor dem kleinen Mark Angst hat!

VATER: Er müßte ihn auch einmal an den Haaren ziehen!

TOBIAS: Au ja, du wärst Mark (zur Mutter).

MUTTER (macht sich ganz klein, geht in die Knie): Ich bin Mark! Ich kann andere an den Haaren ziehen!

TOBIAS (kommt ganz langsam, zögernd auf die Mutter, auf Mark, zu.)

MARK: Ah, da kommt Tobi Gleich ziehe ich den an den Haaren.

TOBIAS (weicht zurück und sagt, aus der Rolle heraustretend): Nein, du (Mutter) sollst nicht, ich will dich!

MARK: Ich spiele jetzt. Kein Mensch ist da und spielt mit mir.

TOBIAS (kommt näher und packt Mark an den Haaren.)

MARK: Au, da zieht mich jemand an den Haaren. Das ist ja der Tobi! Seit wann ziehst du denn an den Haaren? Sonst ziehe ich doch nur dich an den Haaren!

TOBIAS: Gleich ziehe ich dich nochmals (tut es).

MARK: Jetzt wehr' ich mich aber. (greift nach Tobias, Tobias rennt weg, geht wieder aus der Rolle und sagt zur Mutter): Ich will dich doch ziehen, du nicht mich.

MUTTER: Wenn ich an den Haaren gezogen werde, und ich bin der Mark, dann tut mir das ganz schön weh!

TOBIAS: Jetzt komm ich wieder!

(Rast auf Mark zu und wirft sich über ihn.)

MARK: Hilfe, er schmeißt mich auf den Boden! Der ist so stark. Ich kann gar nichts mehr machen.

(Es entwickelt sich eine Balgerei zwischen Tobias und Mark, wobei die Mutter versucht, Tobias das Gefühl des Überlegenseins zu vermitteln.)

VATER (bewundert Tobias, daß er nun so mit Mark umgehen kann.)

Kommentar

Tobias hatte aufgrund früherer Erfahrungen mit Mark Angst vor ihm. Durch die Frage der Mutter wurde diese Angst aktualisiert. Tobias will die Auseinandersetzung möglichst vermeiden, aber durch das Gespräch zwischen Vater und Mutter besinnt er sich anders, ohne daß er dazu aufgefordert wird. Nun möchte er sich, mit Rollenspielen bekannt, im Spiel mit Mark auseinandersetzen. Die Mutter versucht zunächst herauszufinden, wo die Angst- bzw. Mutgrenze bei ihrem Sohn liegt: Reicht eine verbale Drohung oder muß sie ihn an den Haaren ziehen? Es genügt, daß sie ihm droht.

Tobias weicht dann zurück, gibt die Rolle auf und gibt der Mutter Anweisungen, wie sie sich als Mark zu verhalten habe. Damit steuert er die Situation für seine Bedürfnisse. Die Mutter teilt ihm mit, daß es ihr weh tut, wenn sie an den Haaren gezogen wird. Dies ermuntert Tobias offensichtlich, sich mutiger zu verhalten; dadurch kommt es zur Balgerei. In ihr erlebt er, daß es ihm gelingt, Mark umzuwerfen, ohne dabei selbst größeren Schaden zu erleiden. Die Bewunderung des Vaters soll sein Aggressions-Verhalten verstärken.

Die Rollenspielszene hätte mit Rollentausch (s. Seiten 63, 91, Tobias = Mark, Mutter = Tobias) oder mit Rollenwechsel (s. Seiten 63, 70, 92, Vater = Tobias, Mutter = Mark) oder mit beiden Möglichkeiten kombiniert fortgesetzt werden können. Im ersten Falle hätte Tobias aus einer „starken" Rolle heraus agieren können, im zweiten hätte er als Beobachter aus der Beispielrolle des Vaters lernen können.

2. Planung und Durchführung von Rollenspielen im Hinblick auf mehrere Lernziele

An dem folgenden Beispiel „Im Schuhgeschäft" wollen wir zeigen, wie man zu Rollenspielen kommt und sie spielen läßt.

2.1 Im Schuhgeschäft (122)

Pädagogische Absichten

Selbstdarstellung: eigene Bedürfnisse wahrnehmen und zum Ausdruck bringen.

Rollenlernen: Mutter, Verkäuferin, Kassiererin.

Sprachförderung: Üben von Sprachmustern in einer Einkaufssituation.

Kommunikation und Interaktion: Eigene Wünsche dem anderen mitteilen, sich im Eltern-Kind-Konflikt durchsetzen können.

Anlässe

a) Im Anschluß an einen Lerngang ins Schuhgeschäft

b) Wochenthema „Einkaufen"

c) Ein Kind äußert den Wunsch nach neuen Schuhen

d) Ein Kind kommt mit neuen Schuhen und erzählt

Hinführungsmöglichkeiten und vorbereitende Spiele

a) Die Erzieherin erzählt die Geschichte eines Mädchens, das mit der Mutter ins Schuhgeschäft geht, um neue Schuhe zu kaufen. Das Mädchen bekommt Schuhe, die ihm nicht gefallen, und es möchte sie deswegen am liebsten nie anziehen. Die Mutter ist böse.

b) Ähnliche Geschichten mit offenem Schluß.

c) Ratespiel als Pantomime: verschiedene Dinge werden verkauft.

d) Bewegungsübung: Gehen in verschiedenen Schuharten: Turnschuhe, Stiefel, Skistiefel, Rohrstiefel, Sandalen, Ballettschuhe, Pantoffeln, Mutters Schuhe. Dazu können die Kinder Schuhe von zu Hause mitbringen; sie sind dann als Requisiten beim nachfolgenden Rollenspiel zu benutzen.

e) (Im Anschluß an den Lerngang)
Pantomimische Darstellung verschiedener Personen im Schuhgeschäft: Verkäuferin, Kassiererin, Packerin, Kunde, Kind, Dekorateur.

Requisiten

— verschiedene Paare von Schuhen
— Fußhocker
— Kasse
— Arbeitskleidung der Verkäuferin
— Plastikbeutel
— Spielgeld
— Schuhlöffel

Mögliche Rollen

— Kind, das Schuhe erhalten soll
— Vater
— Mutter
— Geschwister
— Verkäuferin
— Kassiererin
— Packerin
— Geschäftsführer

Mögliche Folgesituationen

— Kind kommt mit den neuen Schuhen heim und will sie sofort anziehen
— Kind will die neuen Schuhe nicht anziehen
— Zauberschuhe kaufen
— Es wurden aus Versehen die falschen Schuhe eingepackt
— Es wurden zwei linke Schuhe eingepackt
— Die neuen Schuhe drücken
— Es wurden gar keine Schuhe gekauft, weil das Kind sich nicht entschließen konnte

Darstellung des Spielablaufs und des Erzieherverhaltens in Spielausschnitten

1. Spielausschnitt,
in dem die Erzieherin durch eigenes Mitspielen versucht, einem Kind zu helfen, das Ziel „Lernen, bei passender Gelegenheit eigene Bedürfnisse und Wünsche mitzuteilen" zu erreichen.

Rollen: Petra (Kind) soll Schuhe bekommen
Verkäuferin (Kind)
Mutter Petras (Erzieherin)

Mutter und Petra betreten das Schuhgeschäft

VERK.: Guten Tag, was möchten Sie gerne?

MUTTER: Petra braucht neue Schuhe.

VERK.: Welche Größe hast du denn?

PETRA: 32

VERK.: Was für Schuhe sollen es denn sein?

PETRA schaut erwartungsvoll zur Mutter, sagt aber nichts.

MUTTER: Sag der Verkäuferin, was für Schuhe du gerne möchtest.

PETRA: Weiß nicht.

MUTTER: Möchtest du lieber Stiefel oder Halb-   Anbieten von
schuhe?   Alternativen

PETRA: Halbschuhe.

MUTTER: Schau mal, hier sind viele Halbschuhe.   Anbieten von
Sollen es rote, schwarze oder braune sein?   Alternativen

PETRA: Lieber rote.

MUTTER (zur Verk.): Können Sie einige rote bringen? Petra soll sie sich selber aussuchen.

VERK.: Einen Moment bitte (holt rote Schuhe).
Hier sind sie.

MUTTER: Schau Petra, bestimmt sind welche dabei,
die dir gefallen.

PETRA steht unschlüssig da.

MUTTER: Diese hier haben Schnürsenkel, die dort
Schnallen.

PETRA: Die mit den Schnallen gefallen mir.

MUTTER: Fein. Ich finde sie auch schön. Wollen wir
sie nehmen, oder willst du lieber noch andere anschauen?

Kommentar

Dieser Spielausschnitt soll „Anbieten von Alternativen" demonstrieren. Dies ist
dann angebracht, wenn ein Kind — wie hier Petra — in der Spielsituation nicht in

der Lage ist, eigene Entscheidungen zu treffen. Dieses Erzieherverhalten hilft dem Kind, sich eigener Bedürfnisse und Wünsche bewußt zu werden und sie zu äußern. Je jünger das Kind und je unselbständiger es ist, desto kleiner sollte die Zahl der Alternativen sein. Obwohl die Wahlsituation von der Erzieherin beabsichtigt ist, hat das Kind nicht das Gefühl, von ihr zu einer bestimmten Entscheidung gezwungen zu werden. Es erlebt gleichzeitig, daß es in der Lage ist, das Spiel in Gang zu halten, und ist dadurch für weitere Rollenspiele zu haben.

Dieses ,,Anbieten von Alternativen" läßt sich am besten im Spiel zeigen. Es ist aber auch möglich, daß die Erzieherin es von außen, d. h. ohne selbst eine Rolle innezuhaben, herbeiführt, z. B. in der Form des Doppels (s. Seiten 63, 94, 95).

Fortsetzung des Spiels im Rollentausch (s. Seiten 63, 91)

Spielablauf	Erzieherverhalten
Die Erzieherin und Petra tauschen ihre Rollen.	Rollentausch
Das Spiel wird wiederholt. Jetzt wählt die Erzieherin als Petra die Schuhe.	Anbieten modellhafter Verhaltensweisen

Kommentar

Durch den Rollentausch kann die Erzieherin einem entscheidungsunfähigen Kind das bessere Verhalten vorspielen. Sie kann zeigen, wie es seine Wünsche sprachlich vorbringen kann. Sollte das Kind die Mutterrolle ablehnen, könnte es auch als Beobachter das Spiel der Erzieherin verfolgen (Lernen am Modell, S. 51 f.).

Möglichkeiten der Lernzielkontrolle

a) Durch Rollenrücktausch

Die Erzieherin übernimmt wieder die Mutterrolle und steuert das Spiel ähnlich wie in der ersten Phase. Sie vergleicht die Verhaltensweisen von Petra mit denen aus dem ersten Spiel. Der Vergleich läßt einen Schluß darüber zu, ob das Kind einen Fortschritt in Richtung des Lernzieles ,,Lernen, bei passender Gelegenheit eigene Bedürfnisse und Wünsche mitzuteilen", erreicht hat.

b) Durch Beobachtung von außen

Die Erzieherin beobachtet Petra in einer weiteren Spielphase, ohne sich selbst am Spiel zu beteiligen. Sie prüft, ob das Mädchen die neu gelernten Verhaltensweisen in ähnlichen Situationen anwenden kann.

c) Die Erzieherin beobachtet Petra in anderen Spielen, die von ihr Entscheidungen verlangen.

2. Spielabschnitt,
in dem die Erzieherin versucht, einem Kind zu helfen, das Ziel „Erwerb von erfolgreichem Verhalten gegenüber aufdringlichen Verkäufern" zu erreichen.

Rollen: Verkäuferin (Kind)
        Petra   (Kind)
        Mutter   (Kind)

Spielablauf	Erzieherverhalten
VERK.: Guten Tag! Schöne Schuhe habe ich hier in meinem Laden. Hier diese Stiefel, die sollten Sie unbedingt nehmen. So preisgünstig!	
MUTTER: Ja . . .	
ERZ. (hinter der Mutter): Will ich überhaupt Stiefel? Oder habe ich mir andere Schuhe vorgestellt?	Doppel
MUTTER: Andere Schuhe	
ERZ.: Dann muß ich das der Verkäuferin mal deutlich sagen.	Doppel
MUTTER: Ich will keine Stiefel für mein Kind. Haben Sie nicht andere Schuhe?	
PETRA: Ja, Halbschuhe.	
VERK.: Aber natürlich, hier diese Lackschuhe, einmalig, bestimmt das Richtige.	
MUTTER: Hm, hm . . . mal sehen.	
ERZ.: Da seh ich ja auch noch andere, vielleicht sind die für uns noch besser.	Doppel
MUTTER: Ich will mal die da drüben sehen.	
VERK.: Ach, die sind für Sie sicher nicht gut genug. Warum nicht die Lackschuhe?	
ERZ.: (hinter der Mutter): Die will unbedingt ihre alten Lackschuhe loswerden. Lackschuhe sind aber zu empfindlich für Petra. Petra hat ja noch gar nichts dazu gesagt!	Doppel
PETRA: Auf Lackschuhe muß ich immer so aufpassen, ich möchte lieber rote Lederschuhe!	

172

Kommentar

Der „Dahintersteher", Doppel, muß den Kindern schon bekannt sein. Ist diese Voraussetzung nicht erfüllt, dann besteht die Gefahr, daß die Kinder das Eingreifen der Erzieherin als Störung empfinden oder darüber lachen. Dies muß mit Rücksicht auf das Kind, das gedoppelt werden soll, unter allen Umständen vermieden werden.

In der Funktion des Doppelgängers leistet die Erzieherin der Mutter Hilfestellung, sich dem Druck der Verkäuferin zu widersetzen, die eigenen Wünsche dabei nicht zu vergessen. Durch ihre gezielten Aufforderungen gibt sie der Mutter Ansatzstellen, verbal sich mit der Verkäuferin auseinanderzusetzen und die Wünsche zu artikulieren.

In einem anschließenden oder späteren Spiel kann die Erzieherin die Rolle der aufdringlichen Verkäuferin übernehmen und dabei prüfen, wie stark die Widerstandsfähigkeit und das Durchsetzungsvermögen des Kindes ist. Sie kann dieses „Kontrollspiel" auch dann zu einem Erfolgserlebnis für das Kind werden lassen, wenn es noch nicht genügend gelernt hat, sich in der Überrumpelungssituation erfolgreich zu verhalten.

2.2 Der Garten von Herrn Müller ⑫③

Vorbemerkung

Das Spiel „Der Garten von Herrn Müller" bezieht sich auf eine wirkliche Begebenheit. Es wurde mit einer ganz konkreten pädagogischen Absicht inszeniert.

Beschreibung der Ausgangssituation in der Realität der Kinder

In der Nachbarschaft des Kindergartens befanden sich einige Gartenbeete mit Blumen und Beeren. Sie gehörten einer Frauen-Fachschule, die in einem benachbarten Gebäude untergebracht war. Zwischen den Beeten und dem (recht kleinen) Spielplatz der Kinder gab es keinerlei zaunartige Abgrenzung. Es ereignete sich immer wieder, daß die Kinder in die Beete eindrangen, Blumen abrissen und unreife Beeren aßen. Die Leiterin der Frauen-Fachschule beklagte sich. Sie erklärte, es sei doch Aufgabe des Kindergartens, den Kindern rücksichtsvolles Verhalten beizubringen. Aber alles Reden und Schimpfen der Erzieher änderte nichts. Einige von ihnen begrüßten sogar die Unart der Kinder, da sie dem berechtigten Anspruch nach mehr Spielraum im Freien auf ihre eigene Weise Ausdruck verliehen.

Schließlich griff ein Erzieher das Thema „Fremde Beete — fremde Beeren" im Rollenspiel auf, um die Kinder direkter anzusprechen. Sie sollten erkennen, welche Konsequenzen ihr unbedachtes Verhalten hatte. Sie sollten den Standpunkt des Besitzers einnehmen und die Frage beantworten: Wie kann ich einen angerichteten Schaden wiedergutmachen?

Beschreibung des Spiels

Der Spielleiter holte eine Gruppe von 5 Kindern in einen Nebenraum: Frank, Peter, Gabi, Annette, Thomas. Ihr Alter lag zwischen 4 und 6 Jahren.
Er spielte ohne besondere Vorbereitung pantomimisch einen Mann, der, etwas gehbehindert, einen Leiterwagen hinter sich herzieht.

SPIELLEITER: Ihr habt sicher gemerkt, was mit Herrn Müller los ist.

KINDER: Der kann nicht richtig laufen. Der ist vielleicht krank. Oder weil der so alt ist.

SPIELLEITER: Stellt euch mal vor, ihr seid Herr Müller. Geht mal als Herr Müller in den Garten!

Die Kinder spielen nun nach, wie Herr Müller in seinen Garten geht.
Diese Aktion diente zur motorischen Auflockerung, zur Anregung der Identifikation der Kinder mit Herrn Müller, und sollte kreative Ausdrucksformen in der Bewegung ermöglichen.

SPIELLEITER: Manche Leiterwagen waren ja ganz schwer. Ich frage mal jeden Herrn Müller, was er in seinem Leiterwagen drin hatte.

SPIELLEITER (zu Frank): Guten Tag, Herr Müller, was haben Sie denn alles in Ihrem Leiterwagen? Der scheint ja so schwer zu sein!

FRANK (als H. Müller): Ich gehe gerade in meinen Garten. Da habe ich einen Spaten, eine Schaufel, Kunstdünger und leere Kisten.

SPIELLEITER (zu Peter): Und Sie, Herr Müller, was ist denn bei Ihnen drin?

PETER (als H. Müller): Spaten, Schaufel, Säcke.

In dieser Weise werden vom Spielleiter alle Kinder befragt.
Obwohl er die eigentliche Geschichte noch gar nicht erzählt hat, wird das Rollenspiel eingeleitet. Die Aktion des Spielleiters fordert Aktionen der Kinder heraus.
Das Rollenspiel hat an dieser Stelle die Funktion der Einstimmung.
Die Frage des Spielleiters nach dem Inhalt des Leiterwagens hatte folgende Ziele:
— Kreativität (was könnte Herr Müller alles in seinen Garten gefahren haben?)
— Durch die Beschäftigung mit dem Inhalt des Leiterwagens kann sich das Kind mehr und mehr in die Rolle des Herrn Müller einleben und damit eine stärkere Identifikation erreichen.

Der Inhalt der Geschichte sollte eine Parallele zu den realen Problemen sein, die Situation aber doch so verfremden, daß die Spontaneität der Kinder nicht beeinträchtigt wurde.

SPIELLEITER: Setzt euch mal wieder hin. Ich erzähle nun, wie die Geschichte weitergeht.

Der Garten von Herrn Müller ist klein. Er hat keinen Zaun, der ihn von den Feldern drum herum abtrennt. Er ist für ihn der einzige Zeitvertreib, der ihm Spaß macht. Außerdem kann er einiges von dem, was er anbaut, auf dem Markt verkaufen und sich ein paar Pfennige zu seiner Rente hinzuverdienen. Er ist sehr stolz auf seinen Garten. Deswegen freut er sich darauf, daß er hingehen und nach einem frisch angelegten Beet schauen kann. In dieses Beet hatte er vor 14 Tagen Blumensamen gesteckt. Die Blumen will er auf dem Wochenmarkt verkaufen.

Was Herr Müller wohl so denkt, als er auf dem Weg zu seinem Garten ist? Vielleicht spricht er laut vor sich hin!

Anregung zum Monolog. Die Kinder versetzen sich in die Lage von Herrn Müller (Hoffnung — Anstrengung — Freude — Zufriedenheit — Zukunftsplanung).

SPIELLEITER: Gabi, geh doch mal als Herr Müller hier entlang und denke laut vor dich hin.

GABI (zieht pantomisch einen Leiterwagen und sagt): Der Weg ist so weit. Wenn ich nur besser laufen könnte. Ich freue mich, daß ich bald im Garten bin.

SPIELLEITER: Was denken die anderen Herrn Müllers!

FRANK: Ob der Samen wohl schon aufgegangen ist? Wenn das alles nur nicht so lange dauern würde.

THOMAS: Mein Wagen ist heute so schwer. Aber Gott sei Dank regnet es nicht.

GABI: Wenn ich die Blumen verkauft habe, kann ich mir einen neuen Spaten kaufen!

ANNETTE: Mein Wagen ist heute so schwer!

PETER: Ich kaufe mir für das Blumengeld ein Moped mit Anhänger. Dann muß ich nicht immer laufen.

SPIELLEITER: Zu der Geschichte gehört aber nicht nur Herr Müller, es gehören auch noch 3 Kinder dazu. Fritz, Hans und Suse. Die gingen eines Tages aus der Stadt hinaus auf die Felder und wollten dort spielen. In der Stadt gab es nämlich viel zu wenig Spielplätze. Plötzlich entdeckten sie ein Stück Feld, das schön glatt war. Es war das frische Beet in Herrn Müllers Garten. Hier ist es. (Der Spielleiter legt ein großes Stück Packpapier auf den Boden.) Die Kinder wußten aber nicht, daß dies ein frisches Beet war. Sie fingen dort an zu spielen. — Wir lassen mal die Kinder an das Beet herankommen.

Da die Gruppe klein war, was es nicht schwierig, die Rollen zu verteilen. Die Beobachter wurden darauf hingewiesen, daß sie danach zum Spielen drankommen.

SPIELLEITER: Fritz, Hans und Suse kommen nun and das Beet von Herrn Müller. Ich bin gespannt, was sie zueinander sagen und was sie tun.

Diese Feststellung sollte den Kindern die Richtung ihrer Aktivität weisen, Sprechen, Tun oder beides. Die Erfahrung zeigte, daß sie dann sicherer an solche „offenen" Szenen herangehen, wenn sie solche Orientierungshilfen bekommen. Inhaltlich wird deswegen nichts vorweggenommen oder vorgeschrieben.

HANS: Guckt mal, da können wir spielen.

SUSE: Das ist wie Sand, nur dunkler (geht auf das Beet). Au, das ist schön weich.

FRITZ (sagt zunächst gar nichts, zögert, weiß nicht so recht, was er tun soll).

SUSE: Kommt doch, hier kann man schön graben (beginnt pantomimisch zu graben).

FRITZ: Vielleicht gehört das jemandem? Vielleicht dürfen wir da nicht spielen?

HANS: Ach was, kommt mit, wir bauen Straßen und Berge.

Es entwickelte sich nun ein stilles Bauen und Graben, das ab und zu von einem Ausruf unterbrochen wurde.
Der Spielleiter unterbrach das Spiel und sagte: Vielleicht ist den Beobachtern etwas aufgefallen!

BEOBACHTER: Jetzt ist das Beet kaputt!

SPIELLEITER: Der Fritz war sich wohl nicht so ganz im klaren darüber, ob er da mitspielen sollte. Aber die beiden anderen haben ihn dann überredet.

Da der Spielleiter hier in der Beobachterrolle war, konnte er feed-back für Fritz geben und dadurch zum Verhaltensmodell für die Kinder werden. Sie erlebten dabei, wie feed-back gegeben wurde (s. Seiten 57, 96 f.).

SPIELLEITER: Jetzt möchte ich aber wissen, was der Herr Müller dazu sagt, wenn er in den Garten kommt!

Wer kommt als Herr Müller?

THOMAS (der Kleinste, meldete sich).

Die drei Kinder spielten im Beet. Thomas hatte sich einen Stock geholt, den er als Gehstütze verwendete. Er hinkte auf die drei zu und schrie von weiten: „Was ist denn da los! Was macht ihr denn in meinem Garten?" (Dabei fuchtelte er wie wild mit seinem Stock in der Luft herum!)

HANS: Los, abhauen, da kommt einer (die Kinder flüchteten in unterschied-schiedliche Richtungen).

HERR MÜLLER (Thomas) stand an seinem Beet. Er wußte anscheinend nicht so recht, was er sagen sollte.

Thomas hatte für diese Situation keine Verhaltensmöglichkeiten.
Der Spielleiter wendete deshalb die Technik des Doppelgängers an, um Thomas zu helfen und das Spiel in Gang zu halten. Er stellte Alternativfragen.
Er trat hinter Thomas und sagte: Ja, wie sieht denn mein Beet aus!
Thoms schwieg weiter.

SPIELLEITER (hinter Thomas): Jetzt weiß ich gar nicht, was ich sagen soll! Macht mir das was aus, oder macht mir das nichts aus?

HERR MÜLLER (Thomas): Das macht mir was aus.

SPIELLEITER (Doppel): Aber ich weiß gar nicht, was ich jetzt tun soll!

HERR MÜLLER (Thomas): Wenn ich die erwische!

SPIELLEITER (Doppel): Wenn ich die erwische, dann . . .?

HERR MÜLLER (Thomas): . . . dann verprügle ich sie.

SPIELLEITER (Doppel): Soll ich das Beet so lassen oder soll ich es wieder in Ordnung bringen?

HERR MÜLLER (Thomas): Ich bring's wieder in Ordnung, sonst kriege ich ja gar keine Blumen (fängt an, am Beet zu hantieren).

SPIELLEITER (ging wieder zurück): Die Kinder sind weggerannt.

EINES DER 3 KINDER: Ja, der hat uns Angst gemacht. Der hatte einen Stock.

EIN ANDERES KIND: Ich laß mich doch nicht erwischen!

SPIELLEITER: Wie die Geschichte wohl weitergeht, wenn die Kinder nicht weg-rennen? Laßt uns das mal spielen. Bitte, tauscht mit den Beobachtern die Rollen, ich möchte diesmal auch mitspielen.

Der Spielleiter griff hier stärker ein. Er hatte dafür folgende Gründe:
a) Die Beobachter mußten jetzt eine Spielrolle bekommen, sonst wären sie unzu-frieden geworden.
b) Thomas hatte in der Rolle des Herrn Müller zu wenig Erfolg gehabt. Er brauchte jetzt eine Rolle, in der er sich sicherer fühlte.
Rollentausch und Rollenwechsel finden hier zur gleichen Zeit statt (s. Seiten 63, 91, 92).
Hans wurde von Thomas gespielt. Fritz vom Spielleiter, Suse von Gabi, Herr Müller von Annette, Frank und Peter wurden Beobachter.

SPIELLEITER: Wir fangen da an, wo die drei Kinder im Beet spielen.

FRITZ (Spielleiter): Ich grabe hier ein Loch durch den Berg.

SUSE: Ich komme von der anderen Seite.

FRITZ (Spielleiter): Ich finde es hier gut zum Spielen, und ihr?

HANS: Es geht.

HERR MÜLLER (Hans) (Kommt von weitem, schreit): Was ist denn da los? Was macht ihr in meinem Garten?

(Suse und Hans liefen wortlos weg.)

FRITZ (Spielleiter) (blieb und rief) Warum rennt ihr denn weg? Wir dürfen hier doch spielen. Ich bleib da.

HERR MÜLLER: Hab ich dich. (Droht mit dem Stock.)

FRITZ (Spielleiter): He, wer sind Sie? Ich spiel hier doch nur.

HERR MÜLLER: Das ist mein Garten. Ihr habt mir das alles kaputt gemacht. Jetzt wachsen meine Blumen nicht mehr.

FRITZ (Spielleiter): Das habe ich nicht gewußt. Hier ist ja auch kein Zaun. Und ich sehe auch keine Blumen.

HERR MÜLLER: Trotzdem gehört der Garten mir und alles ist kaputt. Da waren Samen drin, die habt ihr nur umgewühlt.

FRITZ (Spielleiter): Wir dachten, endlich haben wir einen Platz zum Spielen. Was soll ich denn jetzt tun?

HERR MÜLLER: Haut ab und laßt euch hier nie wieder sehen.

FRITZ (Spielleiter): Da habe ich ja nochmal Glück gehabt, daß mich der nicht gehauen hat. Aber ich kam mir schon etwas allein vor, nachdem die beiden die Flucht ergriffen hatten.

SPIELLEITER: Was hat einer der Beobachter gesehen?

FRANK (Beobachter): Ich habe gemeint, der Fritz kriegt jetzt Prügel! Wenn ich Herr Müller gewesen wäre, hätte ich ihn verhauen.

Der Spielleiter regte durch seine Frage die Beobachter und die Spieler zur Stellungnahme an. Frank identifizierte sich mit Herrn Müller. Annette erfuhr dadurch, daß auch Schlagen hier eine Verhaltensmöglichkeit gewesen wäre.

SPIELLEITER: Ich möchte jetzt auch mal Herr Müller sein. Wer beobachtet?

Der Spielleiter übernahm nun selbst die Rolle des Herrn Müller, weil er die Auseinandersetzung zwischen Herrn Müller und den Kinder provozieren wollte. Außerdem lag ihm daran, sich so zu verhalten, daß die Kinder in die Auseinandersetzung eintreten konnten.

178

Annette und Thomas beobachteten, Frank und Gabi spielten die Kinder. Sie wußten nun doch, wie sie sich auf dem Beet verhalten sollten.

HERR MÜLLER (Spielleiter): He, ihr da! (Kinder wollen wegrennen.) Nein, bleibt da, ich tu euch nichts, aber ich muß mit euch sprechen.

FRITZ: Wieso denn?

HERR MÜLLER (Spielleiter): Wißt ihr, daß ihr in meinem Garten spielt?

HANS: Nö, hier kann doch jeder rein.

HERR MÜLLER (Spielleiter): Trotzdem ist dies mein Garten. Und gerade dieses Beet habe ich frisch eingesät. Jetzt ist alles kaputt.

SUSE: Ich sehe keinen Samen.

HERR MÜLLER: Guckt mal genau die Erde an. Da seht ihr die kleinen weiß-grauen Stifte. Die Samen haben schon gekeimt! So ein Mist, das ärgert mich doch sehr! Habt ihr denn keine Augen im Kopf?

HANS: Aber wir s nd nicht schuld. Da war kein Zaun. Machen Sie doch einen Zaun hin!

HERR MÜLLER: Wir müssen darüber reden! Aber heute ist es zu spät. Wißt ihr was, komm doch morgen zu mir, da können wir in aller Ruhe darüber sprechen. Ich spendiere euch eine Cola.

KINDER: Ja, das machen wir. Au ja, Cola!

SPIELLEITER: Ich bin ganz froh, daß die Kinder nicht davongerannt sind.

BEOBACHTER: Herr Müller war aber freundlich. Ich glaube, der richtige Herr Müller wäre nicht so freundlich gewesen.

SPIELLEITER: Das ist ihm auch nicht leicht gefallen. Er hat sich schon geärgert. Aber er wollte doch mit ihnen sprechen.

Der Spielleiter erläuterte also das Verhalten von Herrn Müller aus der Rolle her-aus. Der Beobachter stellte sich die reale Situation vor. Das veranlaßte den Spiel-leiter, seinen Ärger nochmals zu betonen.

Bei Herrn Müller:

KINDER: Klingelingeling.

HERR MÜLLER: Kommt reint, setzt euch, hier ist Cola.

HANS: Danke.

HERR MÜLLER: Habt ihr gleich hergefunden?

PETER: Ja!

HERR MÜLLER: Tja — gestern war das für mich gar nicht so angenehm. Und für euch?

179

HANS: Auch nicht. Aber wir konnten doch nichts dafür.

HERR MÜLLER: Schon, aber mein Beet ist eben jetzt kaputt. Und bis ich das allein wieder gerichtet habe, oh je —.

Schweigen.

SUSE (zaghaft): Ich helfe Ihnen!

HERR MÜLLER: Wirklich? Das freut mich!

HANS UND FRITZ: Wir helfen auch!

HERR MÜLLER: Fein, ich glaube, dann schaffe ich es noch bis morgen. Bin ich froh! Gehen wir gleich los!

SUSE: Klar!

(Alle gingen zum Garten.)

HERR MÜLLER: Ich freue mich! Jetzt habe ich sogar Gesellschaft!

Der Spielleiter verstärkte das Verhalten der Kinder: Mitgehen und helfen.
Alle gruben zusammen pantomimisch das Feld um und säten es ein.
(Ein feed-back war danach nicht mehr möglich, da die Kindergartenzeit um war.
Die Kinder rannten aus dem Zimmer, um sich anzuziehen.)

2.3 Riesen und Zwerge (124)

Dieses Spiel wurde in der hier dargestellten Form mit Kindern in einem Kinderheim gespielt. Sie waren zwischen 8 und 12 Jahre alt. Es eignet sich aber genausogut für ältere Kindergartenkinder.

Thema: Macht und Solidarität

Spielinhalt

In einem Schloß wohnen ein Riesenkönig und eine Riesenkönigin mit ihrem Kind. Zwerge müssen verschiedene Arbeiten für sie verrichten (Putzen, Malen, Gartenarbeiten, Kochen usw.). Der König ist mit der Arbeit der Zwerge nie, die Königin und das Kind dagegen immer zufrieden. Den Zwergen wird die Meckerei des Königs zuviel und sie überlegen, was sie tun sollen.

Pädagogische Absichten

1. Sprachförderung: Unzufriedenheit ausdrücken und begründen; dem König verständlich machen, warum die Zwerge nicht mehr für ihn arbeiten wollen.

2. Selbsterfahrung und Selbstdarstellung

    a) Selbsterfahrung: Alles, was ich mache, wird nicht so anerkannt, wie ich dies erwarte.

    b) Selbstdarstellung: Ich kann in verschiedenen Rollen zum König hingehen und versuchen, meine Ansprüche durchzusetzen.

    c) Gefühl der gemeinsamen Stärke in der Solidarisierung mit den anderen Zwergen.

3. Begegnung mit der Autorität negativer Macht.

4. Rollenlernen: Verschiedene Funktionsrollen wie Gärtner, Koordinator, Putzer usw.

5. Kreatives Lernen

    a) Nachdenken und schließen: Wie kann ich meine Ansprüche durchsetzen, ohne meinen Arbeitsplatz (beim König) zu verlieren?

    b) In den Einzelfunktionen: Der Gärtner, der Malzwerg usw. lassen sich immer wieder neue Möglichkeiten einfallen, um den König zufriedenzustellen.

Requisiten

a) Für die Riesen: Langes Gewand, Kronen als Königssymbole.

b) Für die Zwerge: Zwergenmützen (aus Kreppapier, leicht herstellbar), Pinsel, Besen, Lappen usw., je nach Funktion der Zwerge.

c) Zwei bis drei Stühle als Königsthron, möglichst erhöht.

Spielabschnitte

1. Zwerge verrichten ihre Arbeit beim König, der König tadelt, schimpft, ist nie zufrieden.

2. Gespräch des Königs und der Königin über die Zwerge.

3. Die Zwerge sind unzufrieden, sie schimpfen über den König.

4. Zwergenrat — was können wir gegen die schlechte Behandlung des Königs tun?

5. Die Zwerge widersetzen sich

Sie verhandeln mit dem König über bessere Arbeitsbedingungen, oder sie streiken, erscheinen nicht zur Arbeit.

Dies kann zu möglichen Schlüssen des Spiels führen.

Der König ändert sich, er jagt die Zwerge weg, sie suchen eine andere Arbeit, manche sind traurig.

Vorschläge für die einzelnen Spielabschnitte

Rollen: Riesenkönig
Riesenkönigin
Königskind
Verschiedene Zwerge (Spontane Rollenwahlen durch die Kinder; sie verwerten dabei ihre Erfahrungen)

1. Im Schloß des Königs

KÖNIG: Wo ist denn der Kochzwerg? Ich habe Riesenhunger!

KÖNIGIN: Ich weiß auch nicht, wo die Zwerge sind.

KÖNIG: Es ist doch immer dasselbe mit diesem Gesindel, kein Verlaß auf sie. (Ruft): Kochzwerg!

KOCHZWERG: Ja, ich komme schon!

KÖNIG: Was gibt es heute zu essen?

KOCHZWERG: Heute gibt es Schweinsbraten, Rotkraut, Kartoffeln.

KÖNIG: Das mag ich nicht. Koch etwas anderes!

KOCHZWERG: Was soll ich denn kochen?

KÖNIG: Laß dir gefälligst selbst etwas einfallen, aber wehe dir, es schmeckt mir nicht!

KOCHZWERG (geht mit saurer Miene weg). (Hier ist der Einsatz eines Doppelgängers oder „Dahinterstehers" möglich. Oder der Kochzwerg hält nun einen Monolog.)

SCHUHPUTZZWERG: Herr König, hier bringe ich Ihre frisch geputzten Schuhe!

KÖNIG: Was, die Schuhe sollen sauber sein? Daß ich nicht lache! Die werden sofort nochmal geputzt.

KÖNIGIN: Aber König, die Schuhe sind doch wirklich sauber! Guck mal, der Zwerg ist schon ganz traurig, sei doch nicht immer so garstig zu den Zwergen!

MALZWERG: Herr König, ihr Bild für das Wohnzimmer ist fertig!

KÖNIG: Zeig her! Was, dafür bezahle ich dich? Für so einen Mist? Das kann ich ja selbst besser malen! Scher dich weg, und morgen sehe ich ein neues Bild, aber eines, das mir gefällt.

MALZWERG (spricht verzweifelt vor sich hin): Das geht mir jetzt schon zum neunten Mal so! Ich weiß gar nicht, wie ich noch malen soll.

KÖNIGSKIND: Aber Papi, mir gefällt das Bild, schenk es doch mir!

KÖNIG: Sei still, das ist Mist, ich schenke dir keinen Mist! Da fällt mir etwas ein. Wo ist denn der Gärtnerzwerg? Gärtnerzwerg!

GÄRTNERZWERG: Ja, hier bin ich.

KÖNIG: Gestern ging ich durch den Garten. Pfui Teufel, wie der aussieht! Alle Beete sind zertrampelt, wozu habe ich denn dich?

GÄRTNERZWERG: Gestern hatte ich den Garten schön in Ordnung. Dann kamen Sie, Herr König, und sind mit Ihren Leuten mitten hindurch geritten. Es ist nicht meine Schuld!

KÖNIG: Du wagst es, mich zu beschuldigen? In zwei Stunden gehe ich wieder durch den Garten, dann ist er in Ordnung!

Die Erzieherin kann in diesem Spielabschnitt
— in der Rolle des Königs mitwirken oder beispielhaft
— in verschiedenen Zwergenrollen oder
— als Doppelgänger bzw. „Dahintersteher" der Zwerge.

2. König und Königin sprechen über die Zwerge

KÖNIG: Diese Zwerge taugen aber auch zu gar nichts!

KÖNIGIN: Du bist mit nichts zufrieden! Ich finde, sie geben sich große Mühe. Überhaupt gefallen mir die kleinen Kerle ganz gut.

KÖNIG: Hilf ihnen nicht noch! Wenn ich sage, die Zwerge taugen nichts, dann taugen sie auch nichts!

KÖNIGSKIND: Böser Papi, die Zwerge sind meine Freunde, ich will nicht, daß du sie immer ausschimpfst!

KÖNIG: Sei du still, du hast zu tun, was ich sage.

In diesem Spielabschnitt kann die Erzieherin die Rolle der Königin übernehmen, um damit den Standpunkt des Königs zu relativieren. Sie kann aber auch den König darstellen, falls die Kinder ihn nicht autoritär genug spielen.

3. Die Zwerge kommen ins Zwergenlager zurück

GÄRTNERZWERG: Mir reicht's! Der König schikaniert uns nur rum. Ich hatte den Garten so schön gepflegt und er ist hindurch geritten! Jetzt soll ich schuld sein! Mir stinkt's.

MALZWERG: Und ich muß jetzt zum zehntenmal dasselbe Bild malen. Dieser doofe König, der versteht doch überhaupt nichts von Bildern!

KOCHZWERG: Wenn ich nur wüßte, was ich kochen soll. Alles, was ich koche, mag er nicht. Soll er doch in Zukunft selber kochen!

Jeder Zwerg, der zuvor vom König abgewiesen wurde, kann ins Lager kommen und seine Empfindungen und Erlebnisse äußern.
Falls die Erzieherin vorher eine Zwergenrolle gespielt hat, kann sie nun auch ihren Unmut äußern. Sonst soll sie den Zwergen als Doppelgänger beim Aussprechen des Ärgers, der Wut, vielleicht auch der Angst, helfen.

4. Zwergenrat

Alle Zwerge sitzen im Kreis. König, Königin und Königskind sind jetzt in der Rolle der Beobachter.
Hier kann die Erzieherin sofort die Rolle eines Oberzwerges oder eines Vertreters der Zwerge übernehmen. Dann wird aber eine Lösungsmöglichkeit vorweggenommen. Sie sollte sich deshalb zurückhalten und nur dann mitspielen, wenn die Kinder keine Lösungen finden.
Die Zwerge äußern im Zwergenrat noch einmal ihren Unmut:

MALZWERG: Ich male jetzt überhaupt kein Bild mehr. Mir fällt nichts Schönes mehr ein. Was soll ich bloß tun?

KOCHZWERG: Mir geht's ähnlich, was soll ich bloß kochen? Nichts schmeckt dem König. Ich glaube, wir müssen irgendwas unternehmen!

GÄRTNERZWERG: Bei mir ist's noch viel schlimmer! Ich glaube, der König macht immer absichtlich den schönen Garten kaputt, damit er mich wieder tadeln kann.

Im Laufe dieses Gesprächs können die Kinder den Zwergen Lösungsvorschläge machen:

— Das Schloß stürmen
— Streiken, einfach gar nichts mehr tun
— Einmal mit dem König in aller Ruhe darüber sprechen
— Das Kind des Königs entführen
— Mit der Königin reden

In diesem Spielabschnitt kann die Erzieherin in der einen oder anderen Zwergenrolle die Kinder veranlassen, sich zu äußern, oder sie kann auf Konsequenzen hinweisen, die auf bestimmte Vorschläge folgen würden.

Im Rollentausch könnte dann geprüft werden, wieweit die Kinder dieses Verhalten übernommen haben.

Beispiel:

Die Zwerge beschließen zu streiken. Die Erzieherin, etwa in der Rolle eines Putzzwerges, schaltet sich ein: Der König wird dumm gucken, wenn wir plötzlich nicht mehr arbeiten. Aber sagt mal, was ist dann mit uns? Meint ihr, der König läßt uns dann noch hier wohnen? Und unsere Bezahlung? Ich bin ziemlich unsicher, ob wir das tun sollen.

184

2.4 Bilderbuchgeschichten als Rollenspielanregungen

2.4.1 Die Dumme Augustine[4] (125)

Inhaltsangabe

In einem Zirkus lebt die Familie des Dummen August: Er selbst, seine Frau, die Dumme Augustine, seine 3 Kinder: Guggo, Gugga und das kleine Guggilein, dazu der Hund Moppel, der Papagei Lora und die Katze Semiramis.

Der Dumme August tritt jeden Tag im Zirkus auf und macht seine Kunststückchen und Späße. Die Dumme Augustine aber muß jeden Tag dieselben Hausarbeiten verrichten und sich um die Kinder kümmern. Heimlich träumt sie davon, auch einmal wie ihr Mann im Zirkus aufzutreten. Als sie ihm ihren Wunsch mitteilt, lacht er sie aus und sagt, sie gehöre ins Haus und zu den Kindern.

Doch eines Tages bekommt der Dumme August Zahnweh und muß zum Zahnarzt. Dort muß er so lange warten, daß die Vorstellung inzwischen beginnt. Der Zirkusdirektor ist wütend und beschimpft die Dumme Augustine, daß ihr Mann nicht da ist. Da rennt sie in die Manege und vertritt ihren Mann — mit großem Erfolg. Noch während ihres Auftritts kommt der Dumme August zurück. Er ist erstaunt und erfreut. Beide beschließen, sich in Zukunft bei den Arbeiten in der Manege und im Haus gegenseitig zu helfen.

Pädagogische Absichten

a) Sprachförderung: Es muß die Unzufriedenheit mit der eigenen Situation (Augustine) ausgedrückt werden.

Der Konflikt mit dem Direktor muß von Augustine sprachlich bewältigt werden.

Der reflektierende Gebrauch der Sprache kann in der letzten Szene geübt werden, in der August und Augustine sich über den ereignisreichen Tag unterhalten.

b) Selbsterfahrung und Selbstdarstellung: Darstellungsformen des Schmerzes (August)

Variation der Gangart

Variationen der Mimik im Hinblick auf komische Wirkung

---

4 Preußler O./Lenz, H.: Die Dumme Augustine, Thienemanns Verlag, Stuttgart 1972.

c) Begegnung: Begegnung mit der in unserer Gesellschaft immer noch sehr einseitig definierten Mutterrolle,

Begegnung mit der Rolle des verantwortlichen Zirkusdirektors.

d) Rollenlernen: Mutterrolle, Überschreiten der durch eine enge Rollendefinition gesetzten Grenzen.

e) Kreativität: Erfinden verschiedener „komischer" Ausdrucksarten.

Erfinden neuer Situationen im Anschluß an die Bilderbuchgeschichte.

f) Konfrontation mit der eigenen Realität.

Z. B. Mutter hat wegen ihrer Hausarbeiten zu wenig Zeit für mich.

Spielbare Buchausschnitte

— Der Dumme August in der Vorstellung (Pantomime).

— Die Dumme Augustine muß den ganzen Tag arbeiten: waschen, bügeln, nähen, kochen, stopfen, putzen . . .

— Der Dumme August beim Zahnarzt: Schmerz, lange Wartezeit, Gespräch mit dem Zahnarzt.

— Der Herr Direktor schimpft mit der Dummen Augustine.

— Die Dumme Augustine in der Manege.

— August und Augustine unterhalten sich am Abend über den ereignisreichen Tag.

Folgeszenen, die nicht mehr zur eigentlichen Geschichte gehören

— Die drei Kinder wollen mit der Mutter spielen, die aber hat keine Zeit für sie.

— Die Dumme Augustine sagt dem Dummen August, daß sie nicht mehr den ganzen Tag nur Hausarbeit machen will.

— Ein Tag bei der August-Familie: gemeinsam die Arbeiten erledigen — gemeinsam im Zirkus auftreten.

Hinführende und vorbereitende Spielszenen

— Jeder hat im Fernsehen oder im Zirkus schon mal einen Clown gesehen. Zeigt, was diese Clowns alles gemacht haben! (Mimik, Grobmotorik)

— Clown-Requisiten werden gezeigt: Übergroße Schuhe, Pappnase, Hose. Die Schuhe verwandeln unseren Gang, die Nase unser Gesicht (Körperausdruck, Kreativität). Einzelaktionen im Kreis oder Aktionen in paralleler Anordnung.

Vorschlag zum Spielverlauf

Die Kinder sitzen im Kreis auf dem Boden. Die Erzieherin fragt sie, wann sie Clowns erlebt haben (Fernsehen, Zirkus).

Jedes Kind darf einen Clown nachmachen.

Anschließend liest die Erzieherin das Bilderbuch vor und zeigt die Bilder.

Das Rollenspiel hat etwa folgende Spielabschnitte:

1. Der Dumme August in der Vorstellung

   — auf den Händen laufen

   — auf einem Esel reiten

   — Musik machen mit verschiedenen Instrumenten

   — stolpern, über die eigenen Füße fallen

   — Streit mit dem Herrn Direktor

Alle diese Tätigkeiten lassen sich pantomimisch darstellen. Ein Kind spielt entweder allein (wobei die anderen Kinder die Rolle der klatschenden Zuschauer übernehmen können) oder die ganze Gruppe wird beschäftigt, z. T. paarweise (Eselreiten, Streit).

Pädagogische Absichten

— Anwärmeübung für das nachfolgende Rollenspiel

— Variationen von Mimik und Pantomimik — Selbstdarstellung

— Erfinden neuer komischer Ausdrucksmöglichkeiten — Kreativität

2. Die Dumme Augustine muß den ganzen Tag arbeiten

— Die Dumme Augustine wacht morgens auf, sie liegt im Bett und überlegt sich, was sie heute alles tun muß (Monolog: sie denkt laut vor sich hin. Die Erzieherin kann als Doppel unterstützen.)

— Ratespiel als Pantomime:

   Die Dumme Augustine erledigt ihre Hausarbeit:

   Waschen, Wäsche aufhängen, bügeln, Gugga kämmen, backen, putzen, spülen . . .

Die Kinder können sich weitere Tätigkeiten ausdenken:

Schuhe putzen, Betten machen . . . (Bezug zur eigenen Realität in der Familie)

Es kann auch folgende Verfremdungstechnik angewandt werden:

Der Hund Moppel schaut der Augustine den ganzen Tag zu. Er erzählt der Katze Semiramis, was er dabei denkt: Z. B.

— Jetzt muß die Gugga schon wieder gekämmt werden!

— Immer diese Berge von Geschirr. Wenn die Augustine eine Geschirrspülmaschine hätte, müßte sie nicht immer so lange am Spültisch stehen.

— Die Dumme Augustine spricht mit Moppel, Semiramis und Lora über ihren Tageslauf. Die drei Tiere stellen Fragen und geben Anregungen: (eine dieser Rollen übernimmt die Erzieherin!

— Du könntest doch das Geschirr mal schmutzig lassen!

— Das Guggilein kann sein Bilderbuch auch mal allein anschauen.

— Ist dir das alles nicht zuviel?

— Ich würde dir ja gerne helfen, aber Hunde können eben nicht bügeln.

— Wo ist der Dumme August?

— Was würdest du denn lieber tun?

Pädagogische Absichten

Begegnung mit der Mutterrolle, Infragestellen der einseitig definierten Mutterrolle, reflektierender Gebrauch der Sprache.

3. Der Dumme August beim Zahnarzt

— Bei einer Vorstellung merkt der Dumme August, daß er plötzlich Zahnweh bekommt. (Pantomimische Darstellung: Kontrast zwischen Komik und Schmerz im Gesichtsausdruck.)

— Beim Zahnarzt im Wartezimmer:

das Warten fällt schwer, er weiß, daß er zur Vorstellung zurück sein muß. Er denkt laut vor sich hin (Monolog).

— Der Dumme August unterhält sich mit anderen Leuten im Wartezimmer.

Hier haben andere Kinder und die Erzieherin Gelegenheit, sich selbst eine Rolle auszuwählen. — Stegreifspiel! Die Erzieherin in der Rolle eines Patienten kann Fragen an den Dummen August stellen, die ihn zur Reflexion über seine Situation und die dabei auftretenden Zwänge anregen:

— Wer sind Sie? Was machen Sie den ganzen Tag?

— Was wird der Herr Direktor sagen, wenn Sie zu spät zur Vorstellung kommen?

- Die Dumme Augustine wird sich Sorgen machen!
- Welches von Ihren Kindern mögen Sie am liebsten? (Geschwisterprobleme)
- Sind Sie gern ein Dummer August?

Der Dumme August im Sprechzimmer des Zahnarztes
- Gespräch Zahnarzt – August
- Pantomimische Darstellung der Tätigkeit des Zahnarztes
- Der Schmerz ist vorbei!

Pädagogische Absichten

Selbstdarstellung: Schmerzausdruck, Kontrast zwischen Schmerz und Clownerie, Erlösung vom Schmerz.

Sprachgebrauch: Beschreiben der eigenen Zwangssituation.

Empathie: Vorwegnehmen der Reaktionen der anderen auf sein Fernbleiben von der Vorstellung.

4. Der Herr Direktor schimpft mit der Dummen Augustine

DER HERR DIREKTOR: Ich muß schimpfen
- weil ich für die Vorstellung verantwortlich bin und die Leute ihr Geld zurück haben wollen, wenn der Dumme August nicht auftritt.
- weil wir sonst kein Futter für die Tiere kaufen können,
- weil ich über den Dummen August, der einfach wegbleibt, wütend bin.

DIE DUMME AUGUSTINE: Ich will mir das Geschimpfe des Direktors nicht gefallen lassen
- weil ich schließlich nichts dafür kann, daß mein Mann zum Zahnarzt mußte,
- weil davon der Dumme August auch nicht hergezaubert wird,
- weil es unmöglich ist, keinen Ersatzclown zu haben,
- weil wir uns viel besser zusammen überlegen sollten, wie wir eine Lösung finden,
- weil ich glaube, daß ich meinen Mann vertreten kann.

August muß sich mit
Augustine auseinander-
setzen. Er hat dafür
einen Doppelgänger
erhalten.

Armer dummer August!

Der dahinten
hat ein großes Loch!

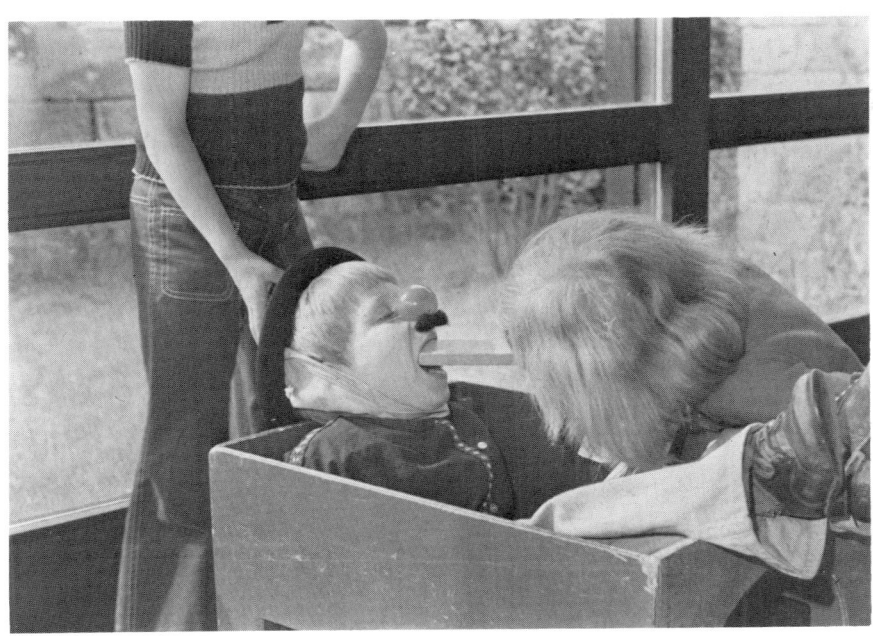

Da muß gebohrt werden!

Pädagogische Absichten

Die Kinder sollen Situationen durchschauen lernen.

— Streiten vollzieht sich auch nach Regeln: z. B. dem anderen zuhören, ihn ausreden lassen usw.

— Jeder sollte auch in der Rolle des anderen agieren (Rollentausch), um für beide Standpunkte Verständnis zu haben.

Erzieherverhalten

a) Anregung zum Rollentausch.

b) Selbst eine Rolle übernehmen.

c) Doppelgänger bei dem Streitpartner, der zu verzagen droht, weil er der Rolle bzw. dem Gegenüber nicht gewachsen ist.

5. Die Dumme Augustine macht die Vorstellung

(Siehe 1., Die Dumme Augustine in der Vorstellung.)
(Evtl. Fortschrittskontrolle, Imitationslernen.)

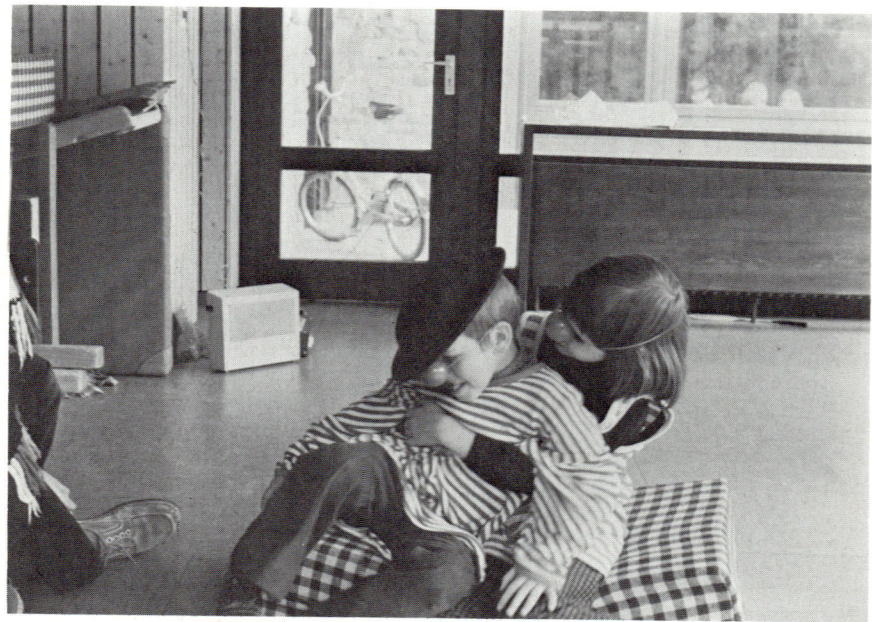

Wir haben uns gern!

Das war ein Tag!

6. Der Dumme August kommt zurück

— Er schaut der Vorstellung von Augustine zu und wundert sich, spricht vor sich hin: na so was, das hätte ich nie von ihr erwartet! Sie hat doch recht gehabt, daß sie auch auftreten kann.

— August und Augustine sprechen am Abend über die Vorstellung. August bewundert Augustine, Augustine freut sich.

Vorsatz: Jetzt machen wir unsere Vorstellung gemeinsam.
Dafür helfe ich dir bei den Hausarbeiten.

Pädagogische Absicht

Sprachförderung: Gefühle ausdrücken, erstaunt sein, überrascht sein, sich freuen; Rollenlernen: Mutter — Hausfrau; Vater — Beruf. Reflexion und Veränderung dieser Rollen.

7. Anschlußszene, bei der wieder alle Kinder mitspielen können: August und Augustine machen gemeinsam eine Vorstellung.

Pädagogische Absicht

Erleben des Miteinanders, Probleme der Kooperation, Abstimmen einzelner Aktionen aufeinander.

Hier können Stegreifspiele mit bereits bekannten Rollen angeschlossen werden.

2.4.2 Elmer[5] (126)

Inhaltsangabe

Im Urwald lebt eine große Elefantenherde. Sie erschreckt durch ihr Gebrüll alle anderen Tiere des Waldes. Alle Elefanten sind grau oder grau-braun, nur einer sieht ganz anders aus: Elmer. Er ist bunt kariert wie ein Handtuch. Deshalb treiben die anderen Elefanten oft ihren Spaß mit ihm.

Eines Tages schleicht sich Elmer davon, als alle anderen Elefanten noch schlafen. Wie er so durch den Urwald geht, begrüßen ihn alle Tiere mit seinem Namen. Am Baum mit den elefantenfarbenen Beeren macht er halt. Er schüttelt die Beeren herunter und wälzt sich in ihnen, bis er auch elefantenfarben ist. Ein kleiner Vogel sagt ihm dabei immer die Stellen, die noch bunt sind. Dann geht er durch den Urwald zurück. Alle Tiere begrüßen ihn wieder, aber nicht mit seinem Namen.

Als er bei der Herde angekommen ist, merkt er, daß alle Elefanten ganz still und traurig sind. Er hält diese gedrückte Stimmung nicht aus und stößt einen lauten Schrei aus. Daran erkennen ihn die anderen Elefanten, lachen laut und freuen sich, daß er wieder da ist. Plötzlich setzt ein starker Regen ein, und Elmer verwandelt sich wieder in den buntkarierten Elefanten zurück. Dieser Tag wird zu seinem Ehrentag erklärt. Alle Elefanten verkleiden sich an diesem Tag in bunte Elefanten, Elmer aber in einen grauen.

Elmer ist die Geschichte eines Außenseiters auf der Suche nach seiner personalen und sozialen Identität. Bemerkenswerte, für Kinder nicht selbstverständliche, soziale Zusammenhänge werden dabei dargestellt:

1. Freudengebrüll kann für andere Erschrecken und Angst zur Auswirkung haben (Elefanten — übrige Tiere des Waldes).

2. Obwohl alle Elefanten Elefanten sind, unterscheiden sie sich durch bestimmte Merkmale: Groß — klein, alt — jung, lange Beine — kurze Beine, Flatter-

---

5 McKee, D.: Elmer, Parabel Verlag, München 1970.

ohren — keine Flatterohren usw. Hier ergibt sich eine Möglichkeit zur Darstellung der Kinder im Spiel.

3. Problem des Außenseiters: Ähnlich wie in der Geschichte „Rotschopf" (s. S. 152) wird in „Elmer" ein Außenseiter dargestellt. Er unterscheidet sich durch äußere Merkmale von den anderen Elefanten und wird von ihnen gehänselt.

4. Die Kinder erfahren, daß dieser Außenseiter am liebsten so sein möchte, wie die anderen Elefanten, daß er darunter leidet, nicht wie sie zu sein.

5. Außenseiter zu sein, hat auch angenehme Folgen: Elmer merkt dies daran, daß ihn alle Tiere des Waldes erkennen, ihn mit Namen begrüßen.

6. Als grauen Elefanten dagegen erkennt ihn niemand, begrüßt ihn niemand mit Namen.

7. Als der Außenseiter wieder in die Herde zurückkehrt, erlebt er, daß sein Verschwinden bei den anderen Trauer ausgelöst hat, daß er den anderen etwas bedeutet. (Damit werden unbewußte Wünsche vieler Kinder angesprochen, die in ihren Phantasien oft am liebsten davongehen würden (sterben würden), um nachher zu beobachten, wie sie von allen Familienmitgliedern am Grabe beweint werden.)

8. Es gibt Merkmale an einem Menschen (Elefanten), die sich nur sehr schwer verändern lassen. An solchen können ihn andere auch dann erkennen, wenn er sein Erscheinungsbild verändert hat.

9. Der Außenseiter wird in seinem Anderssein akzeptiert. Er bekommt sogar einen Ehrentag. Dadurch wird bezeugt, daß er nun in die Elefantengruppe aufgenommen ist, in ihr seinen festen Platz gefunden hat.

Spielbare Buchausschnitte

— Die Elefanten lachen und brüllen, andere Tiere erschrecken darüber. Anschließend an diese Szene unterhalten die anderen Tiere sich mit den Elefanten und sagen ihnen, warum sie so erschrocken waren.

— Die Elefanten stellen sich vor (Selbstdarstellung). Zum Beispiel: Ich bin ein grauer Elefant mit kleinen Ohren, kurzen Beinen und einem langen Schwanz.
   — Auch Elmer kann sich dabei vorstellen.

— Andere Elefanten treiben ihren Spaß mit Elmer (dies kann sprachlich oder pantomimisch geschehen).

— Elmer macht sich Sorgen (Monolog mit Doppelgänger bzw. einem Frager).

— Elmer geht durch der Urwald — alle Tiere begrüßen ihn, fragen ihn, wo er hingeht.

- Elmer färbt sich elefantengrau (Pantomime).
- Er geht zurück. Die Tiere im Wald erkennen ihn nicht, sie begrüßen ihn nicht.
- Die Elefanten in der Herde haben Elmer inzwischen vermißt. Alle sagen etwas über ihn:
  Z. B. Als Elmer noch da war, war es immer so lustig. —
  Eigentlich hat mir Elmer manchmal leid getan. —
  Jetzt haben wir niemand mehr zum Ärgern usw.
- Elmer kommt zurück, er sieht die traurigen Elefanten und platzt mit seinem Geschrei heraus.
- Elmer bekommt einen Ehrentag.

Pädagogische Absichten

- Selbstdarstellung: Ich teile anderen mit, was für ein Elefant ich bin. (Hier sind sprachliche Äußerungen auf der Realitäts-Ebene oder auf der Wunsch-Ebene der Kinder möglich.)
- Sprachförderung: Sätze bilden nach folgendem Muster:
  Ich bin ein Elefant mit ...
  Elmer drückt die Gefühle des Außenseiters mit Worten aus.
  Grußformeln zwischen Elmer und den anderen Tieren werden ausprobiert.
- Begegnung: Die Kinder begegnen hier der Rolle des Außenseiters und werden dadurch angehalten, sich mit ihr auseinanderzusetzen.
- Kreativität: Elmer sucht andere Lösungen, wie er seinem Außenseitertum entrinnen kann:
  z. B.: Positive Eigenschaften des Kariertseins entdecken. (Alle begrüßen mich mit Namen, alle kennen mich.)

Nötige und hilfreiche Requisiten

1. Graue „elefantenfarbene" Decken.

2. Eine Patchwork-Decke als Kennzeichen Elmers.

3. Handpuppen oder Stofftiere, die die übrigen Tiere des Waldes symbolisieren und die von Kindern geführt werden.

Mögliche Folgeszenen zur Übertragung des Gelernten

- In unserem Zoo gibt es ein weißes Krokodil.
- Ein Riese kommt in unsere Stadt.
- Ein farbiges Kind kommt in unseren Kindergarten.

Hinführende und vorbereitende Spielmöglichkeiten

— Bezug auf eine Fernsehsendung.

— Wir sind alle Elefanten (Pantomime).

— Tierraten.

— Raubtierfütterung.

Vorschlag für den Spielverlauf

1. Gemeinsames Anschauen des Bilderbuches und Vorlesen bzw. Erzählen der Geschichte durch die Erzieherin.

2. Rollenverteilung:

   Die Erzieherin hat Zettel vorbereitet: viele Elefanten, Elmer, Löwe, Tiger, Schildkröte, Vogel usw.

   Jedes Kind zieht einen Zettel und hat damit seine Rolle. Bei einer Spielwiederholung kann wieder neu verlost werden.

3. Das Lachen und Brüllen der Elefanten erschreckt die anderen Tiere: ,,Elefanten'' kommen ins Zimmer herein und machen einen fürchterlichen Lärm. Die anderen Tiere des Urwaldes sind schon da, sie erschrecken. Auf ein Zeichen der Spielleiterin gehen die ,,Elefanten'' wieder hinaus. Die übrigen Tiere unterhalten sich nun:

   Der Löwe sagt: Mir brummt jetzt noch der Schädel von diesem Geschrei.

   Der Tiger sagt: Allmählich werde ich wütend.

   Die Schildkröte sagt: Ich krieche immer gleich unter meinen Panzer, ich habe Angst, die Elefanten trampeln uns alle zusammen.

   Die Erzieherin sollte eine der Tierrollen übernehmen, um beispielhafte Aussagen machen zu können und Lösungen anzuregen.

   Überlegen von Lösungsmöglichkeiten:

   — Könnten wir mit dem Elefanten sprechen?

   — Wir könnten einen Späher bestimmen, der uns immer darauf vorbereitet, daß die Elefanten auftauchen.

   — Wir könnten auch so brüllen wie die Elefanten, damit die mal erleben, wie das ist.

4. Wir stellen uns als Elefanten vor.

   Die ,,Elefanten'' haben graue Decken oder Kreppapier und stapfen im Elefantenschritt im Kreis. Auf ein vorher ausgemachtes Zeichen hin halten sie an, und ein Elefant nach dem anderen stellt sich vor:

„Ich bin ein grauer Elefant mit großen Ohren und langen Beinen. Ich heiße Jumbo."

Die Elefantenherde marschiert dann auf ein Zeichen weiter im Kreis herum:

„Ich bin ein brauner Elefant mit braunen Ohren und langen Stoßzähnen. Ich heiße Trambo."

Die Zeichen für das Anhalten der Gruppe können auch von einem Kind gegeben werden, z. B. mit einem Orff-Instrument. Als Geh-Rhythmus eignet sich das Lied „Ein Elefant wollt bummeln gehn"[6].

5. Die grauen Elefanten treiben ihren Spaß mit Elmer.

a) Elmer steht an einer vorher festgelegten Stelle. Ein Elefant nach dem anderen kommt und treibt einen Schabernack mit ihm: einer pufft ihn, einer kitzelt ihn, einer trompetet ihn an usw. Einige hänseln ihn mit Worten: „Du siehst ja aus wie ein kariertes Handtuch!" „Ab heute sollst du Karo heißen" usw.

Hier empfiehlt es sich, Rollentausch vorzunehmen, da möglichst viele Kinder diese Außenseiterrolle spielen sollten, in der Erfahrungen des Ausgestoßenseins und des Geschmähtwerdens in einer Spielsituation gesammelt werden können.

b) Die Erzieherin kann in der Rolle eines anderen Tieres (z. B. Affe, Löwe usw.) anschließend zu Elmer hingehen und mit ihm über das, was geschehen ist, sprechen: „Ich habe gerade mit angehört, wie die mit dir umgegangen sind; das war ein starkes Stück!"

Elmer: „Die sind ja alle doof."

Erzieherin: „Was würdest du denn jetzt am liebsten tun, Elmer?"

Elmer: „Weglaufen, weinen, alle verhauen, eine Bombe werfen" usw.

Diese Szene kann Beispiel dafür sein, wie sich der Spieler durch einen Partner den Beobachtern mitteilt. Dadurch und durch die Aussagen des Partners werden die Kinder zum Nachdenken angeregt.

Andere Tiere, die von Kindern gespielt werden, können zu diesem Gespräch spontan hinzukommen und an ihm teilnehmen. Am Schluß der Szene sagen alle Tiere zu Elmer etwas Positives:

— Ich freue mich, wenn ich dich durch den Urwald laufen sehe.

— Ich möchte gerne dein Freund sein.

— Komm doch zu uns usw.

---

6 Lemmermann, H.: Die Zugabe, Bd 1, Fidula-Verlag, Boppard 1968, Lied Nr. 46.

Die grauen Elefanten
treiben ihren Spaß mit
Elmer.

Wir stellen uns als
Elefanten vor.

6. Elmer macht sich Sorgen — er weiß nicht, wie es weitergehen soll. (Monolog: Elmer mit der Erzieherin als Doppelgängerin.) Im Doppel könnte folgendes gesagt werden:

   — Ich bin so unglücklich!

   — Ich wäre viel lieber ein Elefant wie alle anderen.

   — Ich weiß nicht, was ich jetzt tun soll.

   — Die sind alle so wüst zu mir.

   — Ich kann doch gar nichts dafür, daß ich nicht grau bin.

   — Sind eigentlich alle wüst zu mir gewesen?

   Die Szene schließt damit ab, daß Elmer der Baum mit den elefantenfarbenen Beeren einfällt: „Ich habe eine Idee. Hinter dem Urwald gibt es einen Baum mit elefantenfarbenen Beeren. Da geh ich hin und färbe mich grau. Dann bin ich all diese Sorgen los."

7. Elmer geht durch den Urwald.

   Die Kinder nehmen wieder verschiedene Tierrollen ein und begrüßen Elmer freudig mit seinem Namen. Elmer grüßt zurück. Dabei können verschiedene Grußformeln angewandt werden. Manche Tiere verwickeln Elmer in ein Gespräch.

   Z. B.:„Wohin gehst du denn so allein?"

   „Du siehst ja nicht gerade fröhlich aus" usw.

8. Elmer färbt sich elefantenfarben.

   Dies läßt sich am besten als Pantomime darstellen: Den Baum schütteln, die Beeren mit den Füßen zertrampeln, sich darin wälzen, glücklich sein, sich hinten und vorne anschauen, wieder schütteln, Purzelbäume durch die Beeren schlagen usw. Ein Kind kann den Vogel spielen, der Elmer sagt, wo noch bunte Stellen übrig geblieben sind.

9. Der graue Elmer geht zurück

   Elmer marschiert wieder durch den Urwald, dieselben Tiere wie vorher begegnen ihm wieder. Sie begrüßen ihn recht teilnahmslos und nicht mit seinem Namen.

   Z. B.: Guten Tag, Elefant. Grüß Gott, Elefant. Vielleicht sagen sie auch zu einem anderen Tier: Ach, da kommt ein Elefant.

10. Die Elefanten in der Herde vermissen Elmer.

Elmer schüttelt den Baum — er spricht dazu und wird von einem Doppelgänger unterstützt.

Die Kinder stehen als graue und braune Elefanten im Kreis und rätseln und fragen, wo er nur sein kann. (Erzieherin ebenfalls in der Rolle eines Elefanten.) Alle sagen etwas über Elmer:

— Hoffentlich kommt er bald wieder.

— Wir waren manchmal doch zu garstig zu ihm.

— Wollen wir ihn nicht suchen?

— Seit Elmer nicht mehr da ist, sind wir alle ganz traurig.

11. Elmer kommt zurück.

Er marschiert alleine durch das Gelände. Er trifft auf die Elefanten und fängt ein Selbstgespräch an: Die erkennen mich nicht. Nanu, was ist denn los? Sie sehen alle so traurig aus. Aber es ist doch alles in Ordnung, der Urwald wie sonst, die Wolken wie schon oft, die Tiere — komisch.

Er ruft plötzlich: Buh!

Alle Elefanten lachen und freuen sich, daß Elmer wieder da ist. Sie drücken ihre Freude in Sätzen aus: ,,Wir dachten schon, du kämst nie wieder.''

,,Ohne dich war alles nicht so schön hier.''

Plötzlich fängt es an zu regnen (dies kann durch Zuruf der Erzieherin oder durch Tamburinschlagen eines Kindes angezeigt werden). Elmer legt seine graue Decke ab und die bunte wieder an. Alle freuen sich, singen und tanzen um ihn herum. Ein Elefant sagt: Dies soll dein Ehrentag sein. Jedes Jahr an diesem Tag wollen wir uns alle bunt verkleiden. Die Erzieherin holt bunte Tücher und Stoffreste. Die Kinder heften sie sich an oder wickeln sie um sich herum. Sie musizieren mit Orff-Instrumenten, und alle feiern Elefanten-Karneval.

2.4.3 Rollenspiel als Hilfe zur Bilderbuchbetrachtung

„Die dumme Augustine" von O. Preußler und „Elmer" von D. McKee waren Beispiele für den Einsatz von Bilderbüchern im Rollenspiel mit Kindern. Die Bildgeschichte bildete die Ausgangslage für das Spiel, und die Handlung wurde nachgespielt und ausgebaut. Die Kinder konnten soziale Probleme artikulieren, indem sie sich mit den Bilderbuchhelden identifizierten und in deren Rollen eigene Probleme bearbeiteten oder im Probehandeln kommende Probleme kennenlernten. In den letzten Jahren erschienen sehr viele Kinderbücher, die aktuelle Konflikte der Kinder zum Thema haben und die zur Bearbeitung anregen.

Seit 1978 haben wir, neben der alten Methode, sich durch Bild und Text zum Spiel anregen zu lassen, neue Methoden der Bilderbuchbehandlung entwickelt.

Während es bei der Bearbeitung der Bilderbücher „Die dumme Augustine" und „Elmer" hauptsächlich darum ging, Anregungen für soziales und darstellendes Lernen aus Text und Bild zu gewinnen, stehen Rollenspielangebote mitunter auch unter dem Anspruch, die Bilderbücher für die Kinder durch Spiel zu erklären. Der Dialog, der zwischen dem Buch und dem Betrachter stattfinden soll, kann durch das Spiel verdeutlicht werden. Das betrachtende Kind erhält die Möglichkeit, seine eigenen Einfälle, seine Assoziationen oder Projektionen zu formulieren, und lernt so, länger bei einem Bilderbuch zu verweilen. Der Monolog, ein Gespräch mit sich oder mit dem Helden, mit dem sich der Lesende gerade identifiziert, ist ein zentrales Medium bei dem Bearbeitungsprozeß. Ein Beispiel soll die Anwendung von Rollenspieltechniken bei der Bilderbuchbetrachtung erläutern. Das Bilderbuch von Ron Brooks: Opa und Theodor[7] berichtet von der Freundschaft zwischen Theodor, einem kleinen, einsamen Jungen, und seinem Opa.

Theodor ist ein Junge, der nicht gern zur Schule geht und der auch keinen Bruder, keine Schwester und keinen Freund hat. Er weiß auch mit den Klassenkameraden nichts Rechtes anzufangen. In der Schule ist er immer allein. In der großen Pause fragt ihn keiner, ob er mitspielen will. In der Woche vor den großen

---

[7] Ron Brooks: Opa und Theodor, aus dem Engl. Timothy and Gramps, Benziger Verlag Zürich, Köln 1979.

Ferien dürfen die Kinder ihre Haustiere mitbringen, sie dürfen auch von sich erzählen, sie können wichtige Dinge wie Edelsteine, Eidechsen oder Kaulquappen mitbringen. Doch Theodor fällt nichts ein, was er den Klassenkameraden anbieten könnte. „Da redete er mit Opa. Und Opa versprach, ihm zu helfen." Opa geht am nächsten Morgen mit in die Schule. Er will eine seiner vielen Geschichten erzählen. „Aber als er die vielen Kinder sah, wußte er nicht, wie er beginnen sollte. Morgen werde ich es besser machen, dachte Opa, als er nach Hause ging." Am nächsten Tag erzählte Opa seine Abenteuer. Dabei wird Theodor zum Mittelpunkt der Klasse. Später erzählt er selbst Opas Geschichten und gewinnt nun auch Freunde in der Klasse.

Das Buch wird vorgelesen und angeschaut. Der Text ist so knapp, daß dem betrachtenden Kind noch viel dazu einfallen kann. Was denkt Theodor, wenn er auf der Brücke sitzt? Das Kind kann dann in einem Selbstgespräch die Gedanken von Theodor erfassen, die Bild und Text suggerieren. Z. B.: Was reden Opa und Theodor, wenn sie miteinander spazierengehen? Spielt auch einen Spaziergang, und ihr seid Opa und Theodor. Wie geht es dem Theodor, wenn er in der großen Pause ganz allein sitzt und keiner ihn fragt, ob er mitspielen will? Spiel den Theodor!

Der Autor hat im Text offene Stellen, die zwar die Situation andeuten, aber doch offenlassen. Der Leser ergänzt im Bemühen um Textverständnis die „Leerstellen" oder „Unbestimmtheitsstellen" und wird damit zum aktiven Mitgestalter des Textes.

Wolfgang Iser[8], ein Germanist, hat die Bedeutung der Leerstellen für den Leseprozeß herausgearbeitet. Sie sind ein wesentlicher Bestandteil des Textes, weil sie im Leser Reflexionen über mögliche Aussagen, mögliche Geschehnisse oder Hindernisse auslösen und ihn vor reinem Konsum bewahren. Wenn von Opa berichtet wird, daß er eine Geschichte erzählen wollte, aber nicht beginnen konnte, so steht im Text nichts darüber, daß sich Opa genierte, daß er sich durch die vielen Gesichter, das Lachen usw. irritiert fühlte und daß ihm das Wort im Halse stecken blieb. Der Hörer aber erinnert sich an eigene Erlebnisse, er weiß, was los sein kann, er sieht das Grinsen der anderen, ihre Unruhe und spürt die Scham. Gerade weil nicht mehr darüber ausgeführt wird, kommen die eigenen Empfindungen mit in die Geschichte. Die Leerstelle hat eine Anregungsfunktion. Man kann nun bei diesem Bearbeitungsprozeß einsetzen und fragen: Wenn du Großvater wärst, was ginge dir durch den Kopf? Wenn du der Klassenkamerad von Theodor wärst, was könntest du denken? Versuch es einmal als ein Klassenkamerad, der Theodor nicht sehr gern hat, zu sagen. Als einer, der sich an ähnliche Erfahrungen erinnert . . . Als der Lehrer, der überrascht war, daß einer den Opa mitbringt.

---

8 Wolfgang Iser: Der Akt des Lesens, München 1976; vgl. auch Nündel/Schlotthaus: Angenommen Agamemnon — Wie Lehrer mit Texten umgehen, München 1978.

Die verschiedenen Monologe zeigen zugleich auch die Subjektivität der Textaufnahme. Auch Dialoge können den Text interpretieren: Zwei Klassenkameraden, die heimgehen; ein Kind erzählt seiner Mutter; Opa und Theodor gehen nach Hause usw. Manche Bilderbücher sind geradezu auf einen Dialog mit ihren Lesern hin angelegt. Zum Beispiel arbeitet John Burningham in dem Bilderbuch „Was ist dir lieber?"[9] nach dem Prinzip der Interaktion mit dem Leser. Er bietet Alternativen an, zwischen denen das Kind wählen kann, wenn er fragt, ob das Kind lieber „einen Affen zum Kitzeln" oder „einen Bären, dem du vorlesen kannst" oder „ein Schwein zum Reiten" möchte. Die Entscheidung wird dem Leser überlassen, und genau hier wird die Phantasie angeregt. Die Arbeit mit den Leerstellen, die zum Anreiz für Rollenspiel werden, hat sich mit fünf bis sechs Jahre alten Kindern als sehr ergiebig erwiesen. Die Kinder zeigten, daß sie vor allem bei der Behandlung von Problemgeschichten eigene Ansätze mitverarbeiteten. Sie monologisieren sehr gerne, und die Verschiedenheit der Monologe, die eine Person sprechen könnte (z. B. Theodor und Opa), ist sehr eindrucksvoll. Die Monologe oder Dialoge machen auch deutlich, wie unterschiedlich Menschen Situationen verstehen, und daß auch ein einziger Mensch mancherlei Betrachtungsweisen haben kann.

Für eine Erziehung zum Betrachten und Lesen eines Buches kann die Arbeit mit den Leerstellen, die durch Rollenspiel verdeutlicht, aber in ihrer Subjektivität belassen werden, hilfreich sein. Das Kind kommt in der Gruppe in eine aktive Auseinandersetzung mit dem Buch.[10]

2.4.4 Bilderbücher, die sich als Spielvorlage eignen

Es gibt eine Reihe guter Bilderbücher, die sich zur Bearbeitung im Rollenspiel eignen. Für die Umsetzung in ein Spiel, das die Handlung nachgestaltet, ist es günstig, wenn nur wenige Personen oder Tiere am Prozeß beteiligt sind. Dann bleibt das Geschehen übersichtlich, und Einzelheiten können herausgearbeitet werden.

Das Spiel sollte in deutlich wahrnehmbare Unterabschnitte einzuteilen sein, einzelne Szenen können nachgespielt werden.

---

9 Burningham, John: Was ist dir lieber? Verlag Sauerländer, Aarau — Frankfurt a. M. — Salzburg 1979.
10 Freudenreich, Dorothea: Kindergeschichten und Rollenspiel. Was können Geschichten, Bilderbücher, Textvorlagen, literarische Formen für das Rollenspiel mit Kindern leisten? In: Spiel und Theater, Zeitschrift für Amateurtheater, darstellendes Kinderspiel, Schul- und Jugendtheater, Theatererziehung und Medienkunde, Weinheim 31. Jg. Heft 107, S. 257—263;
Müller, H./Oberhuemer, P./v. Engelbrechten, E.: Kind und Bilderbuch. Praktische Anregungen, Vermittlung, Bedeutung, Informationsquellen, Schroedel — elementar, Hannover 1979.

Beim Spiel mit Leerstellen bleiben Text und Bilder das eigentliche Illustrations-
material, die Interpretationen durch kleine Spielszenen kommen hinzu. Hier
muß nicht der ganze Geschehensablauf nachgespielt werden.
Aus dem großen Angebot von Bilderbüchern schlagen wir einige vor, die sich
als Anregungen für Rollenspiele eignen.

Problembereich: Umgang mit sich selbst, Akzeptieren und Bewältigen der
eigenen Aggressionen, der Ängste und Unsicherheiten

Ekholm, Gisela und Per: Ich hab so eine Wut im Bauch
Schroedel Verlag, Hannover 1976

Dieses Buch schildert in expressiver und direkter Weise, wie ein kleines Mädchen
mit seinem Ärger umgeht, und in welche Phantasien es sich mit ihm begibt. Die
Kinder können mit dem Mädchen erleben, wie nahe Ärger und Trauer, Wut und
Enttäuschung und Hoffnung beieinander liegen. Dabei können sie auch lernen,
eigene Gefühle auszusprechen.

Ruck-Pauquèt, G./Otto, H.: Großer Bär und kleine Maus
Schroedel Verlag, Hannover 1978

Ein kleiner Bär lebt mit kleinen Tieren in einem winzigen Wald zusammen. Er
wächst und wächst und wird der geigespielenden Maus, dem Eichhörnchen und
dem Raben zu groß. Deshalb wird er weggeschickt. Er sucht nun nach einem
neuen Ort, wo er sich wohl fühlen kann. Die Menschen in der Stadt sind dem
Bären freundlich gesonnen. Doch er findet nirgends einen Platz, an dem es ihm
gut geht. Ein Junge führt ihn in einen Wald, wo er ein Eichhörnchen und einen
Raben findet. Die geigespielende Maus muß er noch finden. In jedem Wald ist
eine Maus, die Geige spielt. Man muß sie nur suchen.
Das Bilderbuch regt zur Identifikation mit dem Bären an, der aus seiner Umgebung herauswächst. Die Sympathie des Betrachters liegt beim Bären. Das Buch
regt Kinder zu Monologen und Dialogen über Weggeschicktwerden, Verlassen-
werden an. Die Lösung der Geschichte ist kein Neuanfang, sondern eine Rück-
kehr. Die Kinder können zu einer Neukonstruktion im Spiel angeregt werden,
z. B. Finden von geigespielenden Bären usw.

Machado, J.: Warum einer barfuß kommt und was dann passiert
Schroedel Verlag, Hannover 1975

Die Geschichte dieses Bilderbuches ohne Text wird durch eine Fußspur erzählt.
Sie regt zu Interpretationen und Gesprächen über die Erzählung an. Der Betrachter sieht den Menschen nicht, dessen Fußspuren er nachgeht, und wird

gerade dadurch zu Spekulationen über ihn verführt. Die Leerstelle fordert die Mitarbeit des Betrachters heraus.

Petrides, Heidrun: Anna, der Boß, und Michi, die Flasche
Alle sagen: Anna ist die Größte! Alle machen, was Anna sagt. Auf Michi hört keiner. Er sagt auch nichts.
Herold Verlag Brück KG, Stuttgart 1930

Dieses Bilderbuch ist für die Älteren geschrieben. Es nimmt sehr wirklichkeitsnah Rivalitätsprobleme zwischen einem aktiven, durchsetzungsfähigen Mädchen und einem scheuen, überbehüteten Jungen auf. Anna und Michi ärgern sich übereinander, und Anna quält Michi, weil er so anders ist als sie. Im Kinderheim spielt sich Anna auf und gibt den Ton an, bis sie selbst an ihre angsteinflößenden Phantasien glaubt und Hirsche im Wald für Gespenster hält. Anna verwindet ihre Blamage nicht, es kommt in der Nacht im Kinderheim zu einer Streiterei. Nun helfen die Kinder Michi. Anna weint in der Nacht. Sie gibt zu, daß sie Heimweh hat.
Eine typische Kinderheimszene spielt sich ab. Die Kinder weinen, erzählen aber gleichzeitig von ihrem Leid zu Hause: daß die Eltern getrennt leben, sie bei den Großeltern gelassen haben, sich streiten usw. Sie versuchen, sich nun gegenseitig zu helfen.
In diesem Bilderbuch werden bedrängende, oft tabuisierte Themen von Kindern ausgesprochen. Es gibt kein glückliches Ende, aber das Versprechen gegenseitiger Hilfe.

Kohout, Pavel: Jolana und der Zauberer
Kinderbuchverlag Reich, Luzern 1930 (aus dem Tschechischen)

Das kleine Mädchen Jolana hat Zahnweh, aber es hat auch Angst vor dem Zahnarzt und leidet zunächst lieber, als sich helfen zu lassen. Die Eltern müssen verreisen, und sie wird bei Verwandten wohnen. Die Angst in Jolana wird immer größer und verleidet ihr jegliches Spiel. Die Langeweile überfällt sie, und sie wird nicht mehr fertig damit. Sie trifft einen alten Mann, den Zauberer. Eigentlich geschieht nichts Aufregendes, aber Jolana weiß, daß der Mann zaubern kann und die Angst und die Langeweile wegnimmt.

In dem Buch werden die Verlassenheit, die tiefsitzende Angst vor dem Zahnarzt und das Heimweh angesprochen.

Heine, Helmut: Der Superhase
Otto Maier — Taschenbuch, Otto Maier-Verlag, Ravensburg 1971

Der Superhase will unbedingt berühmt werden. Er will nicht sein wie die anderen. Deshalb wird er zum Großsprecher und zum Angeber, der auch für die anderen zum Unglück wird.

Im Bilderbuch kann deutlich werden, daß mehr Mut dazu gehören kann, sich in seiner Mittelmäßigkeit und Banalität zu akzeptieren. Als Technik zur Bearbeitung bieten sich Gespräche über den Superhasen, die Artikulation der Angst des Superhasen im Monolog sowie Monologe von anderen Hasen an.

Nöstlinger, C./Anrich-Wölfel, B.: Der kleine Jo
Schroedel Verlag, Hannover 1976

Der kleine Jo erfährt, wie man in der Phantasie mit seinem Kummer umgehen kann. Die Kinder können ihre Bewältigungsversuche mitteilen, und gleichzeitig erleben sie, wie sie zu ihrem Kummer stehen können, indem sie ihn aktiv bearbeiten.

Damjan, Mischa: Die Maus, die an das Gute glaubte
Nord-Süd-Verlag, Mönchaltdorf — Hamburg 1979

Fünf Mäuse werden zu tüchtigen Mäusen erzogen. Nur die kleine Maus stellt die Erziehung in Frage. Vieles erscheint ihr nicht notwendig. Sie braucht Begründungen und sieht auch andere Möglichkeiten. Die Maus plant auch ihr eigenes Werden. Sie will nicht einfach wie die anderen Mäuse sein.

Zahradka, Miroslav: Der andere Tiger
Nord-Süd-Verlag Taschenbuch, Mönchaltdorf — Hamburg 1971

Ein Tiger, der, weil er das Brüllen und Jagen ablehnt, von seinem Rudel weggeht, dafür bestraft wird, dann aber bei den Menschen doch Überlebensmöglichkeiten entwickelt, die ihm sein Anderssein gestatten.

Problembereich: Geschwisterrivalität

Lindgren, Astrid/Wikland, Ilon: Ich will auch Geschwister haben
Oetinger, Hamburg 1979

Das Buch beschreibt sehr realitätsnah die Gefühle eines kleinen Jungen, der eine Schwester bekommen hat. Die Eifersucht und der Wunsch, die Schwester zu quälen und zu schlagen, lösen in manchen Kindern Ängste der Abwehr aus. Sie beteuern, daß sie nie ähnliche Gefühle ihren kleinen Geschwistern gegenüber gehabt haben. Es ist beim Betrachten wichtig, daß auch Verständnis für Peter ausgesprochen wird. Der Erwachsene hilft dem Kind, die eigenen, sehr heftigen Gefühle anzuerkennen, wenn er sagt, daß er Peter verstehen könne und daß es ihm selbst bei der Geburt der Geschwister ähnlich ergangen sei.

Vgl. auch: Reuterswärd, Maud: Wenn man Noack heißt
Thienemann Stuttgart 1977 (Zum Vorlesen und Erzählen),

Wensell, U.: Unser kleiner Bruder
Parabel-Verlag, München 1979

Nöstlinger, J./Anrich-Wölfel, B.: Das will Jenny haben
Schroedel Verlag, Hannover 1977

Jenny ist die kleine Schwester von Jim und kann nur einen einzigen Satz sagen:
,,Das will Jenny haben''. Jim aber will nicht alles weggeben, wird aber von der
Mutter dazu aufgefordert.

Jim verschluckt eine große Bohne, weil er sie nicht Jenny geben will. Sie wächst
in ihm und wird immer größer. Das Gewächst umgibt Jim wie ein Zelt, so daß er
im Garten leben muß und von der Mutter betreut und begossen wird. Im Herbst
kann Jim vom Gärtner befreit werden. Als Jenny nun auch von den Bohnen
essen will, die die Mutter vom Bohnenstrauch geerntet hat, sagt die Mutter:
,,Jenny, halt den Mund.''

Die Geschwisterproblematik wird in eindrücklichen Bildern beschrieben. Die
Mutter überfordert den größeren Bruder und verwöhnt die kleine Schwester, die
so anspruchsvoll wird, daß sie sogar den Mond haben will. Das Bilderbuch sollte
mit den Kindern bearbeitet werden, damit die Schwierigkeiten, die sich für beide
Geschwister ergeben, deutlich werden. Das Symbol der Bohne sollte verständlich
werden. Jim wächst in seinen Zorn und Neid wie in eine Hecke hinein. Er zwingt
damit die Mutter, daß sie sich mit ihm beschäftigt. Das Bohnengewächs ist keine
Strafe, sondern eher eine Krankheit.

Problembereich: Umgang mit älterer Menschen

Postma, Lidia/Korschunow, Irina: Ich weiß doch, daß ihr da seid!
Sauerländer-Verlag, Aarau — Frankfurt a. M. — Salzburg 1980

Das Buch erzählt die Geschichte einer alten Frau, die im Dorf als Hexe verspottet
und gefürchtet wird. Die Kinder wollen ihr einen Streich spielen, die alte Frau
lacht darüber. Sie bittet die Kinder in ihr Haus und erzählt ihnen wundersame
Geschichten. In den Geschichten und in den Gesprächen über die Geschichten
geht es um die Wirklichkeit und Notwendigkeit des Phantastischen. Die alte
Frau wird zur Vermittlerin einer reichen Märchenwelt.

Reidel, Marianne: Anna und die Weiherhex
K. Thienemanns-Verlag, Stuttgart 1980

Auch dieses Bilderbuch berichtet über eine ältere Frau, die isoliert lebt und als
Ausgestoßene gilt. Die Dorfkinder nennen sie eine Hexe. Sie spiegeln damit die
Vorurteile der Eltern gegen Außenseiter wider, die sich nicht in die Dorfgemein-
schaft integrieren wollen oder können. In abgelegenen Dörfern werden heute

noch alte Frauen als Hexen verschrien und dem Spott der Kinder preisgegeben. Anna, die ihre Ferien auf dem Lande verbringt, lernt die Weiherhex als einen Menschen kennen, der ein sehr schweres Schicksal erfahren hat.

Degler-Rummel, Gisela: Jan und die Großmutter
Otto Maier-Verlag, Ravensburg 1979

Das Buch erzählt von einem Jungen, der seine Großmutter oft besucht, weil sie Zeit für ihn hat. Er muß aber dabei auch erleben, daß sie immer vergeßlicher, immer umständlicher und langsamer wird. Und er ärgert sich darüber so sehr, daß er nicht mehr zu ihr gehen will. Er muß sich — und mit ihm der Leser — mit dem Älter- und Schwächerwerden von geliebten Angehörigen auseinandersetzen. Seine Mutter hilft ihm dabei.

Koči, Marta/Breuss, Edgar: Schwarzack
Edition Neugebauer im Hermann Schroedel Verlag AG, Basel 1980

Schwarzack ist eine Entstehung von Freundschaft. Die kleine Marie, die zunächst voll von Neugier ist, muß ihre Angst und die Vorurteile überwinden, um die wunderbare Freundschaft mit einer einsamen alten Frau, einem Hund Schwarzack und den Tieren zu erleben. Alles ist anders bei der alten Frau als zu Hause, und das macht Angst. Sie arbeiten zusammen, die alte Frau belehrt sie und schenkt ihr damit Vertrauen und Zuneigung.

Sie backen zusammen Brot und erleben, wie etwas Neues entsteht. Es dauert lange, bis die kleine Marie ihre Angst vor dem großen Wolfshund Schwarzack überwindet. Erst als sie wahrnimmt, daß der riesige Schwarzack auch vor der kleinen angstvollen Marie Angst hat, kann sie ihre Zurückhaltung überwinden. „. . . Magst du Würfelzucker, Schwarzack? . . . und von da an änderte sich alles".

Die Bilder des Buches sind geheimnisvoll, und sie machen auch die Erregung aus, die in der Begegnung von Marie, Schwarzack und der alten Frau spürbar wird. Der Umgang der Freunde ist sorglos, gebend und alltagsnah. Bilder und Text zusammen machen aber das Buch aufregend. Kinder müssen sich hineinsehen. Sie tun sich schwer, die Rolle der alten Frau zu spielen, weil die Bilder eigene Traumbilder wecken. Aber gerade sie können durch ein behutsames Spiel, durch die zunehmende Inbesitznahme der Gestalt der Frau, die vom ganzen Dorf abgelehnt wird, überwunden werden. In diesem Buch sind Muttergestalt und Hexe in einem, und die Hexe kann nur durch Liebe und gegenseitiges Tun in die mütterliche Gestalt verwandelt werden. Auch der Hund erscheint gefährlich wild, aber er ist einsam und verlangt nach Zuwendung. Das Buch bietet Monologe an, die von den Kindern fortgeführt werden können, so daß die eigenen Wünsche und Sehnsüchte bearbeitet werden können.

Problembereich: Umgang mit Erwachsenen

Mickwitz, C.: Jason soll leise sein,
Schroedel Verlag, Hannover 1977

Das Bilderbuch greift ein alltägliches Problem von Menschen auf, die im Miets-
haus zusammenwohnen. Sie stören sich, weil sie den Krach voneinander ertragen
müssen. Je schlechter die Beziehungen untereinander sind, um so deutlicher wird
die Störung wahrgenommen. Jason freundet sich mit Frau Zirbel an, und sie
kann nun auch sein Rollschuhfahren ertragen.
Einfühlung in andere Menschen, Artikulation des gegenseitigen Protests kann
durch das spielende Erfassen bearbeitet werden. Das Spiel sollte allerdings auch
andere Konfliktlösungsmöglichkeiten, als die Geschichte sie anbietet, denkbar
machen.

Mickwitz, J.: Jason und seine Freunde
Schroedel Verlag, Hannover 1978

Jason und seine Mutter fahren in ein Ferienheim. Dort verbringen die Menschen
recht beziehungslos ihre Ferien. Jason versucht, sie miteinander ins Gespräch zu
bringen. Die Bilder machen die alltägliche Geschichte, die an den unmittel-
baren Erfahrungen der Kinder anknüpft, zu einem lustigen und interessanten
Ereignis.
Die Bearbeitung des Bilderbuches kann auch zu folgenden Überlegungen anregen:
wie können wir Gespräche miteinander anfangen, wie kann ich auf jemanden
zugehen, mit dem ich reden möchte? Rollenspiele, die zunächst beziehungslose
Ansammlungen von Menschen darstellen, die dann lustig miteinander spielen,
mögen auch häufige Familiensituationen karikieren.

Ruck-Pauquèt, Gina: Minkipunk ist in der Stadt
Schroedel Verlag, Hannover 1981

Das Minkipunk ist eine phantastische Figur in der Krone eines alten Baumes. Es
verhält sich unberechenbar, spielt den Erwachsenen manchen Schabernack und
bietet den Kindern eine Phantasiewelt an, in die sie sich entziehen können vor
den Zwängen und Einengungen der von Erwachsenen regierten Welt. Der Versuch der Erwachsenen, das Minkipunk zu fangen, ist zum Scheitern verurteilt,
selbst die Zerstörung des alten Baumes hinterläßt nur eine peinliche Lücke. Minkipunk bleibt ungreifbar und damit unkontrollierbar.
Kindlichen Betrachtern dieses Bilderbuches wird angeboten, sich auseinanderzusetzen mit Werten wie Ordnung, Freiheit, Kontrolle. Rollenspielszenen können
Konfliktgespräche zwischen Kindern und Erwachsenen zu diesen Themen sein,
zudem können Kinder in Gesprächen mit Minkipunk viele ihrer Nöte, Wünsche
und Phantasien ausdrücken, für deren Vermittlung die Realität zu wenig Raum
bietet.

210

Neuper, L. Wolfgang/Koboyashi, Kenzo: Zwei kleine Enten
Edition Neugebauer in Hermann Schroedel Verlag AG, Basel 1981

Das Bilderbuch versucht eine Utopie vom Zusammenleben der Menschen und der Tiere in Harmonie und Bedürfnislosigkeit zu beschreiben. „Tiere und Menschen wurden eine Familie, lebten beisammen, spielten zusammen, saßen gemeinsam zu Tisch. Sie waren Freunde." Zunächst suchen sich zwei kleine Enten einen Ort, an dem sie zufrieden miteinander leben können. Sie brauchen dafür Wasser, merken aber bald, daß materielle Dinge zu wenig sind. Sie brauchen auch Freunde. Das Bilderbuch hat sehr zarte Bilder, die eigentlich nur Andeutungen vom Geschehen sind. Deshalb werden die Phantasie und das innere Nachdenken angeregt. Es spricht innere Sehnsüchte des Menschen an. Die Traurigkeit der zwei Enten, die miteinander im Teich schwimmen, ist auch die Traurigkeit eines empfindsamen Kindes, das allein in seinem Sandkasten spielt und sich nach Bergung im Familienkreise sehnt.

Man kann, um die Identifikation mit den Enten herzustellen und um sich die eigene Sehnsucht bewußt zu machen, Dialoge und Monologe führen: „Ich möchte nun einen Freund, der am Abend auf mich wartet" oder „es ist so schön hier, aber die Wiese ist leer und niemand steht am Ufer!" . . . und so fort.

Die Menschen, die kommen, stören die Stille nicht, sondern machen das Zusammenleben reicher. Auch so können sie zusammen über ihr Empfinden nachdenken. Selbst der Wolf, der allein durch den Wald streift, stört die Idylle nicht, sondern er wird aufgenommen.

Das Beschauen und Spielen dieses zauberhaften Bilderbuches kann sicher nur in kleinerem Kreise geschehen. Das Rollenspiel hilft hier, die Kinder zum Verweilen anzustiften und ihnen Zeit und Ruhe zu geben, sich mit den eigenen Sehnsüchten und Wünschen nach Geborgenheit auseinanderzusetzen. Es ist dann auch keine irreale heile Welt, sondern die friedvolle Welt, nach der ich mich sehne und für die ich kämpfe.

Fink, Peter: Ein Nilpferd kommt
Schroedel Verlag, Hannover 1978

Klaus träumt, ein Nilpferd kommt zu ihm ins Zimmer. Es nimmt ihn mit auf eine abenteuerliche Reise durch die Stadt. Vor dem Zoo rettet es sich durch einen phantastischen Flug zum Nil.

Rollenspiele können hier zum einen am Körpererleben des Kindes ansetzen und zu neuen, ungewohnten Bewegungen führen, zum andern lassen sich Szenen darstellen als Konfliktsituationen im Aufeinandertreffen von Kinder- und Erwachsenenwelt. Das Erfinden kreativer Reaktionsmöglichkeiten auf unvorhergesehene Ereignisse kann ein lohnendes Ziel im Umgang mit diesem Buch sein.

Sacré, Marie José: Valentin schenkt Blumen
Edition Neugebauer im Hermann Schroedel Verlag AG, Basel 1978

Das Bilderbuch, das von Valentin, seinem Bedürfnis, der Mutter etwas zu schenken, und vom Glücklichwerden handelt, kann Kinder zu Überlegungen anregen, wie sie schenken und beschenkt werden möchten. „Ich will meiner Mutter etwas schenken, das sie glücklich macht." Die Blume kann aber nur für kurze Zeit Gabe sein, denn sie welkt und verliert ihre Schönheit.

Valentin sucht weiter nach unvergänglichen Bildern der Zuwendung. Eine Fee zeigt ihm die Tugenden der Freundlichkeit, der Hoffnung und der Liebe, die Menschen geben können und die sie brauchen.

Das Bilderbuch ist besinnlich, es besteht leicht die Gefahr, daß es durch die Über-tragung in die Alltagswirklichkeit der Kinder zu einem Moralkatalog wird. Auch hier kann durch die Identifikation des Beschauers mit Valentin, der Zeichen seiner Zuwendung sucht, mit der Mutter, die beschenkt wird, und der Fee, die im Traum den Weg weist, zum Aufnehmen, Stillhalten und Betrachten Anre-gung gegeben werden. Valentin kann laut über sein Suchen nachdenken: „Ich möchte, daß sich die Mutter freut, daß sie an mich denkt, wenn sie mein Ge-schenk sieht, nun welkt die Blume usw." Die Bilder nehmen die Botschaft des Textes auf. Das Spiel soll auch eine Beschäftigung mit den Bildern werden.

Problembereich: Umgang mit behinderten Menschen

Desmarowitz, Dorothea/Hasler, Eveline: Dann kroch Martin durch den Zaun
Otto Maier-Verlag, Ravensburg 1978

Martin, der Held des Buches, ist ein behinderter Junge, der anfangs abseits steht und nirgendwo mitspielen kann. Sein Bruder schämt sich seiner. Dann lernt Martin eine Frau kennen, die mit ihm reitet, ja sogar alle behinderten Kinder reiten läßt. Martin liebt das Pferd Aurora sehr. Als es aus der Koppel ausbricht und auf die große Straße rennt, ist er der einzige, der es zurückholt. Nun wird er zum tapferen Helden, der mit Pferden umgehen kann. Er ist nicht mehr der stigmatisierte Behinderte.

Ergänzend: Becker, A./Niggemeyer, E.: Ich bin doch auch wie ihr
Fotobilderbuch, Otto Maier-Verlag, Ravensburg

Problembereich: Umgang mit Kindern ausländischer Arbeitnehmer

Kirchberg, Ursula: Selim und Susanne
Ellermann-Verlag, München 1978

Den Kindern sollen die Schwierigkeiten deutlich werden, denen Kinder ausge-liefert sind, die die Landessprache nicht beherrschen. Eigene Ferienerfahrungen werden durch die Geschichte von Susanne in Erinnerung gerufen, die sich in Italien nicht verständigen konnte und isoliert und unsicher war.

Mickwitz, C.: Jason zieht um
Schroedel Verlag, Hannover 1980

Jason und seine Mutter müssen in ein fremdes Land ziehen, wo die Mutter Arbeit findet. Jason muß Abschied nehmen von der ihm vertrauten und ihm wertvollen Heimat; er muß in der neuen Umgebung zurechtkommen mit Isolation, Sprachschwierigkeiten, Heimweh. Er findet mit Hilfe von anderen Menschen vielversprechende Möglichkeiten, sich zu integrieren, sich wohlzufühlen.

Dieses Buch eignet sich besonders zur Bearbeitung der Probleme von Gastarbeiterkindern in unserem Land. Es regt zur Identifikation mit dem fremdländischen Kind an. In Rollenspielszenen kann dieser Identifikationsprozeß vertieft werden mit der Chance, hilfreiche Einstellungen zu Gastarbeiterkindern aufzubauen und konkrete Hilfsangebote zu erproben.

Korschunow, Irina: Niki aus dem zehnten Stock
Herold-Verlag, Stuttgart 1977

Geschichten zum Erzählen oder Vorlesen, die Ereignisse aus dem Alltag der Kinder betreffen, und Probleme des Zusammenlebens mit Kindern, die nicht deutsch sprechen können und andere Lebensgewohnheiten haben.

Problembereich: Zusammenspiel von Kindern

Sendak, Maurice: Das Schild an Rosis Tür
Diogenes Kinder-Klassiker, Diogenes-Verlag, Zürich 1976

Rosi und ihre Freunde vertreiben sich die Zeit durch Verkleiden, durch Rollenspiele und Verwandlungsspiele. Das Bilderbuch regt zu ähnlichen Spielen an. Aus dem Nachspiel wird sehr schnell eigenes, unabhängiges Gestalten.

Literaturhinweise für die Praxis (Vgl. auch Kap. IV)

Becker, A./Conolly-Smith, E.: du, ich, wir. Handbuch der emotionalen und sozialen Erziehung. Ravensburg 1975.

Ebert, H./Paris, V.: Warum ist bei Schulzes Krach? Kindertheater Märkisches Viertel/Rollenspiel/Politisches Lernen. Teil I und II. Berlin 1976.

Gording, E.: Dramatisches Spiel. Velber 1971.

Hoffmanns Comic Theater: Will Dein Chef von Dir mal Feuer. Rollenspiele und was man damit machen kann. Berlin 1974.

Ingendahl, W.: Sprechspiele — Rollenspiele. München 1973.

Krantz, M.: Wir spielen Geschichten. Köln-Braunsfeld 1971.

Nickel, H. W. (Hrsg.): Rollenspielbuch. Hilfen für Spielleiter, Heft 9. Recklinghausen 1972.

Nold, W. (Hrsg.): Handbuch Puppenspiel/Figurentheater. Frankfurt/M. 1976.

Schiffler, H.: Schule und Spielen. Ravensburg 1976.

Shaftel/Shaftel: Rollenspiel als soziales Entscheidungstraining. München 1973.

Wölfel, U.: Du wärst der Pienek. Mülheim 1972.

Wölfel, U.: Siebenundzwanzig Suppengeschichten. Düsseldorf 1968.

Anhang

Literaturverzeichnis

Stand 1981

Abel-Struth, S.: Musikalischer Beginn im Kindergarten und Vorschule, Bd. 1 und Bd. 2, Kassel 1972

Abel-Struth, S.: Musik und Bewegung im Elementarbereich, München 1974

Achternich, E. und A.: Konflikte in der Kindergruppe. Arbeitsvorschläge zum Thema und weitere Anregungen zum Erzählen, Spielen, Gestalten, Gelnhausen 1975

Almy, A.: Das freie Spiel, ein Weg zur intellektuellen Entwicklung. In: Halbfas, Maurer, Popp: Neuorientierung des Primarbereichs, Bd. I, Stuttgart 1973

Antons, K.: Praxis der Gruppendynamik, Göttingen 1973

Arbeitsgruppe Vorschulerziehung: Anregungen I: Zur pädagogischen Arbeit im Kindergarten. Anregungen II: Zur Ausstattung des Kindergartens, München 1973

Argyle, M.: Körpersprache und Kommunikation, Paderborn 1980

Axline, V. M.: Kinderspieltherapie im nicht-direkten Verfahren, München/Basel 1972

Bach/Molter: Psychoboom, Wege und Abwege moderner Psychotherapie, Reinbek 1980

Baer, U./Kleindiek, J. W.: Betrifft Rollenspiel. Materialien für die Arbeit mit Kindern und Erwachsenen, Remscheid 1976

Bannmüller, E.: Neuorientierung der Bewegungserziehung, Stuttgart 1979

Barter, N.: Ravensburger Theaterspielbuch mit Kindern, Ravensburg 1980

Bateson, G., u. a.: Schizophrenie und Familie, Frankfurt/M. 1969

Baumgartner, A.: Rollenspiel als Medium der Emanzipation in der Vorschule. In: Kochan, B. (Hrsg.): Rollenspiel als Methode sprachlichen und sozialen Lernens, Kronberg/Ts. 1974

Beck/Dickenberger u. a.: Konzeption für einen politisch-emanzipatorischen Gebrauch von Rollenspielen. In: Kochan, B.: Rollenspiel als Methode sprachlichen und sozialen Lernens, Kronberg/Ts. 1974

Becker, A./Conolly-Smith, E.: du — ich — wir. Handbuch zur emotionalen und sozialen Erziehung. Kindergarten- und Vorschulprogramm, Ravensburg 1975

Becker, W. C.: Spielregeln für Eltern und Erzieher, München 1974

Berger, P./Luckmann, Th.: Die gesellschaftliche Konstruktion der Wirklichkeit, Frankfurt 1972

Bertelsmann, K.: Ausdrucksschulung. Unterrichtsmodelle und Spielobjekte für kreatives und kommunikatives Lernen, Stuttgart 1975

Biermann, G. (Hrsg.): Handbuch der Kinderpsychotherapie, 2 Bde., München 1969

Bittner, G./Schmid-Cords, E. (Hrsg.): Erziehung in früher Kindheit, 4. Aufl., München 1971

Blöschl, L.: Grundlagen und Methoden der Verhaltenstherapie, Bern 1969

Blumenthal, E.: Bewegungsspiele für Vorschulkinder, Schorndorf 1973

Böll, H.: So ein Rummel. In: Ders.: Wanderer kommst Du nach Spa. . ., Frankfurt 1961

Böschemeyer, H./Vopel, K. W.: Kommunikation im 1. Schuljahr, Hamburg 1977

Böschemeyer, H./Vopel, K. W.: Kindergeburtstag, Hamburg 1977

Boettcher, W.: Kritische Kommunikationsfähigkeit. Reflexion über Sprache, Bd. I, Bebenhausen 1973

Bornemann, M./Hundertmarck, G.: Treffpunkt Spielgruppe, München 1977

Brenner, Ch.: Grundzüge der Psychoanalyse, Frankfurt/M. 1970

Brocher, T.: Gruppendynamik und Erwachsenenbildung, Braunschweig 1967

Broich, Josef: Rollenspiele mit Erwachsenen, Anleitungen und Beispiele für Erwachsenenbildung, Sozialarbeit, Schule, Reinbek 1980

Broich, Josef: Spiel- und Theaterpädagogik, Systematischer Literaturnachweis und Beratungsdokumentation 1975 bis 1981, Duisburg 1981 (Verlag für päd. Dokumentation)

Bruner, J.: Der Prozeß der Erziehung, Düsseldorf 1969

Brunner, E.: Akzeptieren und Verstehen, München 1981

Bubenheimer, U./Strecker, D.: Religionsunterricht und Spielpädagogik in der Grundschule, Limburg 1979

Bubner, C./Mienert, Chr.: Bausteine des darstellenden Spiels. Ein Übungsbuch für Theater mit Jugendlichen, Frankfurt/M. 1977

Bühler, Ch.: Der Welt-Test. Dt. Beschreibung in: Stern, E.: Die Tests in der klinischen Psychologie, Bd. II, S. 698—714, Bern—Stuttgart 1957

Bühler/Fey/Kluge: Spielgruppenpädagogik, München 1978

Bünner, G./Röthing, P.: Grundlagen und Methoden rhythmischer Erziehung, Stuttgart 1971

Büschel, G.: Das Spiel in der Sonderschule, Berlin-Charlottenburg 1972

Burak, G.: Methodik des Rollenspiels im Politikunterricht. In: Kochan, B.: Rollenspiel als Methode sprachlichen und sozialen Lernens, Kronberg/Ts. 1974

Burkart, V.: Befreiung durch Aktionen. Die Analyse der gemeinsamen Elemente im Psychodrama und Theater, Wien 1972

Burkart, V./Zapotoczky, H. G.: Konfliktlösung im Spiel. Soziodrama/Psychodrama/Kommunikationsdrama, Wien—München 1974

Button, L.: Gruppenarbeit mit Jugendlichen, München 1976

Buytendijk, F. J. J.: Wesen und Sinn des Spiels, Berlin 1934

Callies, E.: Spiel- und Lernladen für Vorschulkinder, Stuttgart 1977

Château, J.: Das Spiel des Kindes. Natur und Disziplin des Spielens nach dem 3. Lebensjahr, Paderborn 1969

Chesler, M./Fox, R.: Methoden des Rollenspiels im Unterricht. In: Kochan, B.: Rollenspiel als Methode sprachlichen und sozialen Lernens, Kronberg/Ts. 1974

Chesler, M., und Fox, R.: Role-Playing Methods in the classroom. Techer Resource Booklets, Chicago 1966

Christensen, N.: Methoden der Lenkung des Spiels — Die Rolle der Erzieherin im Spiel. In: Neue Erziehung im Kindergarten, Heft 19 (1966)

Claessens, D.: Kind und Rolle. In: Klewitz, M./Nickel, W.: Kindertheater und Interaktionspädagogik, Stuttgart 1972

Claessens, D.: Rolle und Macht, München 1970

Claus, J., u. a.: Spiel im Vorschulalter. Möglichkeiten der Erziehung zu Kollektivität und Solidarität, Frankfurt 1973

Cohn, R. C.: Von der Psychoanalyse zur themenzentrierten Interaktion, Stuttgart 1975

Correll, W.: Lernpsychologie, Donauwörth 1974

Cratty, B. J.: Aktive Spiele und soziales Lernen, Ravensburg 1977

Cremerius, J. (Hrsg.): Psychoanalyse und Erziehungspraxis, Frankfurt 1971

Dahlke, M.: Zur Phänomenologie interaktionistischer Systeme bei sozial auffälligen und im Lernen behinderter Kinder. — Eine Analyse mit Hilfe von Rollenspielen, Rheinstetten-Neu 1977

Dahrendorf, R.: Pfade aus Utopia, München 1967

Daublebsky, B.: Spielen in der Schule, Stuttgart 1973

Deutscher Bildungsrat: Strukturplan für das Bildungswesen, Stuttgart 1971

Deutscher Bildungsrat: Empfehlungen der Bildungskommission: Zur Einrichtung eines Modellprogramms für Curriculum-Entwicklung im Elementarbereich, verabschiedet 1973, Stuttgart 1973

215

Deutscher Bildungsrat: Gutachten und Studien der Bildungskommission. Die Eingangsstufe des Primarbereichs. Bd. 2/2: Soziales Lernen und Sprache, Stuttgart 1975

Deutsches Jugendinstitut, Bibliographie Spiel im Kindesalter, München 1971

Diem. L.: Bewegungsspiele mit Kindern. Körperlich und seelisch intakt durch motorische Erfahrung, Reinbek 1979

Dix, Ruth: Das Buch vom Spiel, Gelnhausen 1981

Dreitzel, H. P.: Die gesellschaftlichen Leiden und das Leiden an der Gesellschaft. Vorstudien zu einer Pathologie des Rollenverhaltens, Stuttgart 1968

Du Bois-Reymond, M.: Strategien kompensatorischer Erziehung. Das Beispiel der USA, Frankfurt 1971

Elkonin, D. B.: Psychologie des Spiels im Vorschulalter. In: A. W. Saporoshez und Elkonin, D. B.: Zur Psychologie der Persönlichkeit und Tätigkeit des Vorschulkindes, Berlin (Ost) 1971

Fengler, J.: Verhaltensänderung in Gruppenprozessen, Heidelberg 1975

Finke, U./Hübner, R./Rohrer, F.: Spielstücke für Gruppen. Eine Praxis der Spielpädagogik, München 1977

Flitner, A.: Spielen Lernen. Praxis und Deutung des Kinderspiels, München 1972

Flitner, A.: Das Kinderspiel (Texte), München 1973

Florin, J./Turner, W.: Behandlung kindlicher Verhaltensstörungen, München 1970

Freud, A.: Das Ich und die Abwehrmechanismen, München 1972

Freud, A.: Wege und Irrwege in der Kinderentwicklung, Stuttgart 1968

Freud, S.: Vorlesungen zur Einführung in die Psychoanalyse und Neue Folge. Studienausgabe Bd. I, Frankfurt 1969

Freud, S.: Bildende Kunst und Literatur. Conditio humana. Studienausgabe Bd. 10, Frankfurt 1969

Freud, S.: Der Dichter und das Phantasieren. 1908. Studienausgabe, Bd. X, Frankfurt 1969

Freudenreich, D.: Kooperation — Lernen durch Rollenspiele. 1. bis 4. Schuljahr. Entwürfe und Materialien für den sozialwissenschaftlichen Bereich, München 1977

Freudenreich, D.: Kindergeschichten und Rollenspiel. Was können Geschichten, Bilderbücher, Textvorlagen, literarische Formen für das Rollenspiel mit Kindern leisten? In: Spiel und Theater. Weinheim, 31. Jg., Okt./Dez. 1979, S. 257–263

Freudenreich, D.: Das Planspiel in der sozialen und pädagogischen Praxis. Beispiele für den Umgang mit Organisationen, Gruppen und Personen, München 1979

Friedemann, L.: Kinder spielen mit Klängen und Tönen. Ein musikalischer Entwicklungsgang, Wolfenbüttel 1971

Fries, A. de, u. a.: Soziales Training durch Rollenspiel, Köln und Frankfurt/M. 1976

Fröhlich, P./Heilmeyer, J.: Modell Kinderspielclub. Materialien zur Praxis neuer Spielmethoden, Köln 1974

Frommlet, W./Mayrhofer, H.: Eltern spielen — Kinder lernen. Handbuch für Spielaktionen, München 1972

Frostig, M.: Bewegungserziehung, München/Basel 1973

Furness, P.: Soziales Rollenspiel. Ein Handbuch für die Unterrichtspraxis, Ravensburg 1978

Gahagan, D. und G.: Kompensatorische Spracherziehung in der Vor- und Grundschule, Düsseldorf 1971

Gebauer, K.: Beispiele — Spielsituationen — Lernsituationen — Alltagswirklichkeit, Hannover 1975

Gerhardt, U.: Rollenanalyse als kritische Soziologie, Neuwied und Berlin 1971

Goffman, E.: Wir alle spielen Theater, München 1970

Goffman, E.: Interaktionsrituale. Über Verhalten in direkter Kommunikation, Frankfurt 1971

Goffman, E.: Interaktion, München 1973

Goffman, E.: Rollendistanz. München 1973

Gold, V., u. a.: Kinder spielen Konflikte, Neuwied und Berlin 1973

Gording, E.: Dramatisches Spiel, Velber 1971

Gottschaldt, K./Frühauf-Ziegler, Chr.: Über die Entwicklung der Zusammenarbeit im Klein-kindalter. Z. Psychol. 162, 1958, S. 254—278

Graumann, C. F.: Interaktion und Kommunikation. In: Handbuch der Psychologie, Bd. VII, 2. Halbband: Sozialpsychologie, Göttingen 1972

Greenway, K.: Kinderspiele, Frankfurt 1977

Grüneisl, G./Mayrhofer, H./Zacharias, W.: Umwelt als Lebensraum. Organisation von Spiel-und Lernsituationen, Köln 1973

Gudjons, H.: Praxis der Interaktionserziehung, Bad Heilbrunn 1978

Gümbel, G.: Zur Bedeutung von Rollenspielen für soziales politisches Lernen. In: Die Grund-schule. 10/1974

Günther, K. B./Schürmann, E.: Rollenspiel im Vorschulalter. Arbeitspapier unveröffentlicht, Düsseldorf 1972

Gutte, R.: Rollenspiel als „kompensatorische Spracherziehung". Theoretische Aspekte. Bei-spiele und Vorschläge. In: Kochan, B.: Rollenspiel als Methode sprachlichen und sozialen Lernens, Kronberg/Ts. 1974

Haberkorn, R.: Rollenspiel im Kindergarten. Erfahrungen aus Modellkindergärten — unter Mitarbeit von Ruth Gerstacker, München 1979

Habermas, J.: Kultur und Kritik, Frankfurt 1974

Habermas, J.: Thesen zur Theorie der Sozialisation, Frankfurt/M. 1974

Halbfas, Maurer, Popp: Neuorientierung des Primarbereichs. Bd. 1, Entwicklung der Lern-fähigkeit, Stuttgart 1972, Bd. 2, Lernen und soziale Erfahrung, Stuttgart 1974

Handbuch Schulanfang, Rollenspiel und Handpuppenspiel Bd. 3, Weinheim 1980

Hasselbach, B.: Tanzerziehung in der Grundschule, Stuttgart 1971

Haven, H.: Darstellendes Spiel. Funktionen und Formen, Düsseldorf 1972

Hawley, R. C.: Werte spielen eine Rolle — Werterfahrung durch Rollenspiel für Unterricht und Gruppe, München 1979

Hechinger, F. M.: Vorschulerziehung als Förderung sozial benachteiligter Kinder, Stuttgart 1972

Heckhausen, H.: Entwurf einer Psychologie des Spielens. In: Flitner, A.: Das Kinderspiel, und in: Funkkolleg Pädagogische Psychologie, Frankfurt 1973

Heer, E./Heer, W.: Aktionen mit Schülern, Weinhein 1975

Heiner, A.: Rollenspiele — zu wessen Nutzen? In: Die Grundschule. 10/1974

Heiner, A./Müller, H. D.: Rollenspiel und Sprechsituation. In: Wolfrum, E. (Hrsg.): Taschen-buch des Deutschunterrichts, Eßlingen 1974

Hellmich, A.: Projekte in der Vorschule, Weinheim 1975

Hetzer, H.: Spielen lernen — spielen lehren, München 1971

Hetzer, H.: Spiel im Familienleben, Zürich 1973

Hielscher, H. (Hrsg.): Sozialerziehung konkret, Bd. I, Hannover 1977

Hielscher, H. (Hrsg.): Sozialerziehung konkret. Spiele und Material, Hannover 1977

Hilgard, E. R./Bower, G. H.: Theorien des Lernens Bd. I und II, Stuttgart 1970

Homans, G. C.: Elementarformen sozialen Verhaltens, Köln-Opladen 1972

Huberich, P./Huberich, U.: Spiele für die Gruppe, Heidelberg 1979

Huizinga, J.: Homo ludens. Vom Ursprung der Kultur im Spiel, Reinbek 1962

Hundertmarck, G.: Soziale Erziehung im Kindergarten, Stuttgart 1974

Hundertmarck, G./Ulshoefer, H. (Hrsg.): Kleinkindererziehung — Lehrbücher für Sozialpäda-gogen, Bd. 1—3, München 1972

Huppertz, M. u. N.: Rollenspiel und Vorschulmappe. — Sprachförderung im Kindergarten, Fellbach-Oefferingen 1975

Ingendahl, W.: Sprechspiele — Rollenspiele Übungen zur Sprecherziehung in der Grundschule, München 1973

James, R.: Infant Drama, 3. Aufl., The teaching Aids Series, Bd. 14, London, Nelson 1970

Jaskulski, I.: Das darstellende Spiel und das Fehlen des Rollenspiels bei geistesschwachen Kindern, z. Ki. Forsch. 41, 1933, S. 50—96

Joas, H.: Die gegenwärtige Lage der soziologischen Rollentheorie, Frankfurt/M. 1973

Kaiser, F.-J.: Entscheidungstraining, Bad Heilbrunn/Obb. 1973

Kaysell, P.: Pantomime für Kinder. Über Ausdruck und Körpersprache zum Theaterspiel, Ravensburg 1977

Keyserlinck, L. v.: Rollenspiele für Kinderprobleme, Freiburg i. Br. 1979

Klein, M.: Die psychoanalytische Spieltechnik: Ihre Geschichte und Bedeutung, In: Psyche, 12, 1959, S. 687—705

Klein, M.: Die Rollenbildung im Kinderspie , In: Int. Z. Psychoanal. 15, 1929, S. 171—182

Klein, M.: Das Seelenleben des Kindes, Stuttgart 1962

Klewtz, M./Nickel, W.: Kindertheater und Interaktionspädagogik, Stuttgart 1972

Klirke, W./Mieskes, H.: Schulpädagogische Aspekte des Spieles und der Spiel- und Arbeitsmittel, Wien und München 1979

Klippstein, E./Klippstein, H.: Soziale Erziehung mit kooperativen Spielen, Bad Heilbrunn 1978

Klosterkötter, S.: Spielendes Lernen und Rollenspiel zwischen Sinnlichkeit und Vernunft, Rheinstetten 1981

Kluckhuhn, R.: Rollenspiel in der Hauptschule. Ein didaktisches Konzept mit Unterrichtsbeispielen, Braunschweig 1978

Kluge, N.: Spielen und Erfahren, Bad Heilbrunn 1981

Knapp, A.: Soziales Lernen im Unterricht, ein kommentierter Literaturüberblick 1975—1980 zu den wichtigsten Teilgebieten, Duisburg 1981 (Verlag für päd. Dokumentation)

Kochan, B.: Rollenspiel als Methode sozialen Lernens, Köln 1980

Kochan, B. u. a.: Sprache und Sprechen, Arbeitsmittel zur Sprachförderung, Hannover 1971

Konrad, J. F.: Kalina und Kilian, Problemorientierter Religionsunterricht mit Handpuppen für Kindergarten und Grundschule, Gütersloh 1975

Kramer, M.: Das praktische Rollenspielbuch, Wuppertal 1979

Krantz, M.: Kinder spielen Geschichten, Gelnhausen—Freiburg 1980

Krappmann, L.: Neuere Rollenkonzepte als Erklärungsmöglichkeiten für Sozialisationsprozesse. In: betrifft: erziehung, 3, 1971, S. 27—34

Krappmann, L.: Soziologische Dimensionen der Identität, Stuttgart 1971

Krappmann, L.: Sozialisation im Spiel. In: Die Grundschule, Heft III, 1973

Krause, S.: Darstellendes Spiel. Elementarszenische Improvisation, spielpädagogische Verfahren, didaktische Anstöße, Paderborn 976

Kreisler, G.: Seltsame Liebeslieder. Langspielplatte, Amadeo-Verlag Österreich AVRS 9093

Kreiter, J./Klein, I.: Fallbeispiele. Für Kinder und Erwachsene, Gelnhausen 1975

Kreuzer, F. J.: Handbuch der Spielpädagogik, Düsseldorf in Vorb.

Kube, K.: Spieldidaktik, Düsseldorf 1977

Laing, R. D.: Interpersonelle Wahrnehmung Frankfurt 1971

Landesstelle für Erziehung und Unterricht Stuttgart (Hrsg.): Darstellendes Spiel in der Grundschule, Stuttgart 1979

Launer, J.: Persönlichkeitsentwicklung im Vorschulalter bei Spiel und Arbeit, Berlin-Ost 1970

Lefold, P.: Spielaktionen, Hannover 1979

Lenzen, H.: Mediales Spiel in der Schule, Neuwied und Berlin 1974

Leont'ev, A. A.: Psychologische Grundfragen des Spiels im Vorschulalter. In: Psychologische Studientexte, Berlin-Ost 1968

Leont'ev, A. A.: Sprache — Sprechen — Sprechtätigkeit, Stuttgart 1971

Leutz, G.: Psychodrama, Theorie und Praxis, Berlin—Heidelberg—New York, 1974

Lidz, T.: Familie und psychosoziale Entwicklung, Frankfurt 1971

Longardt, W.: Spiele. 100 ungewöhnliche Vorschläge, Gütersloh 1974

Loschütz, G.: Sofern die Verhältnisse es zulassen. 3 Rollenspiele, Frankfurt 1972

Lowen, A.: Körperausdruck und Persönlichkeit, München 1981

Lowndes, B.: Erstes Theaterspielen mit Kindern. Von der Wahrnehmung über Bewegung und Sprache bis zu einfachen Spielszenen, Ravensburg 1979

McCall, G./Simons, J. L.: Identität und Interaktion, Düsseldorf 1974

Mävers, W.: Pädagogisches Rollenspiel. Das "social program". In: Kayser, H., u. a. (Hrsg.): Gruppenarbeit in der Psychiatrie. DTV Wissenschaftliche Reihe, Berlin 1973

Mayrhofer, H./Zacharias, W.: Aktion Spielbus, Weinheim 1973

Mayrhofer, H./Zacharias, W.: Neues Spielen mit Kindern, Ravensburg 1977

Mead, G. H.: Geist, Identität und Gesellschaft, Frankfurt 1968

Merker, Rüding, Blanké: Spielprozesse im Kindergarten, München 1980

Meyer, W./Seidel, G.: Szene, Spielen und Darstellen II, Hamburg 1975/76

Meyer, W./Seidel, G.: Begleitband für den Spielleiter, Hamburg 1975/76

Millar, S.: Psychologie des Spiels, Ravensburg 1972

Modellversuch „künstler und schüler", Zwischenbilanz in zehn Berichten, Bonn 1979

Moeller-Andreesen, U.: Das erste Schuljahr, Unterrichtsmodelle, Stuttgart 1973

Mönks, F. J./Hendriks, A. F.: Erziehung als sozialer Prozeß, Stuttgart 1973

Mollenhauer, K.: Theorien zum Erziehungsprozeß, München 1972

Moor, P.: Die Bedeutung des Spiels in der Erziehung, Ravensburg 1970

Mussack, E.: Ich bin du und er ist sie. Rollenspiele im Erziehungsfeld, Starnberg 1974

Nestle, W.: Szenische Darstellung von Realität. In: Die Grundschule. 10/1974

Neue Formen der Psychotherapie. Hrsg. von d. Red. d. Zeitschrift Psychologie heute, Weinheim—Basel 1980

Nickel, H. W./Nickel, R.: Theater mit Kindern, Stuttgart 1974

Nickel, H. W.: Das Rollenspielbuch. Hilfen für Spielleiter, Heft 9, Recklinghausen 1972

Nickel, H. W.: Bemerkungen zum Phänomen Rollenspiel. In: Die Grundschule 10/74

Nold, W. (Hrsg.): Handbuch Puppenspiel/Figurentheater, Frankfurt/M. 1976

Ott, M./Ott, U.: Rollenspielen, Mimen, Tanzen, München 1980

Peller, L.: Modelle des Kinderspiels. In: Flitner, A. (Hrsg.): Das Kinderspiel, München 1973

Peller, L.: Das Spiel im Zusammenhang der Trieb- und Ichentwicklung. In: Bittner, G./ Schmid-Cords, E. (Hrsg.): Erziehung in früher Kindheit, 4. Aufl., München 1971

Petzold, H.: Psychodrama-Therapie, Paderborn 1980

Petzold, H.: Angewandtes Psychodrama in Therapie, Pädagogik, Theater und Wirtschaft, Paderborn 1972

Piaget, J.: Das moralische Urteil beim Kinde, Zürich 1954

Plessner, H.: Zur Anthropologie des Schauspielers. In: Zwischen Philosophie und Gesellschaft, Bern 1953

Polster, E. und M.: Gestalttherapie, München 1975

Popp, W.: Wissenschaftsorientierter Unterricht und soziales Lernen. In: Halbfas, Maurer, Popp: Neuorientierung des Primarbereichs, Stuttgart 1972

Prim, R./Reckmann, H.: Das Planspiel als gruppendynamische Methode außerschulischer politischer Bildung, Heidelberg 1975

Rabenstein, R.: Soziales Lernen an szenischen Kurzdarstellungen. In: Die Grundschule. 10/1974

Rambert, M.: Das Puppenspiel in der Kinderpsychotherapie, München—Basel 1969

Rogers, C. R.: Die klientbezogene Gesprächstherapie, München 1973

Rogers, C. R.: Die Entwicklung der Persönlichkeit, Stuttgart 1973

Rogers, C. R.: Die nicht-direkte Beratung, München 1972

Rogers, C. R.: Lernen in Freiheit, München 1975

Rogers, C./Rosenberg, R.: Die Person als Mittelpunkt der Wirklichkeit, München 1980

Roth, H.: Revolution der Schule? — Die Lernprozesse ändern, Hannover 1969

Sager, C. J./Singer-Kaplan, H.: Handbuch der Ehe, Familien- und Gruppentherapie, München 1973

Schedler, M.: Kindertheater, Frankfurt 1972

Schenk-Danzinger, L.: Entwicklungspsychologie, Wien 1969

Scherf, E.: Aus dem Stegreif. Soziodramatische Spiele mit Arbeiterkindern. In: Kursbuch Nr. 34, Berlin 1973

Scheuerl, H.: Das Spiel. Untersuchungen über sein Wesen, seine pädagogischen Möglichkeiten und Grenzen, Weinheim 1954

Schiffler, H.: Schule und Spielen, Ravensburg 1976

Schmitt, R.: Das problembezogene Rollenspiel in der Vorschule. In Kochan, B.: Rollenspiel als Methode sprachlichen und sozialen Lernen, Kronberg i. Ts. 1974

Schmitt, R.: Kinder und Ausländer, Braunschweig 1980

Schreider, R./Schorno, P. (Hrsg.): Theaterwerkstatt für Kinder. Weiterspielen. Bd. 2, Basel 1979

Schörke, M.: Psychodrama-Persönlichkeits-Training für Lehrer und Schüler. In: Wasna, M./Bartmann, Th. (Hrsg.): Psychologische Forschungsberichte für die Schulpraxis, München 1973, S. 94—106

Schorno, P., und Wassermann, P.: Theaterwerkstatt für Kinder, Spielen, spielen, spielen, Bc. 1, Basel 1978

Schröder, B.: Kinderspiel und Spiel mit Kindern. Eine Dokumentation, Deutsches Jugendinstitut, München 1980

Schütz, A.: der sinnhafte Aufbau der Welt, Frankfurt/M. 1974

Schützenberger-Ancelin, A.: Psychodrama. Ein Abriß, Stuttgart 1979

Schwäbisch, L./Siems, M.: Anleitung zum sozialen Lernen für Paare, Gruppen und Erzieher. Kommunikations- und Verhaltenstraining, Reinbek 1974

Schwalbacher Spielkartei: Haus Schwalbach. Arbeitsstätte für Gruppenpädagogik. Bad Schwalbach o. J.

Seidel, G./Meyer, W.: Spielmacher, Spielen und Darstellen I, Hamburg 1975/76

Seidl, E./Pohl-Mayerhöfer, R., u. a.: Rollenspiele für Grundschule und Kindergruppen, München 1976

Shaftel, F. R./Shaftel, C.: Rollenspiel als soziales Entscheidungstraining, München 1973

Shaw, A.: Curriculumelement Rollenspiel, erprobte Beispiele. In: betrifft: erziehung, 3. Jg. (1970) Heft 11

Smilansky, S.: The effects of sociodramatic play on disadvantaged preschool children, New York, London, Wiley 1968

Smilansky, S.: Anleitung zum sozialen Rollenspiel. In: Flitner, A. (Hrsg.): Das Kinderspiel, München 1973

Smith, L./Hudgins, B.: Pädagogische Psychologie I und II, Stuttgart 1971, 1972

Sompatzki, H.: Körpertraining und Bewegungsgestaltung im darstellenden Spiel, Recklinghausen 1976

Staabs, G. von: Der Szenotest. 3. überarbeitete Auflage, Berlin 1964

Stierlin, H.: Das Tun des Einen ist das Tun des Anderen, Frankfurt/M. 1971

Sutton-Smith, B.: Die Dialektik des Spiels, Münster 1981

Tausch, A./Tausch, R.: Erziehungspsychologie, Göttingen 1971

Vogt, W.: Bewegungsförderung, Hannover 1976

Vopel, K. W.: Interaktionsspiele für Kinder, Gelnhausen 1977/78

Vopel, K. W.: Selbstakzeptierung und Selbstverantwortung, Hamburg 1980

Wächter, F. K.: Brülle ich zum Fenster raus, Waldheim 1975

Wächter, F. K.: Spiele für viele zum Mitmachen, Weinheim 1977

Waelder, R.: die psychoanalytische Theorie des Spiels. In: Flitner, A., 1973

Watzlawick, P., u. a.: Menschliche Kommunikation, Stuttgart—Bern 1971

Watzlawick, P., u. a.: Lösungen, Stuttgart—Bern 1974

Wegmann, R.: Spiel als Lebenshilfe, München 1980

Wendtland, W. (Hrsg.): Rollenspiel in Erziehung und Unterricht, München 1977

Wenz, J.: Die goldene Brücke. Volkskinderlieder für Haus und Kindergarten, Spielplatz und Schule, Kassel—Basel 1965

Wieringa, C. F.: Feedback. In: Gruppendynamik 4. Heft 1 (1973)

Wölfel, U.: Du wärst der Pienek, Mülheim 1972

Wölfel, U.: Siebenundzwanzig Suppengeschichten, Düsseldorf 1968

Wollschläger, G.: Kreativität und Gesellschaft, neue pädagogische Methoden am Beispiel der Jugendkunstschule, Wuppertal 1971

Wollschläger, G.: Widerstand und Aggression in pädagogischer Praxis, Frankfurt 1975

Wolpe, J.: Praxis der Verhaltenstherapie, Stuttgart—Bern 1972

Wygotski, L. S.: Das Spiel und seine Rolle für die psychische Entwicklung des Kindes. In: Ästhetik und Kommunikation, Beiträge zur politischen Erziehung, April 1973, Jg. 4/11, S. 16 ff.

Wygotski, L. S.: Denken und Sprechen, Frankfurt 1969

Yablonsky, L.: Psychodrama. Die Lösung emotionaler Konflikte, Stuttgart 1978

Zitzlsperger, H.: Kinder spielen Märchen. Schöpferisches Ausgestalten und Nacherleben. Beltz-Praxis, Weinheim und Basel 1980

Zulliger, H.: Bausteine zur Kinderpsychotherapie und Kinderpsychologie, Bern, Stuttgart 1966

Zulliger, H.: Heilende Kräfte im kindlichen Spiel, Frankfurt 1971

Zeitschriften

Kindergarten heute, Zeitschrift für Erziehung im Vorschulalter, Herder-Verlag, Freiburg i. Br.

Rhythmik in der Erziehung, Kallmeyer, Wolfenbüttel

Sozialpädagogische Blätter, ehemals „Blätter des Pestalozzi-Fröbel-Verbandes", Quelle & Meyer, Heidelberg

Spielen und Lernen, Zeitschrift für Eltern und Kinder, Velber-Verlag, Seelze

Theorie und Praxis der Sozialpädagogik, Evangelische Fachzeitschrift, Luther-Verlag, Bielefeld

Welt des Kindes, Zeitschrift für Kleinkindpädagogik und außerschulische Erziehung, Kösel-Verlag, München

Literaturhinweise
zu Kap. I: Das Rollenspiel als Medium im sozialen Lernprozeß

Broich, Josef: rollenspiele mit erwachsenen anleitungen und beispiele für erwachsenenbildung, sozialarbeit, schule. Reinbek 1980.

Büschel, G.: Das Spiel in der Sonderschule für Lernbehinderte. Erfahrungen mit dem Unterrichtsspiel und Psychodrama. Berlin 1975.

Button, L.: Gruppenarbeit mit Jugendlichen. München 1976.

Coburn-Staege, U.: Lernen durch Rollenspiel Theorie und Praxis für die Schule. Frankfurt 1977.

Dahlke, M.: Zur Phänomenologie interaktion stischer Systeme bei sozial auffälligen und im Lernen behinderter Kinder. — Eine Analyse mit Hilfe von Rollenspielen. Rheinstetten-Neu 1977.

Ernst, A.: Das Rollenspiel im Unterricht. Ravensburg 1976.

Freudenreich, D.: Das Planspiel in der sozialen und pädagogischen Praxis. Beispiele für den Umgang mit Organisationen, Gruppen und Personen. München 1979.

Fritz, J.: Methoden des sozialen Lernens. München 1977.

Grundke, P.: Interaktionserziehung in der Schule. Modell eines therapeutischen Unterrichts. München 1975.

Hartung, G.: Verhaltensänderung durch Rollenspiel. Düsseldorf 1977.

Haug. F.: Erziehung und gesellschaftliche Produktion: Kritik des Rollenspiels. Frankfurt/M. 1977.

Heinsohn, G./Knieper, B.: Theorie des Kindergartens und der Spielpädagogik. Frankfurt/M. 1975.

Klosterkötter, B.-S.: Verhaltensstörung als Problem einer Interaktionspädagogik. Ein Betrag zur Theorie und Praxis des Rollenspiels mit verhaltensgestörten Schülern. Rheinstetten 1976.

Krause, S.: Zur soziologischen Grundlegung einer Spielpädagogik. Stuttgart 1975.

Lenzen, H.: Mediales Spiel in der Schule. Möglichkeiten darstellenden Spiels mit Spielgeräten und optoakustischer Apparatur. Neuwied 1974.

Neue Formen der Psychotherapie. Hrsg. von d. Red. d. Zeitschr. Psychologie heute. Weinheim/Basel 1980.

Plöger, A.: Das tiefenpsychologisch orientierte Psychodrama. Stuttgart 1980.

Schützenberger, A.: Einführung in das Rollenspiel. Anwendung in Sozialarbeit, Wirtschaft, Erziehung und Psychotherapie. Stuttgart 1976.

Schützenberger-Ancelin, A.: Psychodrama. Ein Abriß. Stuttgart 1979.

Stankewitz, W.: Das szenische Spiel. München 1977.

Velzeboer, J. (Hrsg.): utrecht paper on educational drama. 2nd international symposion 11—17 august 1976. Maarssen/NL 1975.

Widlöcher, D.: Das Psychodrama bei Jugendlichen, Olten/Freiburg 1974.

Yablonsky, L.: Psychodrama. Die Lösung emotionaler Konflikte. Stuttgart 1978.

Literaturhinweise für die Praxis (Auswahl)
zu Kap. II: Rollenspiellernen für Erzieher

Antons, K.: Praxis der Gruppendynamik. Übungen und Techniken. 2. Aufl., Göttingen 1973

Bach, G. R./Deutsch, R. M.: Pairing, Intimität und Offenheit in der Partnerschaft. Reinbek 1979 (rororo-Sachbuch)

Bach/Molter: Psychoboom, Wege und Abwege moderner Psychotherapie. Reinbek 1979 (rororo-Sachbuch)

Cohn, R. C.: Von der Psychoanalyse zur themenzentrierten Interaktion. Stuttgart 1975

Fritz, J.: Spielend bei der Sache. München 1972

Frör, H.: Spielend bei der Sache. München 1972

Frör, H.: Spiel und Wechselspiel. München 1974

Gordon, Th.: Familienkonferenz, Erziehung ohne Sieg und Niederlage. Hamburg 1981

Gordon, Th.: Lehrer-Schüler-Konferenz. Wie man Konflikte in der Schule löst. Hamburg 1981 (Paperback)

Harsch, H.: Theorie und Praxis des beratenden Gesprächs. München 1973

Hawley, R. C.: Werte spielen eine Rolle. Werterfahrung durch Rollenspiel für Unterricht und Gruppe. München 1979

Leutz, G.: Psychodrama. Berlin—Heidelberg—New York 1974

Lowen, A.: Körperausdruck und Persönlichkeit. München 1981

Petzold, H.: Psychodrama-Therapie. Paderborn 1980

Rogers, C./Rosenberg, R.: Die Person als Mittelpunkt der Wirklichkeit, Stuttgart 1980

Schwäbisch, L./Siems, M.: Anleitung zum sozialen Lernen für Paare, Gruppen und Erzieher. Kommunikations- und Verhaltenstraining. Reinbek 1974

Vopel, K. W.: Handbuch für Gruppenleiter. Zur Theorie und Praxis der Interaktionsspiele. Hamburg 1976

Vopel, K. W.: Selbstakzeptierung und Selbstverantwortung, Bd. I—III. Hamburg 1980

Vopel, K. W.: Interaktionsspiele, 1. bis 6. Teil. Hamburg 1977

Watzlawick, P., u. a.: Menschliche Kommunikation. Stuttgart—Bern 1980

Verzeichnis der Spiele

Namenregister

228

Sachregister